U0955374

老有所养

基本养老服务研究

孔伟艳◎著

经济日报出版社
·北京·

图书在版编目（C I P）数据

老有所养 ：基本养老服务研究 / 孔伟艳著. -- 北京 ：经济日报出版社, 2024.12
ISBN 978-7-5196-1419-5

Ⅰ. ①老… Ⅱ. ①孔… Ⅲ. ①养老一社区服务一研究一中国 Ⅳ. ①D669.6

中国国家版本馆 CIP 数据核字(2023)第 256548 号

老有所养：基本养老服务研究
LAOYOUSUOYANG：JIBEN YANGLAO FUWU YANJIU
孔伟艳　著

出版发行：经济日报出版社
地　　址：北京市西城区白纸坊东街 2 号院 6 号楼
邮　　编：100054
经　　销：全国各地新华书店
印　　刷：文畅阁印刷有限公司
开　　本：710mm×1000mm　1/16
印　　张：14.75
字　　数：220 千字
版　　次：2024 年 12 月第 1 版
印　　次：2024 年 12 月第 1 次
定　　价：68.00 元

本社网址：www.edpbook.com.cn，微信公众号：经济日报出版社
请选用正版图书，采购、销售盗版图书属违法行为
版权专有，盗版必究。本社法律顾问：北京天驰君泰律师事务所，张杰律师
举报信箱：zhangjie@tiantailaw.com　　举报电话：（010）63567684
本书如有印装质量问题，由我社事业发展中心负责调换，联系电话：（010）63538621

序　言

“老有所养”体现了对老年人生活质量的关注和保障。早在2000多年前，儒家就提出构建“老有所终，壮有所用，幼有所长，矜寡孤独废疾者皆有所养”的理想社会。中国共产党把满足人民群众对美好生活的向往作为奋斗目标。“推动实现全体老年人享有基本养老服务”，是党的二十大报告提出的明确要求，是中国共产党在全面建设社会主义现代化国家新征程中作出的重要部署。“优化基本养老服务供给，培育社区养老服务机构，健全公办养老机构运营机制，鼓励和引导企业等社会力量积极参与，推进互助性养老服务，促进医养结合。加快补齐农村养老服务短板。改善对孤寡、残障失能等特殊困难老年人的服务，加快建立长期护理保险制度”，是中国共产党在以中国式现代化全面推进强国建设、民族复兴伟业的关键时期作出的最新部署，贯彻了习近平总书记关于养老服务工作的重要指示精神，体现了以人民为中心的发展思想，顺应时代要求，彰显党心民意。

“十五五”时期是实现到2035年全体老年人享有基本养老服务目标的窗口机遇期。我国在老年人口数量大、人口老龄化速度快、城乡老年保障差异显著的情况下为全体老年人提供基本养老服务，任务艰巨。深入研究未来我国人口老龄化形势及城乡老年人基本养老服务需求，在历史回顾、国内借鉴和国际比较的基础上，探索完善基本养老服务清单，明确基本养老服务对象、服务类型和项目、服务内容和标准，不仅十分必要，而且十分迫切。

孔伟艳同志是中共中央党校经济学博士、中国宏观经济研究院社会发展研究所副研究员。她本科是国际经济与贸易专业，硕士和博士研究生是政治经济学专业，参加工作后跨学科研究养老与人口发展。她立志钻研，十年磨砺，厚积薄发，终成此书，展现了较强的学术定力与研究能力。她受过系统的马克思主义教育，坚持把马克思主义基本原理同中国具体实际相结合、同中华优秀传统文化相结合，作为自己开展研究的理论起点。她注重学科交叉，综合运用经济学思维、人口学方法和社会学关怀，明确研究目的、研究观点与研究路径。她喜欢政策研究，参与研究起草多项重大政策，深入群众开展调查研究，上接天线，下接地气。她认为，“通过政策研究建言献策，增进人民福祉，是最有意义的”。

《老有所养：基本养老服务研究》一书，从宏观上分析人口发展、经济发展、社会发展三者关系，从微观上按照老年人拥有的自然、经济、社会三种养老资源将基本养老服务对象划分为五个层次，提出了政府确定基本养老服务重点保障对象的“3R”原则。该书综合运用历史研究、实证研究与比较研究等方法，遵循“理论探索→历史演变→现状研究→经验借鉴→对策建议”的思路，探索基本养老服务理论，回顾中华人民共和国成立以来我国基本养老服务的发展历史，研究我国基本养老服务的发展和供需现状，借鉴基本养老服务供给的国内外经验，提出明确我国“十五五”时期基本养老服务发展环境和发展思路、健全基本养老服务清单制度与完善基本养老服务配套政策的建议。总的原则是：尽力而为，量力而行，既要更加注重基本养老服务供给的实效，又要谨防落入“福利主义”的陷阱。

养老既是人生大事、家中要事，也是社会大事、国之大者，涉及亿万家庭幸福和百姓福祉。孔伟艳同志心系家国，踔厉奋发，投身养老与人口学研究，作为中国人口学会第九届理事会理事，积极参加中国人口学年会等高级学术论坛，虚心求教，孜孜不倦，得到了我国人口学和老年学界泰斗邬沧萍等老一辈专家的指点。“桐花万里丹山路，雏凤清于老凤声。”作为一名在人口学和老年学领域耕耘40多年的高龄学者，我衷心祝愿孔伟艳同志在养老与人口发展领域能取得更多的优秀研究成果！

桂世勋 于上海

2024年9月25日

目　录

第一章　引言

为积极应对人口老龄化，按照党的十九大决策部署，2019年，中共中央、国务院印发《国家积极应对人口老龄化中长期规划》。随着我国人口老龄化程度加深，经济由高速增长阶段转向高质量发展阶段，老年人口基本养老服务需要同经济发展水平和财政支付能力的矛盾日益凸显。“十五五”时期是我国从经济恢复发展迈向基本实现社会主义现代化的奠定基础阶段，是基本养老服务体系建设的关键时期，是积极应对人口老龄化的窗口机遇期。站在“十四五”即将收官的历史时点上，展望人口老龄化和经济社会发展形势，适应中国式现代化建设需要，研究基本养老服务，探索“十五五”基本养老服务清单，有利于政府将有限的财政资金投入到最需要的人群、最迫切的养老服务需要上。

第一节　研究背景与意义

一、研究背景

2022年，习近平总书记在党的二十大报告中明确提出：“实施积极应对人口老龄化国家战略，发展养老事业和养老产业，优化孤寡老人服务，推动实现全体老年人享有基本养老服务。”这一重大部署，为我国养老服务发展指明了方向，提供了根本遵循。2023年，我国适应“十四五”人口老龄化形势和老年人口需要，印发《关于推进基本养老服务体系建设的意见》，公布《国家基本养老服务清单》，要求根据经济社会发展动态调整基本养老服务的对象、内容、标准等。2024 年，党的二十届三中全会通过的《中共中央关于进一步全面深化改革、推进中国式现代化的决定》要求“优化基本养老服务供给”。在“十四五”收官之前，展望人口老龄化和经济社会发展形势，研究优化基本养老服务供给的目标和路径，探索“十五五”基本养老服务清单和配套政策，是减轻财政负担、提高老年人福祉的当务之急。

（一）人口老龄化

人口老龄化是指在一个国家或地区总人口中，老年人口所占比例不断上升、少年人口所占比例不断下降的过程。按照研究界对进入老龄化社会以后的阶段进行的具体划分，60 岁及以上人口占总人口比例超过 10%或 65 岁及以上人口占总人口比例超过 7%是轻度人口老龄化阶段，达到 20%或 14%是中度人口老龄化阶段，超过 30%或 21%是重度人口老龄化阶段。一般认为，0—14 岁人口占总人口比例在 15%以下为超少子化，15%～18%为严重少子化，18%～20%为少子化。我国已经进入中度人口老龄化和严重少子化阶段，未来人口老龄化程度还将持续加深，并伴随着区域、城乡之间人口老龄化程度的较大差异。

1. 人口老龄化程度持续加深

未来，我国老年人口数量和占比将持续增长，少年人口数量和占比将持续下降。2023 年，我国 60 岁及以上人口达 2.97 亿人，占总人口比例达 21.1%，进入中度人口老龄化阶段；0—14 岁人口为 2.31 亿人，占总人口比例为 16.4%，处于严重少子化阶段。根据第七次全国人口普查数据，运用 PADIS-INT 人口预测模型进行预测。到 2030 年，我国 60 岁及以上人口将超过 3.8 亿人，占总人口比例将超过 27%；0—14 岁人口将减少至 1.7 亿人左右，占总人口比例将减少至 12%左右，处于超少子化阶段。到 2035 年基本实现社会主义现代化前后，我国 60 岁及以上人口将超过 4 亿人，占总人口比例将超过 30%，进入重度人口老龄化阶段；0—14 岁人口将减少至 1.4 亿人左右，占总人口比例将减少至 10%左右，处于超少子化阶段。随着人口老龄化程度加深，我国老年人口数量持续增加，其中失能及残疾、高龄、慢性病等失能高风险老人和失智老人数量都将增加，全体老年人与特殊困难老年人对基本养老服务的需要都将随之增长。

2. 人口老龄化程度区域差异大

我国人口老龄化程度区域差异大，按照 2020 年人口老龄化程度，可将全国 31 个省市区（港澳台除外）划分为五个梯度。第一梯度有 1 个省，是辽宁省，已进入中度人口老龄化的后半段，人口老龄化程度高达 25. 72%。第二梯度有 8 个省市，已进入中度人口老龄化的前半段。上海、黑龙江、吉林、重庆、江苏、四川、天津、山东人口老龄化程度在 20%~25%之间，覆盖长三角、哈长、成渝和京津冀城市群。第三梯度有 15 个省市区，处于轻度人口老龄化的后半段。湖南、河北、内蒙古、北京、陕西、甘肃人口老龄化程度在 19%~20%之间；山西、安徽、浙江、河南、湖北、江西、广西、福建、贵州人口老龄化程度在 15%~19%之间。第四梯度有 6 个省区，处于轻度人口老龄化的前半段。云南、海南、宁夏、广东、青海、新疆人口老龄化程度在 10%~15%之间，覆盖珠三角城市群。第五梯度有 1 个自治区，是西藏自治区，尚未进入老龄化社会，人口老龄化程度仅为 8. 52%（见图 1-1）。一个地区的人口老龄化程度高低同人口出生率和年轻劳动力流向密切相关。人口流动迁移导致流出地留守老人和流入地随迁老人数量增加，带来对异地养老服务的需要增加，对中央层面按照常住老年人口测算基本养老服务需要和调整基本养老服务供给提出要求。

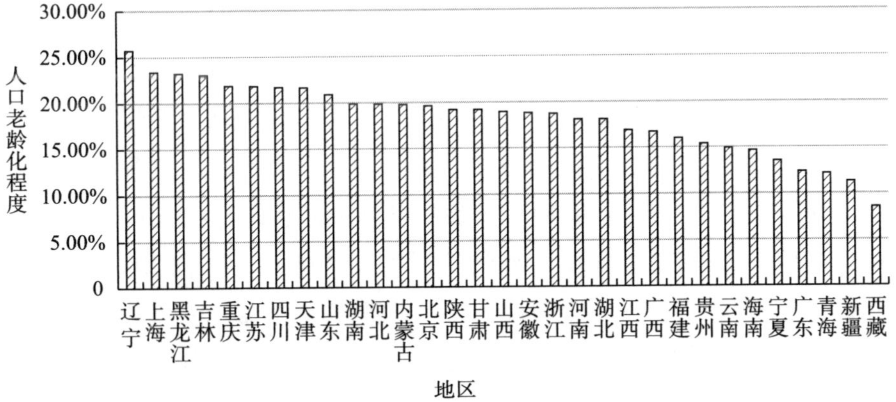

图 1-1　我国各省市区人口老龄化程度（2020 年）

资料来源：各省市区第七次全国人口普查数据。

我国人口老龄化程度农村高于城镇。近年来，我国乡村人口老龄化程度明显高于城镇，且差距不断拉大。2010—2022 年，乡村 60 周岁及以上老年人口占乡村总人口的比例从 15.0%提升至 25.0%，城镇 60 周岁及以上老年人口占城镇总人口的比例从 11.7%提升至 17.1%，两者差距从 3.3 个百分点增加至 7.9 个百分点（见图 1-2）。伴随新型城镇化发展以及人口向城市群集聚，农村地区人口老龄化程度持续攀升，倒逼我国补齐农村基本养老服务短板。

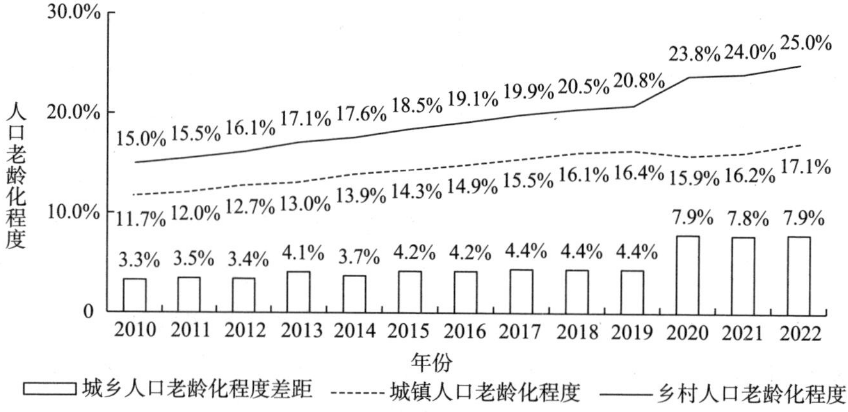

图 1-2　我国城乡 60 岁及以上人口老龄化程度变动情况（2010—2022 年）

资料来源：根据《中国人口和就业统计年鉴》（2011—2023 年）整理绘制。

（二）经济市场化

在我国从社会主义计划经济向社会主义市场经济转轨过程中，基本养老服务的供给主体和服务对象发生重大变化。从供给主体看，养老保障从企业保险向社会保险转变，共济层次和经办机构都从单位向社会转变；基本养老服务的提供主体从以事业单位为主向事业单位、社会组织、企业等多元共担转变，登记管理工作分别由编制、民政、市场监督管理部门负责。根据《中国民政统计年鉴》数据，2016—2022 年，我国编制部门登记的养老服务机构数量占养老服务机构总数的比例从 55.0%下降至 38.1%，民政和市场监管部门登记的养老服务机构数量占比分别从 42.2%和 1.1%提高至 43.9%和 17.2%。从供给方式看，随着社会主义市场经济发展，我国的基本养老保障已经以货币形式为主，基本养老服务由政府直接提供服务朝着政府向机构购买服务或者为老年人发放服务补贴等发展。从服务对象看，随着社会主义市场经济繁荣发展，政府兜底对象范围从特困老年人向低保失能（家庭人均收入低于最低生活标准）、低边失能（家庭人均收入略高于最低生活标准）、重残失能（残疾等级被评定为一级、二级）等特殊困难老年人扩展。从服务水平看，社会主义市场经济的繁荣发展促使老年人收入提高，要求特困人员救助供养、最低社会保障等基本养老服务标准提高。

（三）社会现代化

我国的人口老龄化是与工业化、现代化、城市化交织在一起的，伴随着人口老龄化程度尤其是乡村人口老龄化程度的不断加深，以农业为主的传统乡村社会正在向以工业和服务业为主的现代城市社会逐渐转型。社会结构包括人与人之间在生活中形成的连接，家庭是社会的细胞，社区是社会的基本单元，家庭结构与社区结构是社会结构的重要内容，也是老年人的重要社会资源。在我国社会转型过程中，家庭小型化、生活社区化、农村空心化持续演进，独居、空巢、留守老人数量增加，加速养老功能从家庭向社会转移。根据第七次全国人口普查数据，2020 年，全国有独居老人户 3729 万户、空巢老人户 4090 万户，共计 1.19 亿人，独居老人户、空巢老人户占有 60 岁及以上人口的家庭户的比例依次为 21.4%、23.5%。在老年人原居养老观念深重的情况下，由社区养老服务或农村互助服务支撑家庭养老、实现“养老不离家”，成为多数老年人及其家庭最为理想的养老方式，进而要求基本养老服务供给场景向社区倾斜。

（四）财政压力大

随着我国人口老龄化程度持续快速加深，经济由高速增长阶段转向高质量发展阶段，老年人口养老服务需要同财政支付能力的矛盾日益凸显。我国人口老龄化速度快，65 岁及以上人口老龄化程度从 7%到 14%仅用了 21 年，而日本用了 24 年，其他发达国家都用了 45 年以上。根据历年《中华人民共和国国民经济和社会发展统计公报》和《中国统计年鉴》，2010 年至 2023 年，我国 60 岁及以上人口从 17765 万人增加到 29697 万人，年均增长 4.0%；占全国人口比重从 13.3%提高到 21.1%，年均增长 3.6%。与此同时，我国一般公共预算收入从 83101 亿元增加至 216784 亿元，但增长速度从 21.3%下降至6.4%。2023年，中央经济工作会议要求增强财政可持续性。由于财政支付能力下降，厘清政府的有限责任，在经济发展和财力可持续的基础上，制定合理的基本养老服务清单，谨防落入“福利主义”陷阱，成为开展基本养老服务研究的重点。

二、研究意义

（一）有利于人口长期均衡发展

研究基本养老服务，推动实现全体老年人享有基本养老服务，是健全覆盖全生命周期的人口服务体系、促进人口长期均衡发展的必然要求。人口问题事关中华民族永续发展和伟大复兴。习近平总书记多次强调人口问题始终是我国面临的全局性、长期性、战略性问题，深刻指出近年来我国人口发展出现了一些显著变化，既面临人口众多的压力，又面临人口结构转变带来的挑战。研究基本养老服务，把计划生育特殊家庭等老年人纳入基本养老服务统一保障范围，将进一步健全覆盖全生命周期的人口服务体系，积极应对人口结构转变带来的老年人照料风险挑战。研究基本养老服务，做好老有所养的制度性安排，可以缓解社会普遍存在的养老焦虑，减轻年轻人“上有老、下有小”的家庭压力，稳定人们的养老预期和生活预期，增强年轻人生育意愿，将更多劳动力从照顾老年家庭成员中解放出来，从而促进人口长期均衡发展。

（二）有利于经济社会繁荣和谐

研究基本养老服务，推动实现全体老年人享有基本养老服务，是完善中国特色社会主义制度、坚持以中国式现代化全面推进中华民族伟大复兴的内在要求。中国式现代化是中国共产党领导的现代化，是全体人民共同富裕的现代化，是各项事业的现代化。研究完善基本养老服务，将有力推动中国特色养老服务体系成熟完善，进一步筑牢兜实基本民生底线，巩固和完善我国建成的世界上规模最大的社会保障体系，完善中国特色社会主义制度。研究基本养老服务，推动全体老年人享有基本养老服务，实现老年人老有所养，有助于家庭和睦、代际和顺、社会和谐，促进新时代社会共建共治共享，推进国家治理体系和治理能力现代化。推动全体老年人享有基本养老服务，充分回应全体人民共同富裕的呼声、愿望，优化老年人收入分配结构，增强老年人养老服务支付能力，让全体老年人共享经济社会发展成果，是中国式现代化在养老服务领域的具体实现。研究基本养老服务，将政府与市场的分工明确为政府保障基本养老服务、市场提供多层次养老服务，有利于为市场留出空间，由市场主体通过竞争机制和价格机制来提高养老服务质量、降低养老服务费用；同时促进银发经济发展，带动就业和扩大内需，促进国内国际双循环良性互动。

（三）有利于财政资金高效利用

研究基本养老服务，是缓解财政压力、提高财政资金使用效率的客观要求。研究基本养老服务，区分基本养老服务的责任主体与提供主体，明确个人及其家庭、政府、社会与市场的养老责任，有利于充分发挥老年人个人及其家庭的养老功能，降低群众对政府承担责任范围的预期，同时防止政府在基本养老服务供给中“缺位”。研究基本养老服务的服务对象与内容标准，有利于政府将有限的财政资金投入到最需要的人群、最迫切的养老服务需要中。老年人口众多，财政资金有限，决定了政府负责的基本养老服务不能是不痛不痒的“撒胡椒面”，更不能是可有可无的“锦上添花”，而应是不可或缺的“雪中送炭”。本书从自然、经济、社会三个维度细分老年人口并明确刚需人群，通过研究老年人口需要层次明确老年人的基本养老服务需要，能够在一定程度上为政府聚焦刚需人群的基本养老服务提供决策参考。

第二节　相关文献综述

我国在 2008 年提出了“基本养老服务”概念。当时，党中央、国务院提出立足扩大内需保持经济平稳较快增长的战略部署，民政部提出在扩大内需促进经济增长中实施基本养老服务体系建设的意见。我国学术界对基本养老服务的研究，始于民政部提出建设基本养老服务体系之后且由少到多。在中国知网总库用“基本养老服务”作篇名，可以检索到 2009—2024 年的 414 篇成果。其中，2009—2020 年每年成果不超过 10 篇，2021—2024 年每年成果超过 40 篇，其中 2023 年成果多达 167 篇。已有成果主要围绕基本养老服务概念、基本养老服务性质、基本养老服务制度和基本养老服务清单等展开研究。

一、关于基本养老服务概念

回顾已有研究，从养老服务中区分出基本养老服务十分必要。养老服务，是指在家庭成员承担赡养、扶养义务的基础上，由政府、社会和市场为全体老年人提供的生活照料、康复护理、健康管理、精神慰藉、文化教育、紧急救援等服务。魏津生最早提出应当从养老服务中区分出基本养老服务。他认为，基本养老服务，是指国家为保障全体老年公民基本生活所提供的并为其财力可以持续承担的、主要通过社会保险和社会救助付费的各项服务；基本养老服务应该采取范围有定、水平适当的原则和标准，既能够满足服务范围内的各项必需的服务，又是政府财力和社会各方面都可以承受的①。此后，有关基本养老服务概念内涵的探讨不断增多。董红亚（2020）认为，基本养老服务的内涵即基本对象、基本服务和基本标准。已有研究主要从供给主体、服务对象、服务内容与服务水平四个维度，界定基本养老服务概念。

（一）从供给主体的维度界定

供给主体包括责任主体与提供主体。责任主体主要落实出资责任，提供主体负责提供具体服务。李兵（2011）指出，基本养老服务是指在政府的主导下，通过国家的财政投入，向全体老年人提供基本的生活照料、卫生健康、精神文化等服务。按照他的观点，基本养老服务的责任主体是政府，资金来源是财政投入。鲁迎春、陈奇星（2016）也认为，政府承担保障公民享受基本养老服务的主体责任。

多数学者认为，基本养老服务的提供主体是包括政府、社会、市场在内的多元主体。基本养老服务的提供主体是多元主体（黄剑锋、章晓懿，2020），包括政府、企业、社会组织等在内。有学者强调政府、社会、市场等多元主

① 岳振．实现老有所养必须构建基本养老服务：访国务院参事、中国人口与发展研究中心研究员魏津生［N］．中国经济时报，2010-08-13（5）．

体协同作用，尤其是要发挥市场、社会在资源配置和公共服务上的作用（宋林泽，2016）。

（二）从服务对象的维度界定

养老服务的对象是全体老年人，学术界对此观点相对一致。对基本养老服务对象，已有成果从自然（包括年龄、健康等）、经济（收入）、社会（包括子女、贡献等）三个维度划分，提出了“适度普惠论”“重点论”和“三层次论”，还有学者主张动态调整基本养老服务对象范围。

有的采用制度主义福利原理和选择主义福利提供方法，主张实行适度普惠型的基本养老服务。有学者认为，基本养老服务应当是适度普惠型社会福利（孙文灿，2016），政府应当负责所有老年群体的基本养老服务（栾秀群、陈英，2013）。孙文灿（2016）同时指出，应以制度主义福利为基础构建基本养老服务体系，以选择主义方法确定重点保障对象，即基本养老服务的受益人群为所有老年人，但实际受益者则以特殊困难群体老年人为主。

有学者指出基本养老服务应当重点保障三类人群：全体老年人、本人及家庭经济支持和生活照料能力不足的老年人、特殊贡献人群。具体为：60 岁及以上的全体老年人及其基本养老服务需求；不能依靠自身和家庭实现自我照料和自给自足、需要政府“兜底”的困难老年人和家庭照料者及其需求；为国家和社会发展作出贡献的人群，主要包括优抚对象和失独家庭两类人群，后者有待论证（李兵、张航空、陈谊，2015）。

有学者主要按照收入水平，主张对三个层次的基本养老服务对象提供不同的服务，包括：困难、高龄、失能或优抚老人、中低收入老人、中高收入老人。具体为：政府负担的基本服务对象，主要包括城市“三无老人”、农村五保老人，重点优抚对象中的老人、“低保”中的高龄、失能和半失能无家庭成员照料的老人及其他特殊贫困失能、半失能老人等；基本养老服务体系的主要服务对象主要是中、低收入老年人；需要政府规划、引导和规范服务的服务对象，主要是有较好消费能力的老年人（魏加科、牛飚，2014）。

有学者主张根据经济社会发展水平动态调整服务对象。在当前的国情下，由于不能同时满足所有老年人的不同服务需求，应当对养老服务按照基础性、优先性的原则进行范围限定（魏加科、牛飚，2014）。在具体如何限定这一问题上，除了上述“重点论”和“三层次论”外，还有学者将基本养老服务保障对象限定为：以身体失能需要照护为基本条件，以特困和经济困难老人为兜底，在此基础上建立逐步扩面的适度普惠制度（董红亚，2020）。

（三）从服务内容的维度界定

养老服务的内容是指针对老年人需要而提供的各种服务，按需要层次可以分为基本养老服务与非基本养老服务。基本养老服务内容满足老年人的基本需要，有广义与狭义之分，狭义基本养老服务被学术界分为不同的类别和项目。非基本养老服务内容满足老年人的非基本需要，具有一定的营利性。

广义上，基本养老服务内容可以分为经济支持、设施建设、服务项目、评估体系和监管体系五类。如有学者认为，基本养老服务包括公平可及、系统连续的养老服务以及与之相适应的设施、支付、评估和监管体系（孙文灿，2016）。经济支持类确定服务对象的依赖等级和津贴标准。设施建设类包括机构设施、社区养老服务设施和居家设施。服务项目类包括机构服务项目、社区服务项目和居家服务项目（李兵、张航空、陈谊，2015）。其中，机构养老有护理服务、康复服务和临终关怀等，社区养老有日间托管、日间康复、喘息服务和邻里服务等，居家养老包括救助热线和居家护理服务等（王建武，2018）。也有学者针对三个层次的基本养老服务对象，提出政府应当重点保证第一层次的基本生活服务保障，为第二层次提供政府主导、社会力量共同参与建设和运营的服务，为第三层次提供的服务进行整体规划、政策引导和规范管理（魏加科、牛飚，2014）。

狭义上，基本养老服务仅包括服务。关于狭义基本养老服务的类别，目前学术界有“两类说”“三类说”和“四类说”。“两类说”认为，基本养老服务包括老年照料护理服务和老年社会化服务，前者是指为因年龄增长或疾病等导致肌体功能衰退或受损的老年人提供的生活照料和护理服务，后者从精神层面帮助和引导老年人继续参与社会活动（王飞鹏、白卫国，2017）。“三类说”认为，基本养老服务包括基本生活照料、基本康复护理和基本社会参与三大类（孙文灿，2016）。“四类说”指出，基本养老服务包括基本的生活照料、医疗卫生、救援救助和精神慰藉服务（黎阳，2016）。

关于狭义基本养老服务的项目，孙文灿（2016）列出了基本养老服务的三大类别22个服务项目。其中，基本生活照料包括以居家形式提供的上门助餐、上门家政、上门助浴、紧急救援、代扣代缴公用事业收费、物品代购、定期探访和养老信息服务，以社区形式提供的老年餐桌服务；基本康复护理包括以居家形式提供的家庭病床、家庭医生签约和陪同就医服务，以社区形式提供的社区卫生医疗、康复理疗、保健养生教育、心理咨询、日托和家庭照顾者护理知识培训服务，以机构形式提供的长期照护服务；基本社会参与包括以社区形式提供的老年人活动场所、普惠型老年教育与老年志愿服务。

学术界判断一项服务是否属于基本养老服务，主要依据该项服务是否是老年人的基本需要。实证研究结果显示，老年人的需要层次同体能差异关系较大。在不考虑老年人个体差异的随机抽样调查结果中，排在前两位的需求是生活照料和医疗护理。其中，李秋燕、李垠、钟响明（2017）的调查结果支持生活照料最重要，鲁泽群等（2017）的调查结果支持医疗护理最重要。在考虑老年人个体差异的抽样调查中，老年人身体受损程度越重，日常生活照料服务、医疗健康服务、心理慰藉指导服务需求就越高，休闲娱乐服务需求就越低。不同能力等级的老年人所有日常生活照料服务各子项的需求得分，以及医疗健康服务项目中除健康教育和中医保健服务外的其余各子项的需求得分，均随老年人身体受损程度的加重而逐渐上升（楼正渊等，2016）（见表1-1）。从学术界对老年人的养老服务需求调查结果来看，生活照料和医疗护理是大多数老人最基本的需要；精神慰藉的重要性随着老年人体能下降而提高，但仍排在生活照料和医疗护理之后；休闲娱乐的重要性随着老年人体能下降而下降。

非基本养老服务也被有的学者称为“延伸性养老服务”。孙文灿（2016）认为，延伸性养老服务主要包括家庭保姆照顾服务，商业养老保险、健康保险、意外伤害保险，住房反向抵押，金融理财服务，养生保健服务，旅游服务，老年宜居社区，适老产品用品，非普惠型文体服务，非普惠型老年教育。

表 1-1　近年来养老服务需求调查研究情况

作者	调查样本	主要结果
楼正渊、冯晓丽、徐璟、徐肖楠、张雪妮、郭清（2016）	全国9个省的18家养老机构中的674名老年人	日常生活照料服务、医疗健康服务、心理慰藉指导服务需求得分均随老年人身体受损程度的加重而逐渐上升，休闲娱乐服务需求得分明显下降，差异均有统计学意义（F = 177.546、11.269、4.484、10.097，均 $p<0.01$）。老年人能力等级与日常生活照料服务、医疗健康服务及心理慰藉服务需求均呈正相关（$r=0.606$、0.214、0.108，均 $p<0.01$），与休闲娱乐服务需求呈负相关（$r=-0.197$，$p<0.01$）
鲁泽群、左林凯、袁璐、王岑、田翀（2017）	湖北省武汉市8个社区中的199例老年人	被调查老年人医疗保健需求（68.8%）居于首位
李秋燕、李垠、钟响明（2017）	广东省深圳市宝安区松岗街道1000例老年人	老年人当前最需要解决的养老问题是生活照顾问题（38.34%），最希望得到的社区医疗卫生服务是定期常规健康检查（40.0%）

资料来源：楼正渊等（2016）；鲁泽群等（2017）；李秋燕、李垠、钟响明（2017）。

（四）从服务水平的维度界定

养老服务的水平是多层次的，按水平也可以分为基本养老服务与非基本养老服务。基本养老服务用于满足基本养老服务对象的需要。非基本养老服务包括满足大多数老人养老服务需要的中端养老服务，以及满足高收入老人养老服务需要的高端养老服务。

基本养老服务水平上有上线，下有底线。学术界一般将上线确定为经济社会发展水平、政府财政能力与社会承受能力，将底线确定为老年人基本生活需要。魏津生指出，基本养老服务应当既能满足服务范围内的各项必需的服务，又是政府财力和社会各方面都可以承受的[①]。李兵等（2011）指出，基本养老服务要与国家的社会经济发展水平相适应。孙文灿（2016）强调，基本养老服务要建立在一定社会共识基础上，与经济社会发展水平和阶段相适应。王飞鹏、白卫国（2017）指出，基本养老服务是指为保障老年公民基本生活需要而提供的、由社会保险和社会救助付费的各项服务。由此可见，

① 岳振．实现老有所养必须构建基本养老服务：访国务院参事、中国人口与发展研究中心研究员魏津生［N］．中国经济时报，2010-08-13（5）．

基本养老服务应当既能够满足必需的服务、基本生活需要，又不超出经济社会发展水平、政府财政能力与社会承受能力等约束条件。

二、关于基本养老服务性质

学术界大多数学者认为，基本养老服务具有准公共产品性质，是基本公共服务的重要领域，也有学者将社会保护与社会服务作为基本养老服务的理论基础。从这个意义上讲，基本养老服务实质上是通过提供社会服务的方式为老年人提供社会保护。

（一）基本养老服务属于准公共产品

有学者指出，基本养老服务具有非排他性和不充分的非竞争性，具有准公共产品性质（孙文灿，2016）。鲁迎春（2014）从服务主体和服务功能两个方面，论证了基本养老服务的非排他性。从服务主体看，随着政府承担起保障公民享受基本养老服务的主体责任，家庭这一私人领域形成的排他性不再发挥作用，养老服务从内嵌于个人、家庭的“私人服务”转变为“公共服务”。从服务功能看，基本养老服务是政府为满足老年人基本养老服务需要、保障老年人基本生存权、促进社会和谐公正而为全体公民提供的平等服务，具有联合消费的特点，这一特点赋予了基本养老服务生产和消费的非排他性。

（二）基本养老服务是基本公共服务的重要领域

基本公共服务，指建立在一定社会共识基础上，由政府主导提供的，与经济社会发展水平和阶段相适应，旨在保障全体公民生存和发展基本需求的公共服务。从价值取向、保障水平和内容范畴三个层面看，基本养老服务都是基本公共服务的重要领域。

在价值取向上，基本公共服务的核心价值应是“以人为本”，就是围绕人的生存权和发展权需求，“倒逼”基本公共服务供给的完善与改革，这是基本公共服务供给的本质要求和必然体现（孔薇，2019）。而“老有所养”是老年人最基本的生存权和发展权，从这个意义上看，基本养老服务应当是基本公共服务的重要领域。

在保障水平上，学术界认为，基本公共服务要以“与政府公共财政能力和社会公众需求相匹配”为目标水平。多数学者认为，基本公共服务应当与特定时期内的区域经济社会发展水平或社会生产力发展水平相适应。宋迎法（2007）认为，政府应当首先提供基本生存层次的服务。基本养老服务也以“与政府财政能力和老人基本需求相匹配”为目标水平，也在基本公共服务的保障水平之内。

在内容范畴上，学术界一是认为基本公共服务包含公共服务的大部分项目，包括社会性服务、经济性服务、维持性服务等多个领域（陈昌盛、蔡跃洲，2007）；二是认为基本公共服务需要控制在一定的合理范围，如基本民生服务、公共事业服务、公益基础服务和公共安全服务等（常修泽，2007；陈海威等，2007）；三是提出当前要从人民群众最关心、最直接、最现实的利益问题入手构建和谐社会，着力发展政府负责、社会协同、公众参与的社会性公共服务（丁元竹、江汛清，2006）。养老是广大老年群众最关心、最直接、最现实的利益问题，基本养老服务是政府应当着力发展的社会性公共服务，应当包含在基本公共服务的概念范畴之中。

（三）基本养老服务实质上是以社会服务方式提供社会保护

国际上对社会保护的共识是：为因患病、年老、残疾和失业等而受到社会排斥的人，按照他们的需求，提供现金补助、实物补助和相关服务。社会保护强调与此相关的政府职责。老年人随着年龄的增长，社会处境不利，需要社会保护，社会保护的方式是为他们提供社会服务。世界卫生组织将社会服务定义为：针对那些由于年龄、贫困、失业、健康状况恶化和残疾等，在购物、住房、交通、自我照料和他人照料等方面需要公共援助的人，所提供的社会支持服务和项目。提供社会服务的组织可以是国家、非营利组织、工商企业，但政府在制定社会服务政策和资金支持上通常被认为负有主要责任。社会服务包括针对个人直接提供的服务和利用机构提供的服务（李兵等，2011）。

三、关于基本养老服务体系

国内学者研究了基本养老服务体系。李兵等（2011）指出，我国基本养老服务体系的框架大体由家庭照料、社区照料和机构照料三个部分组成。这是从养老服务场所角度进行的划分，目前被用于多数场合。聂日明（2023）认为，构建基本养老体系应当重视乡村老人权益，促进乡村老年人口投靠常住城镇的子女，推进城镇基本养老服务转向市场化。李志宏（2021）指出，在新发展阶段，更好地“以老年人为中心”提供基本养老服务，关键要做到“三个一”，即“一个标准评估”“一个清单供给”“一个标准整合”，要推动服务资源调度的“条条主导、纵向管理”转变为“横向链接、域内统筹”。

有关政策文件提出了基本养老服务体系和社会养老服务体系。2009 年，国家发展改革委和民政部联合公布《基本养老服务体系建设试点方案》，但未明确基本养老服务体系的内涵与目标模式。2011 年，国务院办公厅印发《社会养老服务体系建设规划（2011—2015 年）》，明确了社会养老服务体系的内涵与目标。社会养老服务体系是与经济社会发展水平相适应，以满足老年人养老服务需求、提升老年人生活质量为目标，面向所有老年人，提供生活照料、康复护理、精神慰藉、紧急救援和社会参与等设施、组织、人才和技术要素形成的网络，以及配套的服务标准、运行机制和监管制度。社会养老服务体系的服务对象是所有老年人，目标模式是以居家为基础、社区为依托、机构为支撑。社会养老服务体系的建设目标是，到 2015 年，基本形成制度完善、组织健全、规模适度、运营良好、服务优良、监管到位、可持续发展的社会养老服务体系，每千名老年人拥有养老床位数达到 30 张，居家养老和社区养老服务网络基本健全。2023 年，中共中央办公厅、国务院办公厅印发《关于推进基本养老服务体系建设的意见》，要求加快建成覆盖全体老年人、权责清晰、保障适度、可持续的基本养老服务体系。

四、关于基本养老服务制度

学术界界定了基本养老服务制度的基本概念。李兵、张航空、陈谊（2015）的概念相对狭窄，认为基本养老服务制度至少涉及设置政府管理机构、确定基本养老服务对象、明确服务提供的项目和方式、加强监督管理。王建武（2018）的概念相对宽泛，将政府职责、养老保险、照护保险、医养结合、人才队伍、标准体系、社会资本、开发性金融、公益慈善、农村养老等政策制度都列为基本养老服务制度。胡宏伟、蒋浩琛（2021）的概念相对笼统，认为基本养老服务制度是面向全体老年人、满足广大老年人养老服务基本需求的制度化安排。孔伟艳、杨颜嘉、李璐（2023）的概念比较系统，将基本养老服务制度定义为在基本养老服务体系框架内，对要素网络、服务标准和运行机制进行规定的一系列正式规则。其中，要素网络由设施、组织、人才和技术要素构成，服务标准包括服务项目、服务对象、内容标准、供给主体等要件，运行机制包括供给机制、动员机制、协同机制与监管机制。基本养老服务制度中，要素网络是基础，服务标准是核心和依据，运行机制决定着基本养老服务体系如何运行。要素网络是否健全，服务标准是否精准，运行机制是否畅通，决定着基本养老服务能否高效提供。

有学者分析了基本养老服务制度的建立背景与意义。他们指出，基本养老服务制度的建立背景是，东西方社会福利思想与政策实践趋于形成共识和新时期我国转变政府职能；基本养老服务制度的建立，有助于进一步明确政府、家庭、市场等主体在养老服务中的责任边界（胡宏伟、蒋浩琛，2021）。

五、关于基本养老服务清单

学术界对我国基本养老服务清单的研究，主要表现在清单发布之前的探索和发布之后的评价两个方面。孙文灿（2016）将基本养老服务项目分为生活照料、健康护理和社会参与三类，建议将上门助餐服务、紧急救援服务、代扣代缴公用事业收费服务、定期探访服务、养老信息服务、家庭病床服务、家庭医生签约服务、老年餐桌、保健养生教育、日托、家庭照顾者护理知识培训、老年人活动场所、长期照护 13 个项目列入优先保障的基本养老服务项目清单。孔伟艳、杨颜嘉、李璐（2023）将基本养老服务项目分为基本生活照料、基本健康护理和基本社会参与三类，建议将上门探访、福利补贴、紧急救援、信息平台或热线、康复护理、长期照护、失能（失智）老年人家庭成员照护培训、健康管理、休闲优待、老年维权 10 个项目列入国家基本养老服务清单（见表 1-2）。

表 1-2　国家基本养老服务清单（拟）

类别	服务项目	服务对象	内容标准
基本生活照料	上门探访	独居、空巢的失能老人，特困老人，失独老人，高龄老人	对符合条件的老年人提供上门探访服务
	福利补贴	符合条件的老年人	对60周岁及以上的老年人进行能力综合评估；向经济困难的老年人发放养老服务补贴；向经认定生活不能自理的经济困难老年人发放护理补贴；向80周岁及以上老年人发放高龄津贴
	紧急救援	60周岁及以上老年人	鼓励、扶持专业服务机构及其他组织和个人，为居家的老年人提供紧急救援服务
	信息平台或热线		为60周岁及以上老年人提供信息平台或热线服务
基本健康护理	康复护理	中轻度失能老人	建立健全具有疾病护理与康复功能的社区嵌入式养老服务设施（如日托站、托老所、康复站、护理站等），提供社区康复和疾病护理服务
	长期照护	特困失能老人、低保家庭的重度失能老人	通过护理型基本养老机构，提供长期照护服务
	失能（失智）老年人家庭成员照护培训	失能（失智）老年人的家庭成员	符合条件的失能（失智）老年人家庭成员参加照护知识等相关职业技能培训的，按规定给予职业培训补贴
	健康管理	65周岁及以上老年人	每年提供1次生活方式和健康状况评估、体格检查、辅助检查和健康指导服务，1次中医体质辨识和中医保健指导服务，每2年提供1次常见肿瘤筛查服务；2022年国家基本公共卫生服务补助资金标准为每人84元，用于包括前2项在内的14项服务，今后按照每位65周岁及以上老人每年50元标准增加，用于第3项服务
基本社会参与	休闲优待	60周岁及以上老年人	博物馆、纪念馆、科技馆和有条件的公共体育设施免费开放；公园、旅游景点、影剧院免费或低收费开放
	老年维权		老年人需要获得律师帮助，但无力支付律师费用的，可以获得法律援助

资料来源：孔伟艳、杨颜嘉、李璐（2023）。

董红亚（2023）通过研究各地已公布的基本养老服务清单，指出了其中存在的问题。一是将基本养老保险、最低生活保障等养老保障项目列入，未区分养老保障和养老服务保障。严格地说，最低生活保障是面向经济困难老年人的补缺型养老保障制度而非养老服务保障制度。二是将为老年人居家养老提供相关活动场所和服务内容、老年人投靠子女落户等项目列入。问题在于，提供活动场所和服务内容是养老公共服务，但非核心照护服务；老年人投靠子女落户是家庭照护支持政策，也非基本养老服务。

六、简要评述

（一）已有研究的特点

已有对基本养老服务的研究，初步制定了基本养老服务的框架，即供给主体、服务对象、服务内容、服务水平。局限在于，对“基本养老服务”的内涵与范围缺乏明确的界定，对基本养老服务的对象与项目尚无一致的结论。实践中，政府在界定基本养老服务责任和设计基本养老服务清单时，仍然缺乏理论基础，以致在基本养老服务供给中存在缺位和越位问题、应保未保和保不应保问题、服务项目与水平同需要不匹配问题。

（二）今后研究的重点

由于目前学术界对基本养老服务的内涵尚未达成一致，探讨基本养老服务的内涵应是今后研究的重点。主要是从供给主体、服务对象、服务内容与服务水平四个维度，建立基本养老服务的理论框架。从供给主体看，重点区分基本养老服务的责任主体与提供主体。从服务对象看，遵循从救济性社会福利向普惠性社会福利铺开的思路，重点研究基本养老服务对象的优先次序及动态扩展路径。从服务内容看，重点研究基本养老服务项目清单及动态扩展路径。从服务水平看，研究基本养老服务的适度水平并对现有水平做出评价，也是今后研究的重点。

第三节 研究内容与创新点

一、研究对象

本书以“基本养老服务”为研究对象。基本养老服务是指由政府直接提供或者通过一定方式支持相关主体向老年人提供的，旨在实现老有所养、老有所依必需的基础性、普惠性、兜底性服务。基本养老服务的责任主体是政府。政府提供基本养老服务应当遵循基础性、普惠性、共担性、系统性原则，立足我国基本国情，统筹考虑必要性和可能性，着眼保基本、广覆盖、可持续，尽力而为、量力而行，保障老年人的基本生活和照料需要。

二、内容框架

本书建立了“人口—经济—社会”的研究框架，从宏观上分析人口发展、经济发展、社会发展三者关系，从微观上分析老年人拥有的自然、经济、社会三种养老资源，围绕“什么是基本养老服务，怎样提供基本养老服务”等问题，遵循“理论探索→历史演变→现状研究→经验借鉴→对策建议”的思路开展研究。主要内容包括：探索基本养老服务理论，回顾中华人民共和国成立以来我国基本养老服务的发展历史，研究我国基本养老服务的发展现状和供需状况，借鉴基本养老服务供给的国内国际经验，提出优化基本养老服务供给的思路建议。本书的技术路线图如图 1-3 所示。

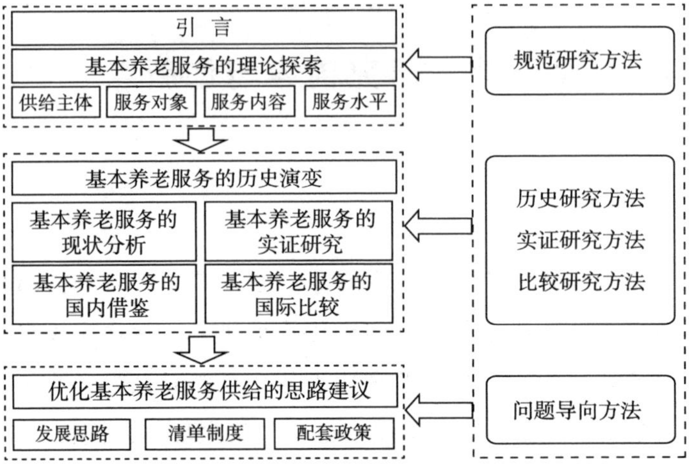

图 1-3　基本养老服务研究技术路线图

资料来源：本书作者研究绘制。

三、研究方法

规范研究方法。本书运用规范研究方法，界定基本养老服务、基本养老服务体系与基本养老服务制度的概念，明确基本养老服务性质。通过规范研究，区分基本养老服务的责任主体与提供主体，明确基本养老服务体系与基本养老服务制度的构成要素，这对于全书研究的展开至关重要。

实证研究方法。运用实证研究方法，对全国性数据进行定量分析，可以掌握我国基本养老服务供需的总体状况，比单纯的规范研究更有说服力。中国老年社会追踪调查（China Longitudinal Aging Social Survey，简称“CLASS”）是一个全国性的社会调查项目，经过严格的科学抽样，具有较强的代表性。本书运用二元 logit 模型与描述性统计方法，对 CLASS 中的生活照料类、健康护理类与社会参与类问答数据进行处理，发现一般老人和特殊老人对三类服务的需求差异与我国有关服务的供需缺口，使得研究者在此基础上分析解决我国基本养老服务的现状问题，更能有的放矢、对症下药。

历史研究方法。从新中国成立至 2008 年民政部提出“实施基本养老服务体系建设”，我国虽未明确提出“基本养老服务体系”和“基本养老服务”的概念，但始终致力于为特殊老人提供兜底性、保障性服务，为全体老年人建立社会保障制度、提供社会养老服务。本书运用历史研究方法回顾这段历史，史论结合，分析我国基本养老服务的历史演变，总结我国基本养老服务的发展规律，更有利于明确基本养老服务的未来发展思路。

比较研究方法。综合考虑各地人口老龄化进程、经济发展水平与制度完善程度，选择代表性地区开展比较研究，分析代表性地区基本养老服务的服务对象、内容标准及其原因。对世界上现有的福利模式进行分类，选择代表性国家开展比较研究，总结代表性国家提供物质帮助类和照护服务类基本养老服务的主要做法和经验。在此基础上提出的对策建议，更能博采众长、为我所用。

四、创新之处

（一）学术观点创新

本书从基本概念出发开展研究，力图创新。一是对“服务、养老、养老服务”“制度、政策、体系”“养老服务制度、养老保障制度”三组概念进行界定和辨析，既为全书的理论研究和政策研究奠定基础，又为政策研究和政策创制提供参考。二是按照我国社会结构的“差序格局”特点，将家庭理解为以老年人为中心，由近及远、由内而外的一组“同心圆”，包括内层的小家庭、中层的中家庭和外层的大家庭，为研究基本养老服务提供主体和家庭养老支持服务奠定基础。

本书关于基本养老服务供给主体和服务对象的观点有所创新。关于基本养老服务供给主体，本书以公共产品等理论为基础，认为基本养老服务是准公共产品，政府是基本养老服务的责任主体，政府、社会、市场、家庭是基本养老服务的提供主体，四者构成基本养老服务供给四面体。关于基本养老服务对象，本书提出了政府确定基本养老服务重点保障对象的“3R”原则，即重点保障在自然、经济、社会三个维度中的一个或多个维度缺乏养老资源的特殊老人。

（二）研究方法创新

本书运用规范研究方法，界定基本养老服务、基本养老服务体系与基本养老服务制度等概念，建立“人口—经济—社会”的研究框架，从宏观上分析人口发展、经济发展、社会发展三者关系，从微观上分析老年人拥有的自然、经济、社会三种养老资源。运用历史研究方法，史论结合，分析中华人民共和国成立以来我国基本养老服务的历史演变。运用比较研究方法，研究和评价我国代表性地区和世界代表性国家的基本养老服务，为我国健全基本养老服务清单制度与完善基本养老服务配套政策提供经验支持。

（三）研究结论创新

本书在全国性抽样调查的基础上，通过数据分析，探讨了调整国家基本养老服务清单的方向，包括将建议保留、建议新增、建议探索、建议暂缓和建议不再新增的服务项目。在研究我国基本养老服务现状问题的基础上，认真分析“十五五”基本养老服务发展环境，提出“十五五”优化基本养老服务供给的“12345”框架，就调整基本养老服务清单、完善有关配套政策提出对策建议。“1”是一个责任主体即政府；“2”是两类服务内容，包括基本生活照料类和基本健康护理类养老服务；“3”是“3R”重点对象，是指政府重点保障在自然、经济、社会三个维度中的一个或多个维度缺乏养老资源的特殊老人；“4”是四元提供主体，包括政府、社会、市场、家庭；“5”是五层服务对象，包括特困老年人、特殊困难老年人、特殊贡献老年人、特殊家庭老年人、一般老年人。

第二章　基本养老服务的理论探索

基本养老服务是准公共产品，其概念界定包括供给主体、服务对象、服务内容和服务水平四个方面。供给主体包括责任主体和提供主体，责任主体的理论基础是治理理论，提供主体的理论基础是供给理论，服务内容的理论基础是需要理论。基本养老服务的性质和服务水平的理论基础是公共产品理论。本书在前人的理论基础上，主要从供给主体、服务对象、服务内容与服务水平四个维度，建立基本养老服务的理论框架。从供给主体看，重点探讨老年人本人及其家庭、政府、社会、市场的养老服务提供责任。从服务对象看，遵循从救济性社会福利向普惠性社会福利铺开的思路，重点研究基本养老服务对象的优先次序。从服务内容看，重点研究基本养老服务清单。从服务水平看，重点研究基本养老服务的适度水平。

第一节　理论基础

基本养老服务涉及公共管理学、公共经济学等多个领域。基本养老服务研究的核心问题是供给主体、服务对象与服务内容。有关供给主体的主要理论基础是服务型政府理论和福利多元主义理论，有关服务内容的主要理论基础是需要层次理论，加上本书原创的有关服务对象的三维养老资源理论，共同构成了本书开展基本养老服务研究的理论基础。

一、治理理论

供给主体有责任主体与提供主体之分。责任主体是指提供服务的法定责任主体和出资主体。提供主体是指实际提供服务的个人或组织。治理理论主要解决基本养老服务的责任主体问题。就学术史而言，该理论经历了国家干预主义、马克思主义、自由主义、新公共管理理论、服务型政府理论的发展历程。本书重点依据服务型政府理论。

（一）国家干预主义

16世纪，重商主义者提出国家干预主义理论，其主要思想是：第一，货币是财政的主要形态，货币规模是衡量国家富裕度的标准；第二，对外贸易是财富源泉之一，应该积极推动对外贸易使国家富强；第三，国家应该干预外贸领域，出台保护工商业发展政策，保障国民经济活动契合外贸要求。19世纪，黑格尔充分阐述这一理论并指出：政治国家源于理性的人形成的状态，市民社会源于非理性的人形成的状态，所以，前者高于后者；脱离政治国家而存在的市民社会将陷入无政府主义状态，所以，政治国家一定要干预市民社会发展。因此，人们认为，国家干预主义政府职能理论的理论前提是黑格尔的国家干预市民社会理论。

（二）马克思主义

马克思主义国家理论在人类思想史上第一次科学地阐明了国家的起源、本质、性质、职能和发展趋势等根本问题。国家起源于分工和私有制，国家的本质是阶级矛盾不可调和的产物（左丹丹，2019）。恩格斯在《家庭、私有制和国家的起源》中指出，国家是社会在一定发展阶段上的产物，是经济利益互相冲突的阶级缓和冲突的结果，是从社会中产生但又自居于社会之上并且日益同社会相异化的力量[①]。在阶级社会中，国家本质具有阶级性和社会性双重属性（宋林泽，2016），同时具有政治统治和社会管理双重职能（张齐学，2019），国家的双重职能体现了国家本质的双重属性的辩证统一。社会管理职能是政治统治职能的前提和基础（赵文东，2016），但在国家的阶级专政本质下，社会职能是附属于政治职能的次级职能（陈敏光，2018）。无产阶级专政是民主和专政的统一，是向共产主义社会过渡的必经阶段，这一阶段的

① 恩格斯．家庭、私有制和国家的起源［M］//马克思，恩格斯．马克思恩格斯选集（第四卷）．北京：人民出版社，2012：186-187.

国家本质也具有双重属性（宋林泽，2016）。从发展角度看，国家最终要复归于社会，国家职能社会化是历史趋势（陈敏光，2018）。

（三）自由主义

自由主义政府职能理论源于16—17世纪的古典自由主义。古典自由主义把国家视为在自由状态的人类社会向政治社会变迁过程中通过民众内部契约形成的“社会共同体”。因此，政府权力由民众赋予，是有限的。自由主义者洛克指出：政府权力源于民众，公民转让给政府的权力只能是政府保护公民生命、财产和自由的权力（亦是政府所拥有的全部权力）。由此延伸出政府职能限制理论。重农主义经济学派代表人魁奈表示，市场自由竞争经济可以更有效地达成财富增长。亚当·斯密沿着这一思想，论证了自由主义的合理性，指出人是“经济人”，在经济生活中被市场经济这只“看不见的手”引导着，在追求最大化的个体经济利益的同时，也增加社会利益和公共利益，因此，自由放任原则能够最大程度促进国家经济发展，国家不应该干预经济。

（四）新公共管理理论

20世纪以来，政府职能理论经历了市场失灵（凯恩斯主义）、政府失灵（公共选择理论）和公共行政思想危机（政府再造运动）三个发展阶段。20世纪90年代伊始，随着经济危机不断加深，西方发达国家政府掀起了新一轮行政改革热潮，在“实用主义”“高绩效政府”“公共部门民营化”等一系列思潮影响下，政府职能理论向新公共管理方向发展。

当时，美国一些地方政府的行政首长们面对经济大萧条导致的社会萎靡、不景气等新情况，开始作出变革的反应：自愿抛弃旧的管理方法，按照市场规律处理公共事务，并开始与私人部门合作，以多种方式提供公共服务。同时，不同城市间也展开了竞争，公共管理人员大谈企业经营之道，各州也开始重新设计公共制度和社会福利。于是，“重新塑造政府”的呼声日益高涨。在这一背景下，奥斯本和盖布勒的《改革政府：企业家精神如何改革着公共部门》一书提出了“企业家政府理论”，总结出政府构造的十条基本原则：起催化作用的政府，掌舵而不是划桨；社区拥有的政府，授权而不是服务；竞争性政府，把竞争机制注入到提供服务中去；有使命感的政府，改变照章办事的组织；讲究效果的政府，按效果而不是按投入拨款；受顾客驱使的政府，满足顾客而不是官僚政治的需要；有事业心的政府，有收益而不是浪费；有预见的政府，预防而不是治疗；分权的政府，从等级制到参与协作；以市场为导向的政府，通过市场力量进行变革。

新公共管理理论提倡，政府在面对公共服务或进行日常行政管理时，以公众需求为行政导向，提高服务质量，推进公共管理和服务；抽身于具体的公共事务，“天然地”承担起引导、沟通和协调职能；结束对公共服务的大包大揽，引入竞争机制，鼓励竞争主体参与，使公共服务更富灵活性、多样性；通过市场而不是单一的行政命令与计划引导公共服务供给，使服务更具弹性；在市场中进行有效的激励和必要的规范，促进竞争环境健康和长期发展；培养一个能够满足公众不同需求的灵活多样的优质的公共服务领域。欧文指出，在这一方向下，民众要求政府推进公共服务民营化发展；引入社区主义理论，建立政府、社区和市场三足鼎立的理想社会；强化公共机构和私营机构合作，推进非政府组织（非营利性）发展；引入企业精神对政府进行改造转型，在政府组织中注入企业管理相关的组织文化来促进政府竞争力提升；等等。

新公共管理的理论和思维模式在公共服务提供方面给我国政府带来许多可供借鉴之处，如政府并非公共服务的“天然提供者”。至于是由市场还是由社会来提供，还需要在理论方面对政府与市场、社会之间的关系进行合理定位。

（五）服务型政府理论

在西方“企业家型政府”与“政府再造运动”等改革经验基础上，国内学界开展了政府职能转型的研究。张康之（2000）最早提出，我国政府职能转变的方向是服务型政府。服务型政府主要是指在公民本位、社会本位理念指导下，在民主制度框架内，把服务作为社会治理价值体系核心和政府职能结构重心的一种政府模式或政府形态。服务型政府强调政府服务的人本价值、公民参与价值和顾客主导价值，在这一模式下，政府的主要职能在于营造有利于市场发挥激励作用的环境，提供法律和社会保障，维护社会稳定，促进市场的良性发展。

在服务型政府理论指导下，政府通过营造有利于市场发挥激励作用的环境，能够充分调动社会力量参与基本养老服务供给的积极性，增强基本养老服务供给主体和供给内容的多样性，体现以人为本的思想。

二、供给理论

供给理论主要解决基本养老服务的提供主体问题。对福利提供主体的探讨，经历了从“二分法”“三分法”到“四分法”的演变。同“二分法”相比，以“三分法”和“四分法”为主要内容的福利多元主义理论试图冲破国家和市场的绝对主义藩篱，寻求福利国家未来发展的最佳路径，因而被不少国家所采纳。21世纪初，国外基于福利多元主义思想，开始将照顾劳动议题引入福利研究，形成了照顾菱形理论。

（一）福利多元主义理论

同样是“二分法”，东西方文化不同，发展脉络各异。我国的“二分法”包括家庭和国家。恩格斯指出，家庭是在和群的对立中发展起来的，国家是社会发展到一定阶段上的产物。按照儒家的孝道思想，我国古代养老服务供给的逻辑理路是“孝养—孝道—孝治”。西方古典自由主义者坚持国家与市场“二分法”并赋予市场支配性地位。随着市场在20世纪20—30年代大危机中“失灵”，国家介入社会问题解决，“凯恩斯—贝弗里奇”社会福利范式逐渐占据主导地位，不少西方国家在二战后成为福利国家。这时，“二分法”演化为“政府—社会”两翼，其中，政府是正式提供主体，社会是非正式提供主体。

“三分法”是西方学者在福利国家面临福利困境时提出来的，不同学者指出的“三分法”角色略有不同。20世纪70年代的石油危机加剧了“政府失灵”和福利国家危机，福利多元主义应运而生。1978年，英国沃尔芬德（Wolfenden，1978）在他的《志愿组织的未来报告》中首次使用“福利多元”一词，指出福利涉及不同主体，主张把志愿组织纳入社会福利的提供者行列。罗斯（Rose，1986）在他的《相同的目标、不同的角色——国家对福利多元组合的贡献》一文中详细剖析了福利多元主义的概念，提出了“国家—市场—家庭”“三分法”，伊瓦思（Adalbert Evers，1988）称之为“福利三角”。

“四分法”是在“三分法”的基础上发展起来的。约翰逊（Johnson，1987）撰写了《转变中的社会福利：福利多元主义的理论和实践》一书，在“福利三角”国家、市场和家庭的基础上加入了志愿组织。欧尔森等（Olsson etc，1993）虽然用国家、市场和民间社会（家庭、邻里、志愿组织等）“三分法”分析福利国家，但由于其中的民间社会包括家庭和志愿组织，也可以看作是“四分法”。伊瓦思（Adalbert Evers，1996）将他的“福利三角”研究范式修改为“四分法”，即市场、国家、社区和民间社会，认为民间社会是联系其他几个要素的媒介。拉扎维（Shahra Razavi，2007）认为国家不仅是福利供给者，而且是确定家庭、市场和志愿部门福利责任的决策者和政策设计者，据此构建了菱形福利构架，构架中的任何一极是否提供福利、提供多少，与不同国家和地区的政治制度、党派结构、意识形态等密切相关。

基于社会需要与福利多元主体的对应关系，国内学者彭华民（2009）对不同的提供主体进行了结构性划分：政府利用科层体制提供正式的社会福利，通过资源再分配形式，使社会福利制度起到托底作用；社会组织和志愿者基于社会责任提供非正式的社会福利；市场基于竞争原则向消费者身份的福利接受者提供增值服务。

（二）照顾菱形理论

21世纪初，国外开始将福利多元主义“四分法”应用于照顾领域。2005—2009年，联合国社会开发研究所（UN Research Institute for Social Development）“社会性别与开发”部门组织研究了“照顾的政治社会经济研究”课题。落合惠美子（Emiko Ochiai，2009）首次运用照顾菱形（Care diamond）理论进行了照顾服务分析，通过对亚洲6个国家和地区（韩国、中国、中国台湾、新加坡、泰国和日本）老年人照料的比较研究，勾画了不同的照顾菱形。按照她的观点，老年人照顾服务的提供者有国家、地域组织或社区、市场、家庭四个主体，其中国家机构包括公立机构，地域组织或社区包括近邻组织、社区团体及其他地域组织，市场包括私立机构和来自市场的家务劳动者，家庭包括子女、子女配偶和亲戚（见图2-1）。

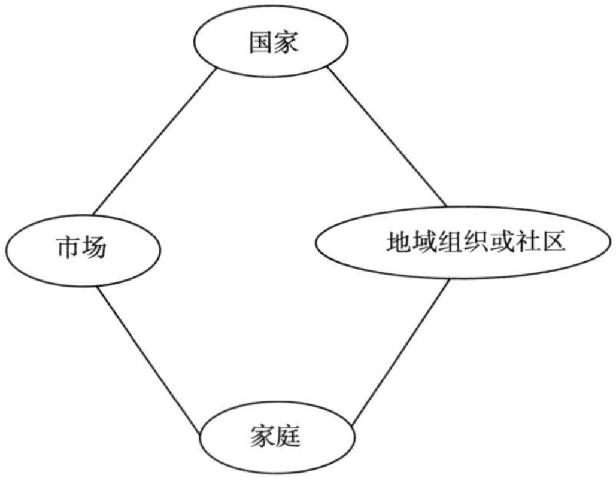

图 2–1　老年人照顾菱形

资料来源：Emiko Ochiai（2009）。

国内学者闫金山、彭华民（2018）根据我国的老年人家庭照料文化传统和照料“家庭化”政策偏好，提出建立以家庭为核心的“一核三维”多元主体共治老人照料体系（见图 2–2）。其中，家庭是照料体系的核心，国家、市场和志愿部门是照料体系的三个维度。该体系仍然包括四个主体，但已不是菱形，而是一个突出中心的正三角形。

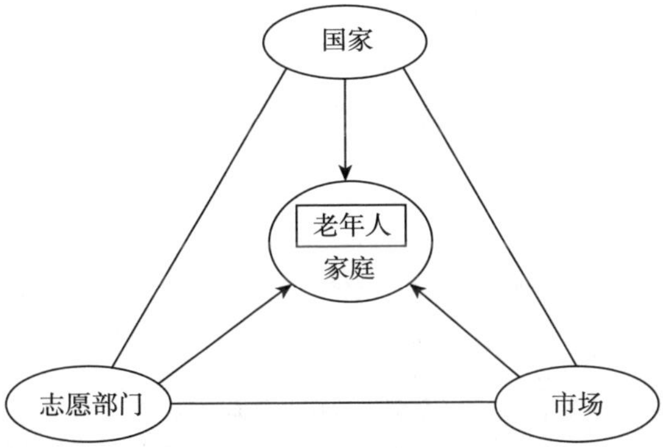

图 2–2　多元主体共治老人照料体系

资料来源：闫金山、彭华民（2018）。

三、需要理论

需要理论主要解决基本养老服务的服务内容问题。包括社会需要理论与需要层次理论。

（一）社会需要理论

福利视角下的社会需要是指人类为了生存和福祉的生理、心理、经济、文化要求，是社会成员需求的集合（Adalbert Evers，2005）。社会需要是具有紧迫性且不宜延迟的基本需要，这种由于需要不能及时实现而产生的危机无法通过个人能力解决，只有通过国家建立的社会福利制度的运行和规范化的社会分配的进行才能实现。

（二）需要层次理论

需要层次理论为基本养老服务的供给内容提供了理论依据。人本心理学之父马斯洛在1954年出版的《动机与人格》中指出，人类基本需要从低级到高级分为五个层次：①生理需要，满足体内平衡或者身体匮乏的需要；②安全需要，对安全、稳定、依赖、保护的需要；③爱与归属需要，对爱、情感和归属的需要；④尊重需要，对自尊、自重和来自他人的尊重的需要或欲望；⑤自我实现需要，对自我发挥和自我完成的欲望等。认知需要可以在安全需要或者自我实现需要的层次上表现出来，审美需要可以在自尊需要和自我实现需要的层次上表现出来（见表2-1）。

表2-1 人类基本需要层次（马斯洛）

需要层次	主要内容
生理需要	食物、水、性等
安全需要	健康、工作、储蓄、保险、秩序、法律、界限、社会权威等
爱与归属需要	爱人、朋友、孩子、同事、社群等
尊重需要	对实力、成就、权能、优势、胜任以及面对世界时的自信、独立和自由等的欲望；对地位、声望、荣誉、支配、公认、注意、重要性、高贵或赞赏等的欲望
自我实现需要	对自我发挥和自我完成的欲望等

资料来源：本书作者根据马斯洛需要层次理论整理。

关于老年人基本需要层次，左美云、刘勍勍、刘方（2009）认为，主要表现为生理需要、安全需要、情感需要、受尊重需要与自我实现需要，同人类基本需要层次相比增加了受护理等需要；穆光宗（2002）将老年人的需求分为五大类 13 种基本需求，即生存需求、感情需求、发展需求、价值需求和归宿需求，同人类基本需要层次相比，在生存需求层次的老有所医中，体现了安全需要层次的健康内容，突出了老年人的发展需求，将自我实现需要层次的自我发挥和自我完成内容整合到价值需求层次，增加了归宿需求层次及老有善终内容（见表 2-2）。

表 2-2 老年人基本需要层次

作者	需要层次	主要内容
左美云、刘勍勍、刘方（2009）	生理需要	衣、食、住、行、受护理等
	安全需要	生命安全、养老安全和社会安全等
	情感需要	亲情、友情、爱情、团体和信仰等
	受尊重需要	自我肯定 家庭/团体/社会地位等
	自我实现需要	掌握新知、创造价值
穆光宗（2002）	生存需求	老有所养、老有所助和老有所医
	感情需求	老有所爱 老有所伴
	发展需求	老有所乐、老有所亲、老有所学和老有所美
	价值需求	老有所为、老有所用和老有所成
	归宿需求	老有善终

资料来源：左美云、刘勍勍、刘方（2009）；穆光宗（2002）。

孔伟艳、曾红颖（2022）将老年人基本需要分为五个层次，即生理需要、安全需要、爱与归属需要、尊重需要、自我实现需要。这同马斯洛的人类基本需要层次一致，但在主要内容中针对老年人特殊性做了一些增减。例如，生理需要层次的急救内容，安全需要层次的护理、保健、保险内容，尊重需要层次的无歧视、有尊严地死去内容。该文不同于已有研究的特点是，在每一个基本需要层次里，都区分低级、中级和高级需要。根据我国从温饱、小康到富裕的发展阶段，以及同一时期不同人群并存的温饱、小康与富裕的生活水平，将各需要水平从需求侧依次称为温饱型需要、小康型需要和富裕型需要（见表 2-3）。

表 2-3　老年人基本需要层次假说

需要层次	主要内容	需要水平
生理需要	食物、水、休息、急救、照料、性等	温饱型
		小康型
		富裕型
安全需要	医疗、护理、保健、卫生、人身、工作、积蓄、保险（养老、医疗、照护等）等	温饱型
		小康型
		富裕型
爱与归属需要	老伴、孩子、其他亲属、朋友、单位、社区、社团、社会等	温饱型
		小康型
		富裕型
尊重需要	自尊、自信、成就、胜任等； 他人的尊重（无歧视、有尊严地死去等）、地位、重要性等	温饱型
		小康型
		富裕型
自我实现需要	经济参与、政治参与、社会参与、认知需要、审美需要	温饱型
		小康型
		富裕型

资料来源：孔伟艳、曾红颖（2022）。

四、公共产品理论

公共产品（Public goods）又称公共物品，是公共经济学的重要概念。公共产品既包括有形的产品，又包括无形的服务。公共产品理论主要解决基本养老服务性质和服务水平的问题。

亚当·斯密（Adam Smith）在 1776 年出版的《国民财富的性质及其原因的研究》中第一次提到“公共物品”，不过，那时他关注的重点在君主或国家的义务方面。20 世纪 50 年代，萨缪尔森（Paul A·Samuelson，1954）发表《公共支出的纯理论》，从现代经济学的角度阐述了公共物品相关理论。他指出，公共物品是指个人消费不会在量和质上影响其他人消费的产品，具有非排他性和非竞争性两个本质特征。非排他性是指公共物品一旦提供，就没有了选择性地将个别消费者排除在外的可能性；非竞争性是指公共物品是向整个社会提供的，具有联合消费或共同受益的特点，即所有消费者对公共物品的消费是等量和同质的。曼瑟尔·奥尔森（Mancur Lloyd Olson）在1965年出版的《集体行动的逻辑》中认为，一个集团中的任何个人如果能够消费某一物品，且不构成其他人消费该物品的阻碍，那么这类物品便属于公共物品。

基于非竞争性和非排他性，布坎南（James M. Buchanan, Jr.）首次提出了准公共物品的概念。他认为，只有同时具备非竞争性和非排他性的物品才是纯公共物品，而准公共物品则是具备有限的非竞争性和局部的非排他性特征的公共物品。准公共物品具有公共性和公益性，由大众使用，但提供方式却具有部分的商业性和利益性，所以夹杂在公共物品和私有物品之间，被称为准公共物品。同公共产品相比，准公共产品在免费提供时具有非排他性，在提供者向使用者收费并拒绝不付费者使用时具有排他性；在未产生拥挤前具有非竞争性，在供给不足时具有竞争性。

此后，经济学家更多地运用"囚徒困境"和"公地悲剧"等理论模型，论证公共物品必须由政府等公共部门来提供而私人供给效率低。但是，人们由于普遍认为政府可以有效地提供公共物品并避免"免费搭车"现象，而产生了一种公共部门是公共物品天然、唯一提供者的教条思想，忽略了对其他部门提供公共物品的研究。

第二节　相关概念界定

基本养老服务的概念同服务、养老、养老服务等概念密切相关。一种事物首先必须是服务，其次必须是养老服务，才有可能成为基本养老服务。可见，在分析基本养老服务的内涵和外延之前，准确界定服务、养老、养老服务等概念很有必要。养老服务必须有体系做载体，有制度做保障，明确养老服务体系与养老服务制度的概念也十分必要。

一、服务、养老与养老服务

（一）服务

在汉语言文学中，按照《现代汉语词典》的解释，"服务"是动词，意为“为集体（或别人）的利益或为某种事业而工作”，如“服务行业”“为人民服务”“科学为生产服务”“他在邮局服务了三十年。”从语义上讲，服务是一种工作，具有无形性。

随着商品经济的发展，国外最早从经济学角度界定了“服务”的概念，使之具有了名词的性质和商品的含义。1960 年，美国市场营销协会（American Marketing Association，简称“AMA”）最先将服务界定为“用于出售或者是同产品连在一起进行出售的活动、利益或满足感。”这一定义在此后的很多年里一直被人们广泛采用。1974 年，斯坦通（Stanton）指出：“服务是一种特殊的无形活动。它向顾客或工业用户提供所需的满足感，它与其他产品销售和其他服务并无必然联系。”1997 年，菲利普·科特勒（Philip Kotler）给服务下的定义是：“一方提供给另一方的不可感知且不导致任何所有权转移的活动或利益，它在本质上是无形的，它的生产可能与实际产品有关，也可能无关。”这就是说，服务是一种活动、利益或满足感，既可以单独销售，也可以组合销售。服务最突出的特性是无形性，该特性还伴随着所有权的不可转让性。

（二）养老

“养老”一词在我国具有悠久的历史，早在西汉就已出现。“养老”在《现代汉语词典》中有两层意思。第一层意思是“奉养老人”，如“养老送终”。按照第一层意思，养老的主体一般包括政府、社会、市场和家庭成员，在自助养老成为普遍现象的当代，老年人自身也成为了养老的主体；养老有且只有一个客体——老年人。“奉养”的主要内容是物质类型的生活资料与服务类型的生活照料和健康护理服务。第二层意思是“年老闲居休养”，如“居家养老”。按照第二层意思，养老有且只有一个主体——老年人，没有客体。“休养”的内容相对丰富，包括老年教育、文化娱乐等社会参与活动。

（三）养老服务

养老服务不同于养老义务，区别在于主体。目前，多数国家倡导“自己是自己养老的第一责任人”的观念，老年人“奉养自己”或“年老闲居休养”的行为是义务。家庭成员“奉养老年人”的行为是义务还是服务，取决于家庭成员是否为法定赡养、扶养义务人。如果家庭成员是老年人的法定赡养、扶养义务人，那么家庭成员的赡养、扶养行为就是义务而非服务；如果家庭成员不是法定赡养、扶养义务人，那么家庭成员的赡养、扶养行为就可以算作服务。综合语义与法理，只有政府、社会、市场和非法定赡养、扶养义务人的家庭成员，才可能成为养老服务的主体。养老服务，是指由政府、社会、市场和非法定赡养、扶养义务人的家庭成员为老年人安度晚年提供的各类照料、护理和关爱服务。

二、制度、政策与体系

（一）制度

“制度”是一个古老的汉语名词。《易·节》有言：“天地节，而四时成。节以制度，不伤财，不害民。”在这里，制度意为在一定历史条件下形成的法令、礼俗等规范。整句话的意思是，天地有节制，四季才得以形成；君主用制度来节制，就能不浪费资财、损害民众。

在英语中，有的将制度翻译为“System”，有的将制度翻译为“Institution”。在道格拉斯·诺斯（Douglass C. North）的制度理论中，制度（System）是人类相互交往的规则，制度安排分为基础性制度安排（Fundamental institutional arrangements）与次级制度安排（Secondary institutional arrangements）两个层级（Douglass C. North，Robert Paul Thomas，1971）。其中，基础性制度安排是指一系列用来建立生产、交换与分配基础的政治、社会和法律基础规则，次级制度安排是支配经济单位之间可能合作与竞争的方式的一种安排。基础性制度安排又称制度环境，是一国的基本制度规定，它决定和影响次级制度安排（卢现祥，2003）。

（二）政策

次级制度与政策概念相近。按照国外一些学者的政策研究框架，次级制度与政策概念等同。罗伊·阿玛拉（Roy C. Amara，1972）指出，政策体系由价值取向、目标、政策框架、测量工具和指标、达成五个要素构成。价值取向或评判标准影响政策选择，决定为谁服务、如何行动和预期目标等。目标是国家意图的具体表达，既是制定政策的依据，也是政策要实现的终极目标。科学有效的测量工具和指标是评价政策实施效果的依据，可以是定量或定性的。达成即需要对政策执行和完成情况进行监督管理。次级制度也应当包括这五个要素。无论次级制度还是政策，都不应当是碎片化或者板块式的，而应当形成体系。

（三）体系

在英语中，翻译为“System”的“制度”与“体系”是同义词。国内学术界认为，制度是体系的一部分，是系统中的子系统。体系是一种依其内在的必然联系所组成的系统。当体系或体系中的某些部分被国家或某个组织的意志认可并强制所有成员共同遵守时，就形成了制度（谭克俭，2009）。

三、养老服务制度与养老保障制度

养老服务制度是在促进老年人安享晚年的养老服务体系框架内，对要素网络、服务标准和运行机制进行规定的一系列正式规则。养老保障制度是指对促进老年人安享晚年的物质保障体系进行规范的一系列正式规则，它为老年人购买衣食住行等养老产品和照护关爱等养老服务提供物质保障。按照世界银行框架，养老保障制度应包括五根支柱，我国按照世界银行框架建立了养老保障制度（见表 2-4）。养老服务制度离不开养老保障制度。离开了养老保障制度，多数老年人没有能力为养老服务付费，有的甚至没有能力为衣食住行等基本的生活资料付费。

表 2-4　按照世界银行框架表述的养老保障制度

制度	零支柱	第一支柱	第二支柱	第三支柱	第四支柱
世界银行的五根支柱	由公帑支付的老年金或社会保障计划（毋须或设有经济审查）	公营管理的强制性供款计划（通常是随收随支）	私营管理的强制性职业或私人退休供款计划	自愿向职业或私人退休计划供款或储蓄	公共服务、家庭支援和个人资产

续表

制度	零支柱	第一支柱	第二支柱	第三支柱	第四支柱
中国养老保障制度	最低生活保障；老年人福利补贴；高龄津贴；重度残疾人护理补贴；困难残疾人生活补贴	城镇职工基本养老保险；城乡居民社会养老保险；长期护理保险（试点地区）	企业年金；职业年金	商业养老保险；商业性长期护理保险（探索）	保障性住房；医疗保险；养老助残卡（部分地区）；家庭支援；劳动收入；个人储蓄

资料来源：本书作者整理。

第三节　核心概念界定

一、基本养老服务概念

基本养老服务，是指由政府直接提供或者通过一定方式支持相关主体向老年人提供的，旨在实现老有所养、老有所依必需的基础性、普惠性、兜底性服务。基本养老服务同养老服务在供给主体、服务对象、服务内容和服务水平四个维度上有较大区别。

（一）基本养老服务的供给主体

供给主体包括责任主体与提供主体。责任主体主要负责落实出资责任，提供主体负责提供具体服务。养老是责任，也是义务，养老与基本养老服务具有不同的责任主体。养老服务与基本养老服务具有不同的责任主体，但有相同的提供主体。

养老的责任主体，首先是老年人个人，其次是赡养人、扶养人。根据2018年修正的《中华人民共和国老年人权益保障法》（以下简称《老年人权益保障法》）和2020年通过的《中华人民共和国民法典》（以下简称《民法典》），赡养人是指老年人的子女，以及有负担能力的孙子女、外孙子女（在祖父母、外祖父母的子女已经死亡或者子女无力赡养时）；扶养人是指老年人的配偶，以及由兄、姐扶养成年且有负担能力的弟、妹（在兄、姐缺乏劳动能力又缺乏生活来源时）。当今世界上，有很多国家倡导“自己是自己养老的第一责任人”的观念。在我国，自助养老也是自立老人、自理老人的首要选择。从生活来源看，老年人的土地收入以自己耕种土地为前提，养老金待遇以个人缴费为前提。从生活照料看，多数自理老人选择自己照料自己。当老年人失去自助养老的能力时，由赡养人、扶养人奉养便成为第二选择。其中，赡养人应当履行对老年人经济上供养、生活上照料和精神上慰藉的义务，照顾老年人的特殊需要。

养老服务的提供主体包括政府、社会、市场和家庭。政府包括行政单位和编制部门登记的养老服务机构。社会包括民政部门登记的养老服务机构、社会组织、社区自治组织、志愿服务和邻里等。市场包括市场监管部门登记的养老服务机构。按照我国社会结构的“差序格局”特点，将家庭理解为以老年人为中心，由近及远、由内而外的一组“同心圆”：内层的圆是小家庭，包括老年人、赡养人和扶养人；中层的圆是中家庭，包括老年人与《民法典》中的“近亲属”（配偶、父母、子女、兄弟姐妹、祖父母、外祖父母、孙子女、外孙子女）；外层的圆是大家庭，包括老年人与《民法典》中的“亲属”（配偶、血亲和姻亲）。作为养老服务提供主体的家庭，是指大家庭中除去老年人、赡养人、扶养人以外的成员，包括老年人的（外）孙子女（是赡养人时除外）、弟妹（是扶养人时除外）、侄（甥）子女、媳婿（赡养人的配偶）等血亲和姻亲。政府在顶层，负责制定养老服务政策和提供基本养老服务；家庭是基础，符合我国家庭养老的文化传统和家庭主义的政策偏好。当老年人不能或不愿自助养老，且赡养人、扶养人不能或不愿承担义务时，就可能求助于上述养老服务提供主体。

基本养老服务的责任主体是单一的，只能是政府，政府又包括中央政府（国家）和地方政府。这里需要明确，政府只是基本养老服务的责任主体，不是养老的责任主体。受经济发展水平和财政支付能力限制，当前我国政府提供基本养老服务的责任只能定位为兜底性和基础性。政府作为老年人自助养老和赡养人、扶养人养老的补充，只有当老年人在自然、经济、社会三个维度中的一个或多个维度缺乏养老资源时，才承担兜底性责任，如老年人无自理能力，无生活来源，无赡养人、扶养人或赡养人、扶养人无赡养、扶养能力。同时，政府还面向全体老年人提供基础性养老服务。基本养老服务的提供主体是多元的，同养老服务的提供主体一样，都包括政府、社会、市场和家庭。随着市场经济的发展，政府不一定直接提供基本养老服务，而可能采取购买服务或者向老年人提供补贴等形式，由社会、市场和家庭提供服务。

本书在老年人照顾菱形（见图 2-1）和多元主体共治老人照料体系（见图 2-2）的基础上，根据我国的文化传统和政策偏好，绘制了由政府、社会、市场和家庭四个主体构成的基本养老服务供给四面体（见图 2-3）。四面体 4 个顶点处圆圈内文字表示基本养老服务提供主体，四面体内的虚线方框内文字表示基本养老服务对象，四面体内被遮挡住的 4 条带箭头的虚线表示提供主体向服务对象提供服务，四面体侧面的 3 条带箭头的实线棱表示政府动员社会、市场和家庭向老年人提供服务并对他们进行监督，四面体的 5 条实线棱和被遮挡住的 1 条虚线棱表示政府、社会、市场、家庭协同联动。由于养老对老年人个人来说是责任，对赡养人、扶养人来说是义务，个人、赡养人与扶养人都不是基本养老服务提供主体。本图中的家庭仅包括大家庭中除去老年人、赡养人、扶养人以外的成员，主要是老年人的（外）孙子女（是赡养人时除外）、弟妹（是扶养人时除外）、侄（甥）子女、媳婿等。

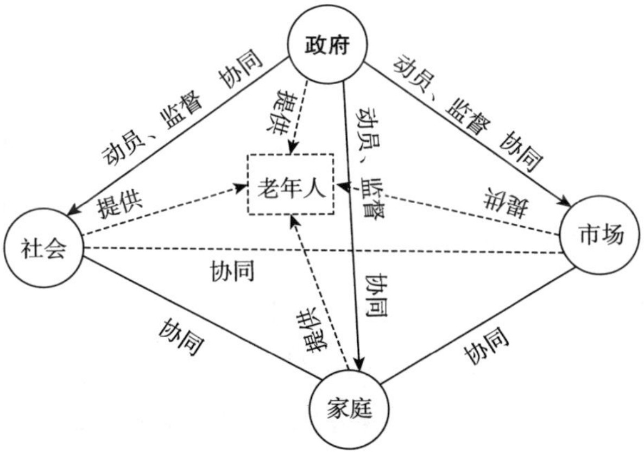

图 2-3　基本养老服务供给四面体

资料来源：本书作者绘制。

（二）基本养老服务的服务对象

养老服务的服务对象是全体老年人。基本养老服务的服务对象应当是面向全体老年人，重点保障在自然、经济、社会三个维度中的一个或多个维度缺乏养老资源的特殊老人。自然维度的养老资源（Natural dimension of the endowment resources）主要指老年人个人的自理、基础运动、劳动等能力，受老年人个人的年龄与身体健康程度、功能完善程度、身心健全程度等影响。自然维度缺乏养老资源的特殊老人包括失能老人、失智老人、重度残疾老人、高龄老人等。经济维度的养老资源（Economical dimension of the endowment resources）主要指老年人个人的生活来源，包括养老金等流量收入、存款等存量收入和粮食等生活物资。经济维度缺乏养老资源的特殊老人，包括符合最低生活保障、最低生活保障边缘等条件的经济困难老人。社会维度的养老资源（Social dimension of the endowment resources）主要指老年人的配偶、子女、亲戚、朋友等社会关系。社会维度缺乏养老资源的特殊老人，如无法定赡养、扶养义务人或法定赡养、扶养义务人无赡养、扶养能力的失独老人、鳏寡老人、优抚老人。由于三个维度养老资源中的资源（Resources）的英文首字母是“R”，本书将政府确定基本养老服务重点保障对象的原则称为“3R”原则。

政府重点保障缺乏哪个维度养老资源、缺乏到什么程度的特殊老人，同老年人客观的困难程度和政府主观的价值取向有关。政府确定和调整基本养老服务重点保障对象范围，应当根据老年人缺乏养老资源的维度和程度，在经济发展水平和财政支付能力的约束条件下，从核心层向外围层动态调整。建议将基本养老服务对象按照其拥有的自然、经济和社会维度养老资源多寡，分为五个大层次。第I层次是同时缺失自然、经济和社会维度养老资源的特困老年人，在自然维度“劳动能力”的基础上，又依据“自理能力”将特困老年人分为两个中层次——失能特困老年人IA和自理特困老年人IB。第II层次是缺乏自然、经济或社会维度养老资源的特殊困难老年人，依据养老资源缺乏的维度数量，将特殊困难老年人分为IIA三维困难老年人、IIB二维困难老年人、IIC一维困难老年人三个中层次。第III层次是特殊贡献老年人，即对国家和社会作出特殊贡献的老年人。第IV层次是特殊家庭老年人，即计划生育特殊家庭老年人。第Ⅴ层次是一般老年人（见图 2-4）。

图 2-4　基本养老服务对象的五个大层次

资料来源：本书作者研究绘制。

（三）基本养老服务的服务内容

基本养老服务的服务内容包括针对老年人基本需要而提供的各种服务。《老年人权益保障法》规定："国家和社会应当采取措施，健全保障老年人权益的各项制度，逐步改善保障老年人生活、健康、安全以及参与社会发展的条件，实现老有所养、老有所医、老有所为、老有所学、老有所乐。"按照"养老"的两层意思，将"养老服务"分为"奉养服务"和"休养服务"。"奉养服务"的目的是实现老有所养、老有所医。老有所养是指满足老年人生理需要的生活资料和生活照料，如助餐、助洁、助浴等；老有所医是指满足老年人安全需要的健康护理服务，如健康管理、康复护理、安宁疗护等。"休养服务"的目的是实现老有所为、老有所学、老有所乐。老有所为是指满足老年人爱与归属需要的社会参与服务，如老年人通过参与就业和志愿服务从单位、社区、社团获得归属感；老有所学是指满足老年人尊重需要的社会参与服务，如老年人通过接受老年教育掌握更多知识，获得青年人的尊重；老有所乐是指满足老年人自我实现需要的社会参与服务，如老年人通过参与老年体育、老年文化等活动管理身材、愉悦身心，获得审美享受（见图 2-5）。

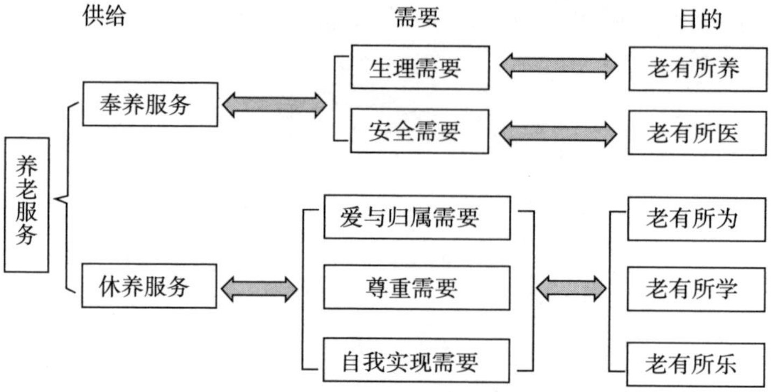

图 2-5 养老服务供需图

资料来源：本书作者研究绘制。

养老服务分为基本养老服务与非基本养老服务。从服务类别看，养老服务是指为满足老年人“五个老有”需要而提供的所有服务，可以分为生活照料、健康护理、社会参与三大类别。其中，基本养老服务是指为满足老年人的老有所养、老有所医需要而提供的服务，包括生活照料和健康护理类别的服务；非基本养老服务是指为满足老年人的老有所为、老有所学、老有所乐需要而提供的服务，包括社会参与类别的服务，如老年人就业和志愿服务、老年教育、老年文化体育旅游等。从服务水平看，养老服务可以分为温饱、小康、富裕三个水平。其中，温饱水平的养老服务属于基本养老服务，富裕水平的养老服务属于非基本养老服务，小康水平的养老服务待定。综合服务类别与水平后可知，养老服务包括生活照料、健康护理、社会参与三大服务类别和温饱、小康、富裕三个服务水平交叉形成的“九宫格”内的服务项目；基本养老服务一般包括温饱水平的生活照料与健康护理服务，呈“日”字格。按照支持形式，养老服务项目又可以分为提供主体直接向老年人提供的服务支持、用于老年人购买生活资料和养老服务的经济支持、用于老年人家庭成员照护老人的时间支持三种（见表 2-5）。

基本养老服务具体包括哪些项目，应根据老年人的基本养老服务需要，在经济社会发展水平允许的情况下加以选择，并适应经济社会发展水平动态调整。非基本养老服务是基本养老服务的“蓄水池”，随着经济社会发展水平提高与财政支付能力增强，部分非基本养老服务可能成为基本养老服务。基本养老服务既可以向下增加服务项目，将部分社会参与类非基本养老服务项目变成基本养老服务项目，呈“目”字格；也可以向右提高服务水平，将部分小康水平的非基本养老服务项目变成基本养老服务项目，呈“田”字格。至于向哪个方向扩展、扩展程度如何，取决于老年人的基本需要和财政支付能力变化。

表 2–5　按照服务类别与水平交叉的养老服务“九宫格”

<table>
<tr><th colspan="2" rowspan="3">服务类别</th><th colspan="3">服务水平</th></tr>
<tr><th>基本养老服务</th><th>待定</th><th>非基本养老服务</th></tr>
<tr><th>温饱水平</th><th>小康水平</th><th>富裕水平</th></tr>
<tr><td rowspan="2">基本养老服务</td><td>生活照料</td><td>服务支持：家庭适老化改造、居家上门服务、探访关爱服务、困难老年人助餐配送服务、（特困老年人）集中供养、（处于低保或低保边缘的失能老人、计划生育特殊家庭老人）优先享受机构养老、（特殊贡献老年人）优先享受居家服务、（特殊贡献老年人）集中供养、养老顾问服务、老年人服务热线
经济支持：职工基本养老保险、城乡居民基本养老保险、高龄津贴、养老服务补贴、养老助餐服务（补贴）、（特困老年人）分散供养、最低生活保障、最低社会保障、困难残疾人生活补贴、流浪乞讨人员社会救助、计划生育家庭特别扶助、困境家庭服务对象入住养老机构补贴、（特殊贡献老年人）供养保障</td><td>服务支持：提供社区活动场所、老年助餐服务、上门做家务
经济支持：企业年金、职业年金、百岁老人长寿补贴、就餐补贴</td><td>服务支持：家庭保姆照顾服务、帮助日常购物、发放适老产品用品、建设老年宜居社区、旅居养老
经济支持：商业养老保险、金融理财服务、住房反向抵押贷款</td></tr>
<tr><td>健康护理</td><td>服务支持：老年人健康管理、基本医疗保险异地就医结算、就医便利服务、陪同就医、家庭病床、老年人能力综合评估、困难家庭常年病老年人托管、家庭养老照护服务、上门护理服务、社区护理服务、长期护理服务、康复辅具社区租赁服务、紧急救援服务、突发公共事件老年人应急保障
经济支持：城乡居民基本医疗保险个人缴费补贴、医疗救助、就医（免收挂号费）、长期护理保险、护理补贴、重度残疾人护理补贴、家庭养老支持服务、残疾人康复服务补贴、康复辅助器具购买（租赁）补贴
时间支持：子女护理假</td><td>服务支持：康复理疗、心理咨询
经济支持：普惠健康保险、意外伤害保险</td><td>服务支持：养生保健服务
经济支持：商业健康保险、商业性长期护理保险</td></tr>
</table>

续表

服务类别		服务水平		
		基本养老服务	待定	非基本养老服务
		温饱水平	小康水平	富裕水平
非基本养老服务	社会参与	服务支持：老年监护服务、司法救助、法律援助服务、公证服务	服务支持：老年人就业、老年人志愿服务、公共交通工具优待、老年教育、公共文化体育旅游设施优待、文化娱乐服务	服务支持：高端老年教育、高端文体服务、高端老年旅游

资料来源：本书作者根据有关论文与文件整理。

（四）基本养老服务的服务水平

养老服务的服务水平是多层次的，按水平也可以分为基本养老服务与非基本养老服务。基本养老服务是指满足基本养老服务对象温饱型需要的养老服务，应当既能够满足必需的服务、基本生活需要，又不超出经济社会发展水平、政府财政能力与社会承受能力等约束条件。非基本养老服务主要包括满足高收入老人富裕型养老服务需求的养老服务，在经济社会发展水平、政府财政能力与社会承受能力较低的情况下，也包括满足大多数老人小康型养老服务需求的养老服务。

综合考虑基本养老服务的供给主体、服务对象、服务内容和服务水平，基本养老服务是指由政府负责，面向全体老人、重点保障特殊老人，由政府直接提供或者通过一定方式支持相关主体向老年人提供的，既能满足老年人基本养老服务需要，又不超出经济社会发展水平、财政支付能力与社会承受能力的，旨在实现老有所养、老有所依必需的基础性、普惠性、兜底性服务。基本养老服务的责任主体应当是政府，国家基本养老服务的责任主体是国家（中央政府），地方基本养老服务的责任主体是地方政府。基本养老服务的提供主体包括政府、社会、市场和非赡养人、扶养人的家庭成员。基本养老服务的服务对象包括一般老人和特殊老人。基本养老服务的服务内容目前分为生活照料、健康护理两大类别和物质帮助、照护服务、关爱服务三种类型。基本养老服务的服务水平应当是满足老年人基本养老服务需要，适应经济社会发展水平、财政支付能力与社会承受能力。调整基本养老服务清单，应当遵循从救济性社会福利向普惠性社会福利铺开的思路，首先针对最需要的老人、最需要的项目提供兜底性养老服务，其次按照由重到轻、由急到缓的顺序针对一般老人、一般项目提供基础性养老服务。

二、基本养老服务性质

本书中的“基本养老服务”实际上是“基本公共养老服务”的简称。基本养老服务属于准公共产品，在一定条件下具有非排他性和非竞争性。基本养老服务在免费提供时具有非排他性，在基本养老服务提供者向使用者收费并拒绝不付费者使用时具有排他性。基本养老服务在未产生拥挤前具有非竞争性，这时基本养老服务不会因为使用者数量的增长而减少对任何一位使用者的提供。但当使用人数超过基本养老服务的提供能力，也就是基本养老服务供给不足时，使用者之间就会产生消费的竞争性，如质优价廉的公办养老机构的排队现象。可见，基本养老服务既不是私人产品，也不是纯公共产品，而是准公共产品。

三、基本养老服务体系

基本养老服务体系是与经济社会发展水平相适应，以满足老年人基本养老服务需要、提升老年人生活质量为目标，面向全体老年人，提供生活照料、健康护理等服务的要素网络、服务标准和运行机制。其中，要素网络由设施、组织、人才和技术要素构成；服务标准也称指导性目录或服务清单，包括服务类别或类型、服务项目、服务对象、内容标准等要件；运行机制包括供给机制、动员机制、协同机制与监管机制。要素是投入，运行是过程，服务是产出，要素网络必须通过科学的运行机制，才能生产出符合标准的高质量服务。

四、基本养老服务制度

基本养老服务制度是在基本养老服务体系框架内，对要素网络、服务标准和运行机制进行规定的一系列正式规则。基本养老服务制度包括要素网络、服务标准和运行机制等相关制度。基本养老服务制度中，要素网络是基础，服务标准是依据，运行机制决定着基本养老服务体系如何运行。要素网络是否健全，服务标准是否精准，运行机制是否畅通，决定着基本养老服务能否高效提供，其中最核心的制度就是服务标准。基本养老服务制度包括基本养老服务保障制度。基本养老服务保障制度是指为老年人购买照护、关爱等基本养老服务提供资金保障的制度。

第三章　基本养老服务的历史演变

从中华人民共和国成立至2007年，我国虽未明确提出“基本养老服务体系”和“基本养老服务”的概念，但始终致力于为特殊老人提供兜底性、保障性服务，为全体老年人建立社会保障制度、提供社会养老服务。从1949年中华人民共和国成立到1956年社会主义改造完成，我国逐步恢复了战争中遭到破坏的社会救济，初步创立了工人劳动保险和干部退休制度。从1957年到1977年改革开放前的20年间，我国的养老保障制度经历了由立到废的过程。从1978年到1998年的20年间，我国的老年人社会福利机构、社区为老服务和社会养老保险持续发展。从1999年至2007年，我国的社会保障制度和养老服务体系逐步建立。从2008年至2019年，我国先后提出了“基本养老服务体系”和“基本养老服务”的概念，在部门层面探索建设基本养老服务体系，在国务院层面将基本养老服务纳入基本公共服务范畴。

第一节　社会救济恢复，劳保退休创制

中华人民共和国成立初期，百废待兴，恢复国民经济、巩固新生政权是首要任务，当时人均预期寿命只有37岁，人口年龄结构较轻，人民政府既无实力、也无精力、亦无必要考虑人口老龄化问题。1949—1956年，从中华人民共和国成立到社会主义改造完成，我国提供的基本养老服务主要是全面接管既有福利机构和设施，探索建立基本养老保障制度。

一、养老社会救济逐步恢复

经济资源是社会保障的基础。中华人民共和国成立之初，工业破产，农

业凋敝，经济混乱，失业严重，财政赤字。在这样的经济基础上，我国通过接管和改造国民政府遗留下来的社会福利机构和设施，逐步恢复了社会救济，但救济范围较小，大多数老人还是依靠家庭养老。

从全国整体看，当时的家庭功能还很强大。在复合式的大家庭中，子、女、媳、侄、孙按照“反馈模式”，共同为年老长辈提供经济支持与生活照料。特别是在农村，依托土地的家庭养老仍是主流。1950 年《中华人民共和国土地改革法》废除了地主阶级封建剥削的土地所有制，实行农民的土地所有制。土地是家庭共有财产，家庭作为生产单位，决定在什么时间生产什么、怎样生产。年老农民拥有较多的农业生产和生活经验，掌握生产资料和家庭财产，在家庭生产和生活中拥有绝对权威。同时，家庭也是农村养老的唯一供给主体，青壮年子女依靠农业劳动获取收入，为年老父母提供经济支持、生活照料与精神慰藉。

针对困难老人，我国逐步建立了城乡二元的社会救济机构。在城市，通过接管和改造国民政府遗留下来的救济院、劳动习艺所和教会办的旧慈善团体、救济机构，创办了生产教养院，收容安置社会上流离失所、无依无靠、饥寒交迫的人员，对其进行救济、教育和劳动改造。在社会主义改造后，生产教养院逐步演变为养老院等机构，收容无依无靠、无法维持生活的残老孤幼，主要对其进行救济、教育。在农村，当时主管民政工作的内务部自 1951 年开始推广河南省唐河县通过自愿联合安置孤老残幼的做法，开启了农村敬老院的先河。随着土地的农民所有制向集体所有制转变，我国开始探索依托于农业生产合作社的社会救济政策。1956 年，中央政治局通过的《一九五六到一九六七年全国农业发展纲要（草案）》将救济内容明确为保吃、保穿、保烧（燃料）、保教（儿童和少年）、保葬；第一届全国人大通过的《高级农业生产合作社示范章程》将救济对象明确为缺乏劳动力或者完全丧失劳动力、生活没有依靠的老、弱、孤、寡、残疾社员。此后，各地陆续兴办敬老院。

二、劳保退休制度初步创制

这一时期，我国人口结构相对年轻，人们步入老年后，生活能自理时可以自我照料，失能以后主要依靠家庭，政府便将工作重点放在了经济支持上。

1951 年，当时的政务院颁布了新中国第一部社会保障法律——《中华人民共和国劳动保险条例》（以下简称《劳动保险条例》），标志着我国劳动保险制度的建立。劳动保险制度适用于企业职工，全国劳动保险事业由中华全国总工会领导，全国劳动保险业务受中央人民政府劳动部监督。由于当时机关事业单位工作人员与企业职工在工龄计算办法、工资标准等方面存在差异，对机关事业单位工作人员不能立即实行劳动保险制度，我国在 1954 年将政务院改制为国务院之后，为机关事业单位工作人员创制了退休制度。

1951 年《劳动保险条例》对劳动保险金征集与保管、养老待遇和生活照料做出了具体规定：实行劳动保险的各企业行政方或资方按月缴纳相当于该企业全部工人与职员工资总额的 3%作为劳动保险金，其中 30%存于中华全国总工会户内作为劳动保险总基金，70%存于该企业工会基层委员会户内作为劳动保险基金；符合法定工龄的年满 60 岁男性与年满 50 岁女性工人与职员，由劳动保险基金按其本企业工龄以本人工资 50%～70%的标准付给退职养老补助费，对因该企业工作需要留下继续工作者，除发给原有工资外以本人工资 10%～20%的标准付给在职养老补助费；由中华全国总工会统筹举办，委托各地方工会组织、各产业工会组织办理养老院等集体劳动保险事业，在实行劳动保险各企业内工作的工人与职员均有权利享受。由于当时国家财力有限、经验不足，起初只在两类单位实行劳动保险：雇用工人与职员 100 人以上的国营、公私合营、私营及合作社经营的工厂、矿场及其附属单位与业务管理机关，铁路、航运、邮电的各企业单位及附属单位。随着对农业、手工业和资本主义工商业社会主义改造的全面展开，我国劳动保险参保人数和覆盖率迅速提高。到 1956 年底，我国对 1600 多万名企业员工实行了《劳动保险条例》，劳动保险对各种所有制企业的覆盖率达到了 95%。

对机关事业单位工作人员，当时不能立即实行《劳动保险条例》，而他们的退休待遇和计算工作年限等问题又亟待解决。为此，国务院于 1955 年颁发了《国家机关工作人员退休处理暂行办法》《国务院关于处理国家机关工作人员退职、退休时计算工作年限的暂行规定》等文件，允许各民主党派、各人民团体和国家机关所属事业费开支单位参照执行。这些文件明确规定了机关事业单位工作人员的退休条件、退休金标准与工作年限算法。当时，机关事业单位工作人员退休金标准为本人工资的50%~80%，高于企业职工本人工资50%~70%的养老待遇标准。自此，我国建立了劳动保险与退休制度并存的企业和机关事业单位双轨制养老保障制度。

第二节　社会养老萌芽，工人干部统一

1957—1977年，我国的基本养老服务经历了由立到废的过程。1957—1966年是“立”的十年。基本养老服务主要是以国家和集体为出资主体，对城市困难老人和农村五保户提供社会救济，并逐步向社会福利转变。基本养老保障主要是由国家、企业包办，为党政机关、群众团体和全民所有制企业、事业单位的干部和职工提供退休费。1967—1977年，农村敬老院与城市社会福利院大量关闭，劳动保险实际成为企业保险。

一、城乡社会养老初具雏形

从全国整体看，这一时期家庭养老仍是主要养老模式，但功能逐步弱化；具有社会养老性质的、面向一般老人的集体供养一度在经济支持和生活照料两个方面发挥作用。1958年，中共中央政治局在北戴河召开扩大会议通过了《中共中央关于在农村建立人民公社问题的决议》，决定在全国农村普遍建立人民公社。随着人民公社化运动的开展，家庭的生产功能弱化，集体成为农业生产组织者和生产所得支配者，在集体劳动、集体核算和统一分配基础上，根据收益状况为集体成员提供基本生活保障。按照1962年党的八届十中全会通过的《农村人民公社工作条例（修正草案）》（又称“人民公社六十条”），农村老人可以通过基本口粮和按劳动工分分配相结合、按劳动工分分配加照顾等办法获得粮食。在生产实践中，集体会根据农村老人身体和技能分配农活，老年人借此赚取工分。从这个意义上讲，农村老人的经济支持不是来源于子女，而是集体和老年人个人（李静，2013）。人民公社时期，公社创办了大量的公共食堂、敬老院等集体福利事业，集体逐步取代了家庭的部分生活功能和养老功能。这种情况持续到1966年“文化大革命”爆发。

针对困难老人，我国在城市和农村分别建立了国家所有制的社会福利院和集体所有制的敬老院。在城市，1959 年内务部召开全国残老儿童教养、精神病人收容疗养工作会议，提出福利事业单位不再冠以“教养”二字，1961 年内务部要求福利机构向福利服务方向转变，1965 年将养老院和残老院统一调整为福利院。但随着 1969 年内务部被撤销，福利院的发展受到挫折，直到“文革”结束。在农村，在高级社时期，合作社根据劳动能力和家庭状况进行分类保障、救济，对完全丧失劳动力的孤寡老人进行全保，对部分丧失劳动力的老年人实行定额补助或在年终分配时加以照顾；在人民公社时期，公社创办了大量的敬老院。1958 年，党的八届六中全会通过的《关于人民公社若干问题的决议》明确提出要办好敬老院，为无子女依靠的老年人（五保户）提供一个较好的生活场所。当年底，全国敬老院发展到 15 万个以上。1962 年，“人民公社六十条”明确了集体福利事业的费用来源，规定生产队可以从可分配总收入中扣留不超过 2%～3%的公益金。但随着社会主义教育运动的开展，尤其是到了“文革”期间，敬老院的发展遭受挫折，不少救济对象被批斗。到 1978 年，全国敬老院减少至 7175 个。

二、工人干部保险趋向统一

1957—1965 年，我国开始调整完善劳动保险制度，逐步统一企业工人与机关事业单位干部的养老待遇。在 1957 年党的八届三中全会上，周恩来同志作了《关于劳动工资和劳保福利问题的报告》，在充分肯定劳动保险制度成绩的同时，明确指出了不适应国情、走得快、办得多、有些制度不合理、管理不善、造成苦乐不均和严重浪费现象等问题，强调“在发展生产的基础上逐步开展对职工的劳动保险”。此后，相关部门为了提高企业职工的养老保险待遇，使其与国家机关工作人员的退休制度相统一，对社会保险制度作了一些必要的修改。1958 年，全国人大常委会颁布了《国务院关于工人职员退职处理的暂行规定（草案)》，统一了国家机关工作人员和企业员工的退休办法，在一定程度上放宽了退职条件，提高了待遇给付标准。

1966 年，许多机构被取消，资料丢失严重，政令不畅通，已经建立的社会保险制度被废止，劳动保险基金被挪为他用。1969 年，财政部发布《关于国营企业财务工作中几项制度的改革意见（草案）》，规定“国营企业停止继续提取劳动保险方面的基金”，“企业内长期生病的职工、已经办理退休手续的职工和其他劳动保险方面的支出，改在营业外列支”。养老保险由过去的社会统筹变为企业保险或单位保障制，其待遇全部由企业支付，致使养老保险无法实施，不同企业的负担差别很大。

第三节　社会福利定位，社会保险创制

1978—1999 年，我国的基本养老服务从仅对城市“三无”老人和农村“五保”老人提供救济向对社会老人提供社会福利转变，从国家、集体出资向国家、社会、个人共同参与转变；基本养老保障从为党政机关、群众团体和全民所有制企业、事业单位的干部和职工提供退休费扩大到为各类企业职工和农村居民建立养老保险，从由国家、企业包办向国家、企业、社会、个人共同缴费转变。这二十多年期间，我国的老年人社会福利机构、社区为老服务和社会养老保险事业持续发展。

一、社会福利覆盖范围扩大

社会福利机构的工作性质从以救济为主向以福利服务为主转变，覆盖范围逐步扩大。改革开放后，我国设立了民政部，逐步恢复了在“文革”中被破坏的社会福利机构。20 世纪 70 年代末，民政部要求明确这类机构的社会福利性质，提出了为孤老残幼服务的口号。1979 年，民政部召开全国城市社会救济福利工作会议，允许在收养好“三无”老人的前提下，对孤老职工开展自费收养。1984 年，全国城市福利事业单位改革整顿工作经验交流会议在漳州召开，明确国家办的福利机构由救济型向福利型转变。20 世纪 80 年代中期，民政部将福利事业转型纳入五年计划之后，部分地区民政部门主办的社会福利院开始向非“三无”老人开放，农村敬老院开始对非“五保”对象开展自费寄养。自 1987 年起，民政部开始倡导由社区福利服务业、便民利民服务业和职工社会保险管理服务业组成，具有社会福利性的社区服务业，依托

街道、镇和居委会的社区组织为老年人等群体提供服务。20 世纪 90 年代，我国适应建设有中国特色的社会主义和建立社会主义市场经济体制的需要，进一步扩大了社会福利覆盖面。1993 年，民政部提出加快发展社区服务业；1994 年，国务院颁布实施《农村五保供养工作条例》，推动敬老院发展；1996 年，民政部提出社会福利院要大力收养社会上的老人。

社会福利兴办主体由国家、集体向国家、集体、个人转变。改革之初，同城乡二元经济与国家和集体两种公有制相适应，我国的养老救济呈现二元特征：城市社会福利院的出资主体是国家和政企合一的国有企业，农村敬老院的出资主体是集体和政社合一的人民公社。随着国有企业改革的启动和人民公社的解体，依靠单一主体兴办的福利院与敬老院逐步衰落。我国在 20 世纪 80 年代认识到了这个问题，1983 年提出通过国家和社会力量相结合发展城市社会福利事业，1984 年在漳州会议上明确提出“社会福利社会办”，要求国家办福利机构进一步从国家包办向国家、集体、个人共担转变。随着民政“七五”计划的实施，一些地方出现了民办养老院与个人办敬老院，到“七五”期末全国形成了发动社会力量多层次、多渠道、多形式地兴办福利事业的局面。1994 年，第十次全国民政会议部长报告提出广泛动员和依靠社会力量兴办社会福利事业，吸引外资兴办社会福利设施，后在广州、上海等 13 个城市开展社会福利社会化试点。1994 年《农村五保供养工作条例》将“五保”供养定位为农村集体福利事业，规定农村集体经济组织负责提供经费和实物，从村提留或者乡统筹费中列支，有集体经营项目的可以从经营收入和上交利润中列支。

这一时期，我国的老年人福利设施和社区服务设施迅速增加，机构养老服务和社区居家养老服务持续发展。《中国民政统计年鉴 2019》显示，1978—1999 年，全国养老机构数从 8365 个增加至 40030 个，床位数从 15.7 万张增加至 102.4 万张，收养人数从 14.0 万人增加至 77.6 万人（见图 3-1）。城市社区服务蓬勃发展，逐步形成了包括为老服务在内的社区服务体系，形成了以社区服务中心为骨干，以老年人、残疾人、优抚对象服务和便民利民服务为主要内容，以发展社区服务实体来增强自我发展能力的社区服务业格局。《中国民政统计年鉴 2019》显示，1988—1999 年，全国社区服务机构和设施数从 6.97 万个增加至 16.50 万个。

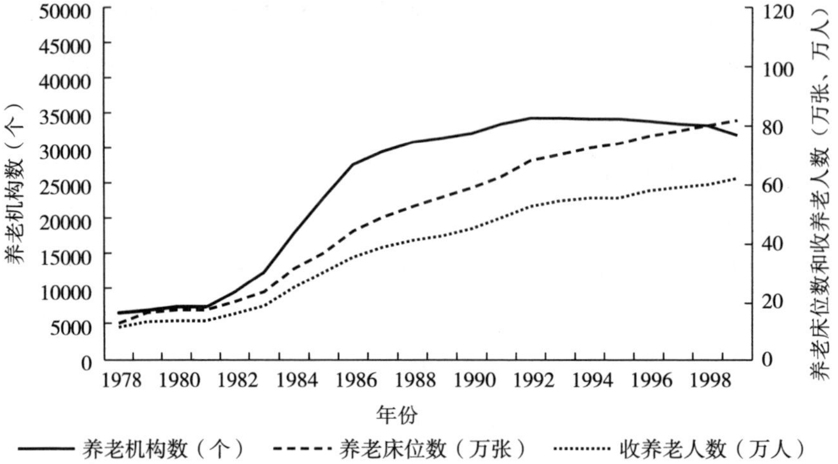

图 3-1　全国养老机构数、床位数与收养人数变动趋势（1978—1999 年）

资料来源：《中国民政统计年鉴 2019》。

二、社会养老保险制度形成

这一时期，我国逐步形成了对职工的双轨制社会养老保险制度与对农民的农村社会养老保险制度，养老保险覆盖群体从体制内逐步延伸到体制外，养老保险筹资主体从国家、企业或集体向国家、企业或集体、个人三方共担转变。

（一）养老保险覆盖群体增多

改革之初，我国恢复重建了养老保险制度，将工人和干部退休管理从统一模式退回到分立模式。1978 年 6 月，国务院颁布实施《国务院关于工人退休、退职的暂行办法》和《国务院关于安置老弱病残干部的暂行办法》，全面修订了 1958 年《国务院关于工人职员退职处理的暂行规定（草案）》，将原来企业和机关、事业单位实行的统一退休、退职制度再次由两部法规来规范。同单一的公有制经济相适应，当时的养老保险基本上是自保和单位保相结合，党政机关、群众团体和全民所有制企业、事业单位的干部和职工都能领取退休费。

随着改革的推进，国有企业大量改制改组，个体、私营、外资经济发展起来，社会主义市场经济体制逐步建立，养老保险覆盖面不足的矛盾在 20 世纪 90 年代暴露出来。当时，计划生育推动家庭少子化、小型化，家庭养老功能弱化；土地之外非农收入占农民收入的比重越来越高，土地保障功能“虚化”；广大下岗工人、个体劳动者、非国有企业职工与占我国老年人口 80%的农村老人面临“老无所养”，倒逼我国建立社会养老保险制度。同时，社会保险需求巨大与经济持续高速发展分别为我国建立社会养老保险制度提供了内生动力与经济条件。1991 年，国务院颁布了《关于企业职工养老保险制度改革的决定》，同时决定改革国家机关、事业单位和农村（含乡镇企业）养老保险制度。1993 年，党的十四届三中全会第一次在党的文件中提出建立社会保障制度，城镇职工养老保险金实行社会统筹和个人账户相结合。1994 年，全国人大将《社会保险法》立法列入当届人大立法规划，推动了社会保险制度化。

20 世纪 90 年代，我国形成了包括机关事业单位养老保险和企业职工基本养老保险在内的双轨制社会养老保险制度与农村社会养老保险制度。当时的企业职工养老保险与农村养老保险制度改革分别由劳动部和民政部负责，主要任务是扩大养老保险对象范围。针对企业职工养老保险，国务院 1995 年《关于深化企业职工养老保险制度改革的通知》要求将养老保障对象扩大到各类企业职工和个体劳动者，1997 年《关于建立统一的企业职工基本养老保险制度的决定》努力解决改革试点存在的不同类型企业基本养老保险制度不统一的问题，明确了我国“统账结合”的社会养老保险制度的具体模式。针对农村养老保险，1992 年民政部制定《县级农村社会养老保险基本方案（试行）》，30 个省（区、市）的 1400 多个县（市、区、旗）开展该项工作；1995 年国务院转发民政部《关于进一步做好农村社会养老保险工作意见的通知》，努力解决试点中出现的推行难度大、管理不规范、基金被挪用、覆盖面偏小等问题。机关事业单位养老保险制度改革由人事部负责，主要目的是解决双轨制度缴费和待遇差别较大的问题。28 个省（区、市）先后开展机关事业单位养老保险制度改革局部试点，部分科研院所和经营性文化事业单位相继启动“事业转企业”改革。

（二）养老保险筹资主体扩大

养老保险筹资主体从国家、企业或集体向国家、企业或集体、个人转变。

改革开放之前，国有企业实行的实际上是“国家—企业”保障模式的劳动保险，最后责任人是国家。改革开放之后，劳动保险的弊端日益凸显，主要表现为新老国有企业之间养老保险负担差异较大，企业保险无法运用大数法则分散劳动者风险。随着改革开放的深入，要求保险社会化的内在动力越来越强，我国决定由用人单位和个人共同供款形成基金。以 1997 年《关于建立统一的企业职工基本养老保险制度的决定》为标志，我国劳动保险制度下的退休金制度转型为社会养老保险（城镇职工基本养老保险）。按照要求，各地开始实行社会统筹与个人账户相结合的养老保险制度，建立职工基本养老保险个人账户。针对当时存在的企业负担重、统筹层次低等问题，国务院于 1998 年印发了《关于实行企业职工基本养老保险省级统筹和行业统筹移交地方管理有关问题的通知》，决定 1998 年年底以前实行企业职工基本养老保险省级统筹，建立基金省级调剂机制，2000 年省内基本实现统一企业缴费比例，统一管理和调度使用基金；决定 1998 年 8 月 31 日以前将企业职工基本养老保险行业统筹全部移交地方管理。

改革开放之初，我国逐步展开了对包括救灾救济扶贫、互助储金会、农村养老保险等在内的农村社会保障体系的探索。“八五”计划实施以后，农村社会保障逐步由集体统筹向社会统筹转型。我国自 1998 年开始清理整顿集体统筹下的“农村救灾扶贫互助储金会”，在农村养老保险筹资方面实行个人按经济能力确定缴费数额、集体视经济状况适当补助、国家给予政策扶持的办法。经过几年的尝试，农村社会养老保险得到了参保群众、地方政府和乡村干部的认可，取得了比较明显的经济和社会效益。在总结经验的基础上，我国在民政事业“九五”计划中将农村社会保障制度的目标确定为“以农民自我保障为主的、实行国家、集体和个人保障相结合的社会保障制度”。

这一时期，我国基本养老保险与老年人社会救助不断扩面。一是职工基本养老保险覆盖面扩大。《1999 年度劳动和社会保障事业发展统计公报》显示，截至 1999 年年底，全国有 9502 万职工和 2984 万离退休人员参加了基本养老保险社会统筹，其中企业参保职工为 8859 万人，离退休人员为 2864 万人。二是农村社会养老保险稳步发展。《1999 年度劳动和社会保障事业发展统计公报》显示，截至 1999 年年底，全国有 31 个省、自治区、直辖市 76%的乡镇开展了农村社会养老保险工作，参保的农村人口达8000万人。三是农村“五保”分散供养持续发展。享受补助的农村散居“五保”户人数从1995年的249.4万人逐年增加到1999年的303.7万人，年均增长5.05%。

第四节　社会养老发展，社会保险扩面

1999年，我国正式步入老龄化社会，呈现基数大、增长快的特征，对建立养老服务体系提出要求。而随着社会主义市场经济的发展和城镇化的推进，部分“单位人”变成“社会人”，部分农民成为失地农民，要求养老服务对象范围扩大到全社会老人，养老服务供给主体涵盖到社会力量，养老保险筹资主体涵盖国家、单位、个人。2000—2007年，我国进一步扩大养老服务对象范围，建立社会保障制度，统筹发展居家养老、社区养老和机构养老服务。

一、社会养老服务供需双扩

世纪之交，人口老龄化与经济市场化交织，我国进入老龄化社会，且初步建立了社会主义市场经济体制。为了满足老年人口对养老服务日益增长的需要，适应社会主义市场经济体制的发展，我国将“福利”与市场经济体制下的“服务”并列，提出了建立社会福利服务体系的要求。这一时期，我国养老福利服务对象从国家供养的“三无”对象等特困群体向全社会老年人扩展，投资主体从国家和集体包办向国家、集体和个人共担转变，初步形成了老年人社会福利服务机构多种所有制形式共同发展的格局。

（一）养老服务对象范围扩大

20世纪70年代实行的计划生育使我国在1982年就出现了出生率与总和生育率双低，改革开放二十多年人均预期寿命延长、死亡率降低，双重因素加速了我国人口老龄化进程，并且与经济社会转型期的矛盾相互交织。以家庭空巢化、小型化、一代二代家庭为主的社会结构扩大了老年人尤其是失能老人对养老服务的需要，城镇化带来的人口流动进一步提高了农村人口老龄化程度，使农村老人对养老服务的需要日益迫切。然而，这一时期的养老服

务供给总体上滞后，有助于提高支付能力的社会养老保险制度尚未覆盖到全体人民。好在我国全面实施了社会主义现代化建设“三步走”发展战略，为解决养老服务供需矛盾打下了物质基础；少儿抚养比和社会总抚养比降低，使这段时间成为解决养老服务供需矛盾的窗口期。

2000 年，我国有了《中共中央 国务院关于加强老龄工作的决定》（以下简称《关于加强老龄工作的决定》）这一顶层设计，有了全国老龄工作委员会这一高层议事协调机构，有了《中国老龄事业发展“十五”计划纲要（2001—2005 年）》这一专项规划。自此，我国养老事业拓宽为老龄事业，突破部门局限，上升为政府行为，社会化进程加快。这一年，为建立适应社会主义市场经济体制的社会福利服务体系，国务院办公厅转发《关于加快实现社会福利社会化的意见》，提出了投资主体多元化、服务对象公众化、服务方式多样化、服务队伍专业化的总体要求。这意味着，我国对养老的定位从“福利”扩展到“服务”，要求社会福利机构的服务对象从国家供养的“三无”对象等特困群体扩展到全社会老年人。2006 年，国务院办公厅转发的《关于加快发展养老服务业的意见的通知》将养老服务业定义为“为老年人提供生活照顾和护理服务，满足老年人特殊生活需求的服务行业”；国务院发布的《农村五保供养工作条例》明确将“无劳动能力、无生活来源又无法定赡养、扶养义务人，或者其法定赡养、扶养义务人无赡养、扶养能力”的老年村民纳入农村五保供养对象范围。2007 年，党的十七大确立了“老有所养”的战略目标，第一次从全国层面将全体老人作为保障对象。

（二）养老服务供给主体多元

21 世纪初，我国推进养老服务供给主体多元化具备了必要性与可行性。一方面，长期由国家和集体包办的社会福利机构面临资金不足、机构数少、服务水平低等问题，难以适应人口老龄化和社会主义市场经济体制发展，要求动员社会力量来扩大服务供给。另一方面，我国综合国力增强，人民生活水平提高，企业“办社会”职能分离后的资源与社会上闲置资源被综合利用，社会团体、慈善组织和个人积极参与，社区养老服务蓬勃发展，为社会力量参与创造了有利条件。2000 年，《关于加强老龄工作的决定》要求逐步形成政府宏观管理、社会力量兴办、老年服务机构按市场化要求自主经营的管理体制和运行机制；《关于加快实现社会福利社会化的意见》允许企事业单位自愿捐助或利用闲置资源投资社会福利事业，鼓励集体、村（居）民自治组织、社会团体、个人和外资以多种形式捐助或兴办社会福利事业。2006 年，《关于加快发展养老服务业的意见》将政府、社会、市场的定位明确为“政策引导、政府扶持、社会兴办、市场推动”；《农村五保供养工作条例》明确了“五保”供养资金的四种来源——地方人民政府财政、中央财政对财政困难地区的补助、农村集体经营等收入、社会组织和个人提供的捐助和服务。

这一时期，我国深入贯彻 2006 年《农村五保供养工作条例》，推动居家养老、社区养老与机构养老稳步发展，体现了《关于加快实现社会福利社会化的意见》提出的“以居家为基础、以社区为依托、以社会福利机构为补充”的发展方向。一是农村五保供养对象范围扩大。2000—2007 年，全国农村五保老人得到五保救济的人数从 208. 1 万人增加至 531. 3 万人。二是社区服务机构和设施稳步拓展社区日间照料服务，养老机构建设取得较大进步。《中国民政统计年鉴 2019》显示，2000—2007 年，全国养老机构数从 39321 个增加至 42713 个，床位数从 104. 5 万张增加至 242. 9 万张，收养人数从 78. 6 万人增加至 191. 3 万人（见图 3-2）。

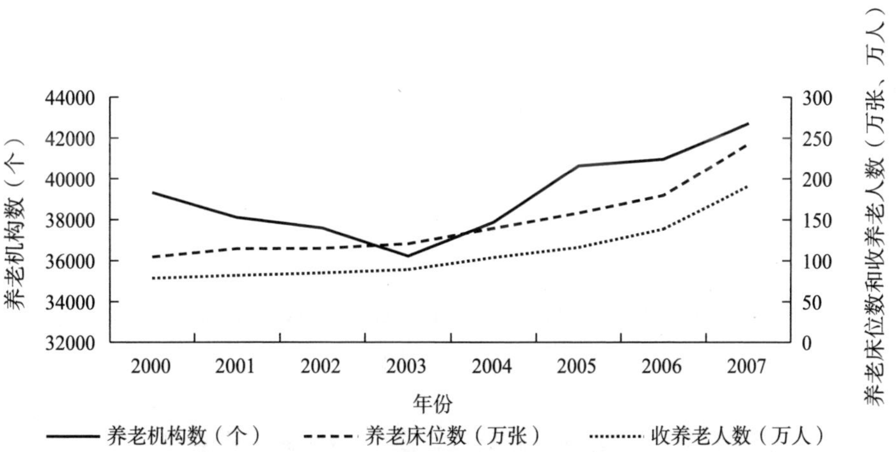

图 3-2　全国养老机构数、床位数与收养人数变动趋势（2000—2007 年）

资料来源：《中国民政统计年鉴 2019》。

二、社会养老保险持续扩面

这一时期，我国社会养老保险覆盖面继续扩大。2005 年，我国在充分调查研究和总结东北三省完善城镇社会保障体系试点经验的基础上，做出完善企业职工基本养老保险制度的决定，要求以非公有制企业、城镇个体工商户和灵活就业人员参保工作为重点，扩大基本养老保险覆盖范围。此后，非公有制企业、城镇个体工商户、灵活就业人员与农民参保工作都取得了较大进展。《劳动和社会保障事业发展统计公报》显示，2000—2007 年，全国参加城镇基本养老保险人数从 13618 万人增加至 20137 万人；其中，参保职工从 10448 万人增加至 15183 万人，参保离退休人员从 3170 万人增加至 4954 万人；企业参加城镇基本养老保险人数从 12135 万人增加至 18235 万人（见图 3-3）。2000 年末，全国农村参加养老保险的人数为 6172 万人；2007 年末，全国参加基本养老保险的农民工人数和参加农村养老保险人数达 7017 万人，其中参加基本养老保险的农民工人数达 1846 万人。

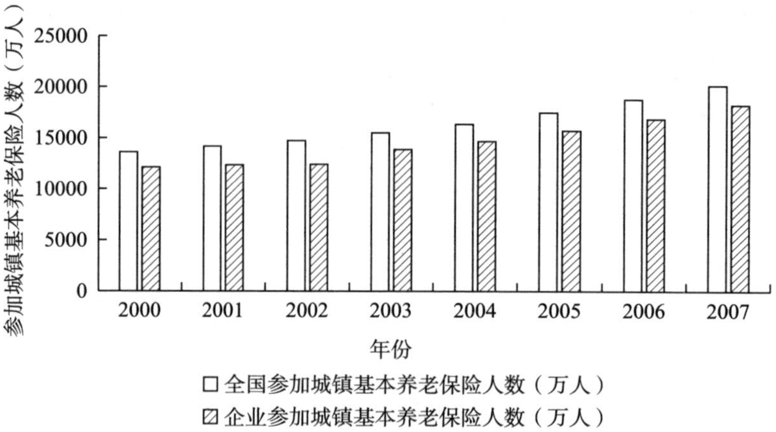

图 3-3　全国参加城镇基本养老保险人数变动趋势（2000—2007 年）

资料来源：历年《劳动和社会保障事业发展统计公报》。

第五节　服务保障并重，体系逐渐形成

我国在 2008 年提出“基本养老服务”概念之后，经过部门探索、国家重视的历程，基本养老服务制度设计与体系建设稳步发展。2009—2011 年，我国在部门层面逐步探索建设基本养老服务体系。2012—2019 年，国务院将基本养老服务纳入基本公共服务范畴。在此期间，我国基本形成了以居家为基础、以社区为依托、以机构为补充、医养相结合的养老服务体系与包括基本养老保险、老年人福利补贴和社会救助在内的基本养老保障体系。

一、建设基本养老服务和保障体系

2008—2011 年，我国同时使用“基本养老服务”与“社会养老服务”的概念；在部门层面探索建设基本养老服务体系，编制《社会养老服务体系建设规划（2011—2015 年）》；以养老保险为重点，逐步建立基本养老保障体系。

（一）“建设基本养老服务体系”提出

面对东南亚金融危机的冲击，2008 年以来，党中央、国务院提出全力保增长保稳定保民生、增加固定资产投资、扩大内需的战略部署，民政部提出了在扩大内需促进经济增长中实施基本养老服务体系建设的意见，我国开始在部门层面探索建设基本养老服务体系。2009 年，民政部、国家发展改革委、全国老龄办决定联合编制基本养老服务体系建设规划，同步启动基本养老服务体系建设试点工作，选择黑龙江、江苏、湖北、重庆和甘肃 5 个省（市）作为第一批试点。2010 年，民政部、国家发展改革委联合召开全国基本养老服务体系建设规划试点工作会议，确定北京、内蒙古、上海、浙江、安徽、江西和云南 7 个省（市）为第二批试点，要求加快编制本省（市）基本养老服务体系建设规划。《2010 年基本养老服务体系建设试点方案》要求试点项目面向所有老年群体，提供基本生活照料、护理康复、情感关怀、紧急救援和社会参与等服务；在床位有限的情况下，重点保障优抚对象、城市“三无”老年人、农村“五保”老年人和中低收入失能、半失能老年人的基本服务需求。

（二）基本养老服务体系逐渐形成

“社会养老服务”与“基本养老服务”虽然只有两字之差，但是后者供给主体更加多元，服务对象范围更广。第六次全国人口普查结果显示，我国面临人口老龄化高龄化加剧的新形势、解决失能半失能老年群体养老问题的新任务、空巢家庭对专业化养老机构和社区服务的新需求。当时的养老服务体系建设处于起步阶段，但已具备坚实的社会基础，引导社会力量投资兴办各类养老服务设施、面向全体老年人提供社会养老服务成为当务之急。因此，有关文件更多地采用“社会养老服务”的提法。2010 年的《政府工作报告》明确提出“加快建立健全养老社会服务体系”，党的十七届五中全会首次将“优先发展社会养老服务”正式写入党的文件。2011 年，国务院办公厅印发《社会养老服务体系建设规划（2011—2015 年）》，要求社会养老服务体系优先保障孤老优抚对象及低收入的高龄、独居、失能等困难老年人，兼顾全体老年人；针对当时仍然存在的政府投入不足、民间投资规模有限等问题，鼓励有条件或新建的公办养老机构实行公建民营，鼓励民间资本投资建设专业化的服务设施，开展社会养老服务，鼓励社会办养老机构收养政府供养对象。

在党和政府的高度重视下，各地出台政策措施，加大资金支持力度，在城市深入开展社会养老服务体系建设并不断向农村延伸，全国农村“五保”供养对象基本实现应保尽保，以居家为基础、社区为依托、机构为补充的养老服务体系初步建立。《中国民政统计年鉴 2019》显示，2008—2011 年，全国养老机构数从 38674 个增加至 42828 个，床位数从 267. 4 万张增加至 369. 2 万张，收养人数从 240. 0 万人增加至 293. 4 万人。

（三）基本养老保障覆盖群体增加

一是职工基本养老保险覆盖范围扩大。2008 年，国务院印发《事业单位工作人员养老保险制度改革试点方案》，决定在山西省、上海市、浙江省、广东省、重庆市先期开展试点，与事业单位分类改革试点配套推进；未进行试点的地区仍执行现行事业单位退休制度。2010 年，在企业职工基本养老保险制度全覆盖的基础上，第十一届全国人大常委会通过的《中华人民共和国社会保险法》（以下简称《社会保险法》）规定，国家建立基本养老保险等社会保险制度。《人力资源和社会保障事业发展统计公报》显示，2008—2011 年，全国参加城镇基本养老保险人数从 21891 万人增加至 28391 万人，其中参保职工从 16587 万人增加至 21565 万人，参保离退休人员从 5304 万人增加至 6826 万人；参加基本养老保险的农民工人数从 2416 万人增加至 4140 万人；参加企业基本养老保险人数从 19951 万人增加至 26284 万人。

二是居民基本养老保险制度逐步建立。为了落实党的十六届六中全会“到 2020 年，基本建立覆盖城乡居民的社会保障体系”的要求，我国自 2011 年开始开展国家城镇居民社会养老保险试点。为了解决人口快速老龄化与流动迁移形势下更为严重的农村居民老有所养问题，我国从 2009 年开始试点新型农村社会养老保险并逐步扩大范围。党的十七届五中全会提出“坚持广覆盖、保基本、多层次、可持续方针，加快推进覆盖城乡居民的社会保障体系建设”后，《社会保险法》以法律形式将国家建立和完善城镇居民社会养老保险制度与新型农村社会养老保险制度固定下来，允许地方根据实际情况将两种保险合并实施。《人力资源和社会保障事业发展统计公报 2011》显示，2011 年末，全国有 27 个省、自治区的 1902 个县（市、区、旗）和 4 个直辖市部分区县及新疆生产建设兵团开展国家城镇居民社会养老保险试点，试点地区参保人数 539 万人，其中实际领取待遇人数 235 万人；全国有 27 个省、自治区的 1914 个县（市、区、旗）和 4 个直辖市部分区县开展国家新型农村社会养老保险试点，试点地区参保人数达 32643 万人，其中实际领取待遇人数 8525 万人。

三是老年社会福利与社会救助制度建立健全。城乡计划生育家庭养老保障支持政策逐步形成，部分地区探索建立高龄老人津（补）贴制度。《中国民政统计年鉴 2018》显示，2008—2011 年，全国享受高龄补贴的老年人数从 349. 3 万人增加至 883. 1 万人。城乡最低生活保障扩面提标。2008—2011 年，全国享受城市最低生活保障人数从 2334. 8 万人变化至 2276. 8 万人，其中老年人数从 316. 7 万人增加至 346. 9 万人；享受农村最低生活保障人数从 4305. 5 万人增加至 5305. 7 万人；城市和农村最低生活保障平均标准分别从 205. 3 元/人/月和 987. 6 元/人/年增加至 287. 6 元/人/月和 1718. 4 元/人/年。农村特困人员救助供养稳步发展，呈现集中供养增加、分散供养减少的趋势。2008—2011 年，农村特困人员集中供养人数从 155. 6 万人增加至 184. 5 万人，分散供养人数从 393. 0 万人减少至 366. 5 万人。

四是筹资主体呈现多元化趋势。《社会保险法》针对基本养老保险规定：职工的基本养老保险费由用人单位和职工共同缴纳，无雇工的个体工商户、未在用人单位参加基本养老保险的非全日制从业人员以及其他灵活就业人员的基本养老保险费由个人缴费；实行社会统筹与个人账户相结合；基本养老保险基金由用人单位和个人缴费以及政府补贴等组成，政府在基金支付不足时给予补贴。针对新型农村社会养老保险规定：新型农村社会养老保险实行个人缴费、集体补助和政府补贴相结合。

二、要求提供基本养老服务

2012—2019 年，我国进入人口老龄化快速发展阶段，基本养老服务城乡区域发展不平衡、制度碎片化等问题还十分突出。同过去注重扩大供给主体和服务对象范围相比，这一时期更加注重基本养老服务制度整合。这一时期的基本养老服务兼具兜底性与普惠性，面向特殊老人提供基本养老服务，面向全体老年人建设基本养老服务体系。制度整合表现为：城市“三无”人员救济和福利院供养与农村五保供养并轨为特困人员救助供养，机关、事业单位与企业职工基本养老保险并轨为城镇职工基本养老保险，城镇居民社会养老保险与新型农村社会养老保险并轨为城乡居民社会养老保险。

（一）基本养老服务纳入基本公共服务范畴

“十二五”期间，我国编制了第一个国家基本公共服务规划。2012 年，国务院印发《国家基本公共服务体系“十二五”规划》（以下简称“‘十二五’规划”），分九张表格公布了“十二五”时期九大领域的国家基本公共服务标准（以下简称“‘十二五’标准”）。按照“十二五”标准，社会保险服务领域包括“职工基本养老保险”“新型农村社会养老保险”“城镇居民社会养老保险”服务，基本社会服务领域包括“最低生活保障”“流浪乞讨人员生活救助”“农村五保供养”“基本养老服务补贴”“重点优抚对象集中供养”服务，基本医疗卫生服务领域包括“老年人保健”服务。“十二五”规划首次在国家层面提出要“为老年人提供基本养老服务”，服务对象包括高龄、家庭经济困难、“五保”和一般老人；但“十二五”标准将基本养老服务内容限缩为“基本养老服务补贴”，服务对象是“家庭经济困难且生活难以自理的失能半失能 65 岁及以上城乡居民”。2013 年，国务院《关于加快发展养老服务业的若干意见》要求“以政府为主导，发挥社会力量作用，着力保障特殊困难老年人的养老服务需求，确保人人享有基本养老服务”，体现了对特殊老人兜底保障和对一般老人基本保障相结合的思路（见表 3-1）。

表 3-1　中央有关文件对基本养老服务的规定

序号	文件名称	服务对象	主要内容
1	《国务院关于印发国家基本公共服务体系“十二五”规划的通知》（国发〔2012〕29 号）	1. 有条件地方的高龄老年人 2. 有条件地方的家庭经济困难老年人 3. 符合条件的农村老人 4. 全体老年人	1. 生活补贴 2. 养老服务补贴 3. 农村五保供养 4. 养老服务体系
2	《国务院关于加快发展养老服务业的若干意见》（国发〔2013〕35 号）	1. “三无”老人、低收入老人、经济困难的失能半失能老人 2. 经济困难的高龄、失能等老年人 3. 全体老年人	1. 公办保障性养老机构提供无偿或低收费的供养、护理服务 2. 老年人补贴 3. 养老服务体系
3	《国务院关于印发“十三五”推进基本公共服务均等化规划的通知》（国发〔2017〕9 号）	1. 经济困难的高龄老年人 2. 经济困难的失能老年人	1. 养老服务补贴 2. 护理补贴
4	《国务院关于印发“十三五”国家老龄事业发展和养老体系建设规划的通知》（国发〔2017〕13 号）	1. 经济困难的高龄、失能老年人 2. 经济困难的老年人 3. 农村计划生育家庭	1. 老年人补贴 2. 养老服务补贴 3. 奖励扶助和特别扶助
5	《国务院办公厅关于推进养老服务发展的意见》（国办发〔2019〕5 号）	1. 特困人员 2. 经济困难失能（含失智，下同）老年人、计划生育特殊家庭老年人 3. 纳入特困供养、建档立卡范围的高龄、失能、残疾老年人家庭 4. 经济困难的高龄、失能老年人 5. 困难残疾人、重度残疾人 6. 可能具有失能、失智、残疾等状况的老年人 7. 高龄、失能老年人 8. 全体老年人	1. 公办养老机构集中供养 2. 公办养老机构提供无偿或低收费托养服务 3. 适老化改造 4. 老年人补贴 5. 残疾人两项补贴 6. 统一开展老年人能力综合评估 7. 长期照护服务体系 8. 养老服务体系

资料来源：本书作者根据有关文件梳理。

2017年，国务院《“十三五”国家老龄事业发展和养老体系建设规划》延续了前面的思路，同时将经济困难的高龄、失能老年人补贴制度从有条件地方扩大到全国范围，将养老服务补贴对象范围逐步扩大到经济困难的老年人，对农村计划生育家庭奖励扶助和特别扶助制度加以完善。同年，国务院印发《“十三五”推进基本公共服务均等化规划》，要求“全面建立针对经济困难高龄、失能老年人的补贴制度”；公布了《“十三五”国家基本公共服务清单》（以下简称“‘十三五’清单”），将基本公共服务领域划分为八大领域。按照“十三五”清单，基本社会保险领域包括“职工基本养老保险”和“城乡居民基本养老保险”服务，基本医疗卫生领域包括“老年人健康管理”服务，基本社会服务领域包括“最低生活保障”“特困人员救助供养”“老年人福利补贴”“重点优抚对象集中供养”服务，残疾人基本公共服务领域包括新增的“困难残疾人生活补贴和重度残疾人护理补贴”和“无障碍环境支持”服务。2019年，国务院办公厅出台《关于推进养老服务发展的意见》，要求到2022年“保障人人享有基本养老服务”，将老年人能力综合评估结果作为领取老年人补贴、接受基本养老服务的依据。

（二）基本养老服务制度城乡统一

特困老年人是政府应当兜底的基本养老服务对象。在城乡二元经济社会结构下，我国实行了城乡二元的特困人员救助供养制度，造成了城乡发展不平衡、政策不衔接等问题。随着城乡一体化的推进，城市“三无”人员救济和福利院供养制度与农村五保供养制度趋向城乡一体化。2006年国务院公布《农村五保供养工作条例》，对供养对象采取了同城镇老年居民同样的“三无”界定。2014年国务院公布《社会救助暂行办法》，将城乡“三无”人员保障制度统一为特困人员供养制度。按照2016年《国务院关于进一步健全特困人员救助供养制度的意见》，在城乡统一的特困人员救助供养制度下，无劳动能力、无生活来源又无法定赡养、扶养义务人，或者其法定赡养、扶养义务人无赡养、扶养能力的老年人都属于特困人员，不论其身份是市民还是农民，均可享受政府托底、城乡统一的特困人员救助供养。

特困人员救助供养制度城乡统一之后，我国的基本养老服务机构和设施迅速发展，以居家为基础、以社区为依托、以机构为补充、医养相结合的养老服务体系初步形成。《中国民政统计年鉴2020》显示，2018—2019年，全国社会福利院和特困人员供养机构数分别从1499个和13885个增加至1527个和15932个，床位数分别从36.8万张和154.2万张增加至37.6万张和164.5万张，收养人数分别从18.9万人和87.0万人增加至19.4万人和87.7万人。2014—2019年，全国养老机构数从33044个增加至34369个，床位数从390.2万张增加至438.8万张；社区养老照料机构和设施数从18927个增加至63618个，社区互助型养老设施数从40357个增加至101276个。《2019年度国家老龄事业发展公报》显示，截至2020年年底，全国共有两证齐全（指具备医疗机构执业许可或备案，并进行养老机构备案）的医养结合机构4797个，床位数达130万张，大多数养老机构以不同形式为入住老年人提供医疗卫生服务。

（三）基本养老保障体系逐渐形成

基本养老保障法治化体系化水平迅速提升。2012年修订的《老年人权益保障法》以法律形式规定，老年人有从国家和社会获得物质帮助的权利，国家建立多层次的社会保障体系。2017年，党的十九大报告提出“全面建成覆盖全民、城乡统筹、权责清晰、保障适度、可持续的多层次社会保障体系”，对养老保障体系建设工作作出重大部署。这一时期，我国的基本养老保险逐步实现制度整合，包括基本养老保险、老年人福利补贴和社会救助在内的基本养老保障体系逐渐形成。

一是基本养老保险制度整合、持续扩面。长期实行的碎片化的社会养老保险制度，导致不同户籍、不同单位的劳动者，不仅在城乡之间，而且在城镇内部，在筹资方式、待遇支付等方面也存在较大差别。党的十八大之后，我国为了解决制度分立与制度差别问题，顺应养老金制度一体化这一世界趋势，推进了城镇居民社会养老保险和新型农村社会养老保险并轨与机关事业单位工作人员退休保障和企业职工基本养老保险并轨。2014年，国务院出台《关于建立统一的城乡居民基本养老保险制度的意见》，决定将新型农村社会养老保险和城镇居民社会养老保险合并实施，在全国范围内建立统一的城乡居民基本养老保险制度。2015年，国务院印发《关于机关事业单位工作人员养老保险制度改革的决定》，决定改革现行机关事业单位工作人员退休保障制度，实行社会统筹与个人账户相结合的基本养老保险制度，标志着我国取消了实施60年的企业和机关事业单位双轨制养老保障制度。《人力资源和社会保障事业发展统计公报》显示，2012—2019年，全国参加基本养老保险人数从78797万人增加至96754万人，其中参加城镇职工基本养老保险人数从30427万人增加至43488万人，城乡居民基本养老保险参保人数从48370万人增加至53266万人。

二是老年人福利补贴和社会救助扩面提标、成效显著。老年人福利补贴增项扩面，自2013年起增加了护理补贴与养老服务补贴两项，自2018年起部分地区发放了老龄综合补贴。《中国民政统计年鉴2020》显示，2013—2019年，全国享受高龄补贴、护理补贴与养老服务补贴三项补贴的老年人分别从1557.9万人、11.7万人、101.9万人增加至2963.0万人、66.3万人、516.3万人。2019年，全国还有33.5万人享受老龄综合补贴。脱贫攻坚取得显著成效，即使在城乡低保平均标准大幅提高的情况下，需要救助的城乡低保对象也大为减少。《民政事业发展统计公报》显示，2012—2019年，全国城乡低保平均保障标准分别从330.1元/人/月和2067.8元/人/年增加至624.0元/人/月和5335.5元/人/年，城乡低保对象却分别从2143.5万人和5344.5万人减少至860.9万人和3455.4万人。特困人员救助供养呈现城市特困人员增加、农村特困人员减少的趋势。2012年，全国救济城市“三无”9.9万人、农村“五保”供养对象545.6万人。2016年《国务院关于进一步健全特困人员救助供养制度的意见》出台之后，城市特困人员有了统计数据。2017—2019年，全国城市特困人员从25.4万人增加至29.5万人，农村特困人员从466.9万人减少至439.1万人。

第四章　基本养老服务的现状分析

2020年，党的十九届五中全会提出健全基本养老服务体系，为我国基本养老服务发展指明了方向，提供了根本遵循。2023年，我国印发了国家基本养老服务清单。在国家基本养老服务清单印发前后，全国各地探索发展基本养老服务，陆续出台了地方基本养老服务清单。面对基本养老服务供给中出现的问题，2024年党的二十届三中全会明确要求“优化基本养老服务供给”。

第一节　中央提出健全基本养老服务体系

2020年至今，我国落实党中央、国务院提出的健全基本养老服务体系和建立健全基本公共服务标准体系的要求，先后于2021年和2023年制定了两版国家基本公共服务标准，并于2023年印发了《关于推进基本养老服务体系建设的意见》。国家基本公共服务标准规定“老有所养”基本公共服务包括“老年人福利补贴”“老年人健康管理”“职工基本养老保险”和“城乡居民基本养老保险”，《关于推进基本养老服务体系建设的意见》公布了包括16个服务项目的国家基本养老服务清单。

一、“健全基本养老服务体系”提出

2020年11月，党的十九届五中全会发布《中共中央关于制定国民经济和社会发展第十四个五年规划和二〇三五年远景目标的建议》，从顶层设计的高度提出“健全基本养老服务体系”。同年12月，《国务院办公厅关于促进养老托育服务健康发展的意见》要求“强化政府保基本兜底线职能，健全基本养

老服务体系”。对一般老人，要求完善乡村养老设施、乡镇敬老院、助餐服务体系，探索在脱贫地区和城镇流动人口集聚区提供养护培训等服务。对特殊老人，要求公办和公建民营养老机构切实满足特困人员集中供养需求，重点为经济困难的失能失智、高龄、计划生育特殊家庭老年人提供托养服务。2021 年，我国发布《中华人民共和国国民经济和社会发展第十四个五年规划和 2035 年远景目标纲要》，第一次将“健全基本养老服务体系”写入国家规划。

二、基本公共服务标准持续更新

为落实党中央、国务院要求，有关部门加强了对老有所养等方面基本公共服务标准的制定工作。2021 年，国家发展改革委等部门印发《国家基本公共服务标准（2021 年版）》(以下简称《标准 2021 版》)，按照“七有两保障”对“十三五”清单重新分类。根据《标准 2021 版》，“老有所养”包括民政部牵头负责的“老年人福利补贴”、人力资源和社会保障部牵头负责的“职工基本养老保险”和“城乡居民基本养老保险”以及国家卫生健康委牵头负责的“老年人健康管理”，“弱有所扶”包括民政部等部门牵头负责的“特困人员救助供养”“最低生活保障”“困难残疾人生活补贴和重度残疾人护理补贴”“残疾人和老年人无障碍环境建设”，“优军服务保障”包括退役军人事务部牵头负责的“特殊群体集中供养”。其中，“老年人福利补贴”包括民政部牵头负责的老年人三项福利和新增的老年人能力综合评估服务，在自然维度上将养老服务补贴对象取消高龄限制，将护理补贴对象规定为经认定生活不能自理的老年人，增加了高龄津贴并将服务对象规定为 80 岁以上老年人，在经济维度上要求养老服务补贴和护理补贴对象都必须符合经济困难的条件(见表 4-1)。

表 4–1 《国家基本公共服务标准（2021 年版）》对基本养老服务标准的规定

类别	服务项目	服务对象	服务内容	服务标准	支出责任
养老助老服务	老年人健康管理	65 岁及以上老年人	每年为辖区内 65 岁及以上常住居民提供 1 次生活方式和健康状况评估、体格检查、辅助检查和健康指导等服务；每人每年提供 1 次中医体质辨识和中医药保健指导	按照国家《基本公共卫生服务规范（第三版）》及相应技术方案执行	中央财政和地方财政共同承担支出责任
	老年人福利补贴	符合条件的老年人	为 65 岁及以上的老年人提供能力综合评估，做好老年人能力综合评估与健康状况评估的衔接。为经济困难的老年人提供养老服务补贴。为经认定生活不能自理的经济困难老年人提供护理补贴。为 80 岁以上老年人发放高龄津贴	具体认定评估办法及补贴标准由各地人民政府明确	地方人民政府负责
养老保险服务	职工基本养老保险	符合条件的参保退休人员	按时足额发放基本养老金	按照《国务院关于完善企业职工基本养老保险制度的决定》《国务院关于机关事业单位工作人员养老保险制度改革的决定》及国家有关规定执行	在基本养老保险基金中支出，基本养老保险基金出现支付不足时，政府给予补贴
	城乡居民基本养老保险	符合条件的参保城乡居民	为符合条件的参保对象提供参保经办服务，给予缴费补贴，发放基础养老金和个人账户养老金	按照《国务院关于建立统一的城乡居民基本养老保险制度的意见》《人力资源社会保障部、财政部关于建立城乡居民基本养老保险待遇确定和基础养老金正常调整机制的指导意见》执行	主要由个人缴费、集体补助、政府补贴构成。政府对符合条件的参保人员全额支付基础养老金，其中，中央财政对中西部地区按国家确定的基础养老金标准给予全额补助，对东部地区给予 50% 补助。地方人民政府应当对参保人缴费给予补贴，并根据当地实际提高基础养老金标准，对长期缴费的，适当加发年限基础养老金。个人账户养老金由个人账户基金支出

资料来源：本书作者根据《国家基本公共服务标准（2021 年版）》梳理。略去“牵头负责单位”。

时隔两年，国家发展改革委等部门又于2023年印发了《国家基本公共服务标准（2023年版）》(以下简称《标准2023版》)。《标准2023版》与《标准2021版》大同小异，有两点区别。一是关于老年人健康管理的服务标准，《标准2023版》规定“按照国家《基本公共卫生服务规范（第三版）》执行”，删除了《标准2021版》中的“及相应技术方案”。二是关于基本养老保险的支出责任，《标准2023版》体现了政府对基本养老保险的兜底责任和有限责任，规定职工基本养老保险基金和城乡居民基本养老保险个人账户基金出现支付不足时，政府给予补贴；强调中央财政对中西部地区按国家确定的基础养老金“最低”标准给予全额补助（见表4-2）。

表4-2 《国家基本公共服务标准（2023年版）》对基本养老服务标准的规定

类别	服务项目	服务对象	服务内容	服务标准	支出责任
养老助老服务	老年人健康管理	65岁及以上老年人	每年为辖区内65岁及以上常住居民提供1次生活方式和健康状况评估、体格检查、辅助检查和健康指导等服务；每人每年提供1次中医体质辨识和中医药保健指导	按照国家《基本公共卫生服务规范（第三版）》执行	中央财政和地方财政共同承担支出责任
	老年人福利补贴	符合条件的老年人	为65岁及以上的老年人提供能力综合评估，做好老年人能力综合评估与健康状况评估的衔接。为经济困难的老年人提供养老服务补贴。为经认定生活不能自理的经济困难老年人提供护理补贴。为80岁以上老年人发放高龄津贴	具体认定评估办法及补贴标准由各地人民政府明确	地方人民政府负责

续表

类别	服务项目	服务对象	服务内容	服务标准	支出责任
养老保险服务	职工基本养老保险	符合条件的参保退休人员	按时足额发放基本养老金	按照《国务院关于完善企业职工基本养老保险制度的决定》《国务院关于机关事业单位工作人员养老保险制度改革的决定》及国家有关规定执行	在基本养老保险基金中支出，基本养老保险基金出现支付不足时，政府给予补贴
	城乡居民基本养老保险	符合条件的参保城乡居民	为符合条件的参保对象提供参保经办服务，给予缴费补贴，发放基础养老金和个人账户养老金	按照《国务院关于建立统一的城乡居民基本养老保险制度的意见》《人力资源社会保障部 财政部关于建立城乡居民基本养老保险待遇确定和基础养老金正常调整机制的指导意见》执行	城乡居民基本养老保险基金主要由个人缴费、集体补助、政府补贴构成。政府对符合条件的参保人员全额支付基础养老金，其中，中央财政对中西部地区按国家确定的基础养老金最低标准给予全额补助，对东部地区给予50%补助。地方人民政府应当对参保人缴费给予补贴，并根据当地实际提高基础养老金标准，对长期缴费的，适当加发年限基础养老金。个人账户养老金由个人账户基金支出，基金出现支付不足时，政府给予补贴

资料来源：本书作者根据《国家基本公共服务标准（2023年版）》梳理。略去“牵头负责单位”。

三、基本养老服务清单首次公布

2023年，中共中央办公厅、国务院办公厅印发《关于推进基本养老服务体系建设的意见》，提出加快建成覆盖全体老年人、权责清晰、保障适度、可持续的基本养老服务体系，明确了基本养老服务的基础性、普惠性、共担性和系统性原则，公布了国家基本养老服务清单（以下简称“国家清单”）。国家清单为各类老年人享受基本养老服务提供了完整宝典，替各地区各有关部门落实养老服务责任做出了完整承诺，给全社会监督基本养老服务提供了完整参照。

从服务对象看，不同于以往的按服务项目分类，国家清单坚持需求导向，按照服务对象分类，将不同情况的特殊老人作为第一列，分别提供不同的服务，并在最后一列归入不同的服务类型。这样，老年人只看第一列，就能“按图索骥”，知道自己能够享受到什么项目的基本养老服务。具体来说，国家基本养老服务的服务对象包括五个大层次 12 类人群。第Ⅰ层次是同时缺乏自然、经济和社会维度养老资源的特困老年人。第Ⅱ层次是自然、经济和社会维度养老资源贫乏的“特殊困难老年人”，主要是ⅡB 二维困难老年人，包括自然和社会维度养老资源贫乏的特殊困难老年人（含独居、空巢、留守、计划生育特殊家庭）、经济和社会维度养老资源贫乏的生活无着的流浪乞讨老年人；ⅡC 一维困难老年人，包括自然维度养老资源贫乏的 65 周岁及以上老年人、80 周岁及以上老年人、经认定生活不能自理的老年人（含失能）、经认定符合条件的残疾老年人（含重残）四类，经济维度养老资源贫乏的纳入最低生活保障范围的老年人和经济困难的老年人两类。第Ⅲ层次是“特殊贡献”老年人，即对国家和社会作出特殊贡献的老年人。第Ⅳ层次是“特殊家庭”老年人，即计划生育特殊家庭老年人。第Ⅴ层次是“一般老年人”，即达到待遇享受年龄的老年人（见表 4-3）。

从服务内容看，按照本书的分类方法，国家清单主要提供生活照料与健康护理两类养老服务；按照国家清单列表，国家清单主要提供三种服务类型 16 项服务，物质帮助类型包括 8 项服务，照护服务类型包括 7 项服务，关爱服务类型包括 1 项服务。除第 8 项“家庭养老支持服务”、第 9 项“最低社会保障”、第 12 项“探访服务”、第 14 项“优先享受机构养老”和第 16 项“社会救助”是新增项目外，其余项目均为《标准 2021 版》或《标准 2023 版》已有基本公共服务项目。实际上，有关部门对新增项目已有相关规定，部分地区已提供类似的服务。例如，安徽省 2018 年公布的《安徽省基本养老公共服务指导性清单》就包含“失能失智老年人家庭成员养老护理技能培训”项目。

从服务水平看，国家清单未具体规定服务标准。但由于多数服务已有相关政策，具体标准可以从相关政策文件中查询。需要调整标准时也只需修订相关政策，不需要调整清单，有利于降低政策调整的难度。

表 4-3　国家基本养老服务清单（2023 年版）

对象	服务项目		服务内容	服务类型
达到待遇享受年龄的老年人	1	职工基本养老保险	为符合条件的参保老年人按时足额发放基本养老金	物质帮助
	2	城乡居民基本养老保险	为符合条件的参保老年人发放基础养老金和个人账户养老金	物质帮助
65 周岁及以上老年人	3	老年人能力综合评估	为 65 周岁及以上老年人提供能力综合评估，做好老年人能力综合评估与健康状况评估的衔接	照护服务
80 周岁及以上老年人	4	高龄津贴	为 80 周岁及以上老年人发放高龄津贴	物质帮助
经济困难的老年人	5	养老服务补贴	为经济困难的老年人提供养老服务补贴	物质帮助
	6	家庭适老化改造	按照相关标准，分年度逐步为经济困难的老年人家庭提供无障碍改造服务	照护服务
经认定生活不能自理的老年人	7	护理补贴	为经认定生活不能自理的经济困难老年人提供护理补贴	物质帮助
	8	家庭养老支持服务	符合条件的失能老年人家庭成员参加照护培训等相关职业技能培训的，按规定给予职业培训补贴	照护服务
纳入最低生活保障范围的老年人	9	最低社会保障	对获得最低生活保障金后生活仍有困难的老年人，采取必要措施给予生活保障	物质帮助
特困老年人	10	分散供养	对选择在家供养的特困老年人，由县级政府民政部门依照有关规定给予分散供养，提供基本生活条件、疾病治疗、办理丧葬事宜等，对生活不能自理的给予照料	照护服务
	11	集中供养	对需要集中供养的特困老年人，由县级政府民政部门按照便于管理的原则，就近安排到相应的供养服务机构，提供基本生活条件、疾病治疗、办理丧葬事宜等，对生活不能自理的给予照料	照护服务
特殊困难老年人	12	探访服务	面向独居、空巢、留守、失能、重残、计划生育特殊家庭等老年人提供探访关爱服务	关爱服务
对国家和社会作出特殊贡献的老年人	13	集中供养	老年烈士遗属、因公牺牲军人遗属、病故军人遗属和进入老年的残疾军人、复员军人、退伍军人，无法定赡养人、扶养人或者法定赡养人、扶养人无赡养、扶养能力且享受国家定期抚恤补助待遇的，提供集中供养、医疗等保障	照护服务

续表

对象	服务项目		服务内容	服务类型
计划生育特殊家庭老年人	14	优先享受机构养老	同等条件下优先入住政府投资兴办的养老机构	照护服务
经认定符合条件的残疾老年人	15	困难残疾人生活补贴和重度残疾人护理补贴	为最低生活保障家庭中的残疾老年人提供生活补贴，为残疾等级被评定为一级、二级且需要长期照护的重度残疾老年人提供护理补贴	物质帮助
生活无着的流浪、乞讨老年人	16	社会救助	依照有关规定给予救助	物质帮助

资料来源：本书作者根据《关于推进基本养老服务体系建设的意见》梳理。

第二节　各地陆续发展基本养老服务供给

在国家基本养老服务清单公布之前，部分地区先行探索，取得了一系列进展。在国家基本养老服务清单公布之后，31个省市区陆续出台地方基本养老服务清单，在责任主体、项目分类依据、服务项目、服务对象范围与服务标准水平方面各有特点。

一、国家清单公布前的探索

我国部分省市区自2008年以来积极探索发展基本养老服务，在国家清单公布之前已经取得较大进展。在12个基本养老服务体系建设试点省市区中，江苏省2014年较早探索基本养老服务政策，北京市2015年在全国较早提出建立基本养老服务制度，上海市2015年在全国率先从基本养老服务中析出养老基本公共服务，安徽省2020年发布基本养老公共服务指导性清单。在非试点省市区中，山东省2020年出台基本养老公共服务清单并沿用至今（详见第六章）。

（一）江苏：较早探索基本养老服务政策

江苏省较早开始了对基本养老服务有关政策的探索。作为2013年国务院《关于加快发展养老服务业的若干意见》的地方配套文件，江苏省政府于

2014年出台了《关于加快发展养老服务业完善养老服务体系的实施意见》。该文件通过“以政府为主导，充分发挥社会力量作用”“家庭、个人承担应尽养老责任”，界定了政府、社会、家庭、个人的养老责任；要求“面向所有老年人提供基本养老服务”，“建立健全经济困难老年人养老服务补贴制度，着力保障困难老年人的养老服务需求，确保人人享有基本养老服务”，在服务对象上体现了对一般老人提供基本和对特殊老人保障需求相结合的思路。

得益于较早开始的基本养老服务实践，江苏省较早建立了基本养老服务指导性目录。早在2019年，江苏省政府《关于进一步推进养老服务高质量发展的实施意见》就规定了基本养老服务的特殊服务对象和服务内容：“优先将经济困难的高龄、空巢独居、失能（失智）、计划生育特殊家庭等老年人纳入基本养老服务保障重点。”“将失能（失智）老年人家庭成员照护培训纳入基本养老服务指导性目录。”2020年，江苏省民政厅印发《江苏省基本养老服务指导性目录》，包括困难老年人保障、老年人福利和老年人优待3大类别18个服务项目。该目录在计数时将服务对象和服务内容及标准不同的服务项目视为多个，但由于服务对象不在第一列，老年人不易“对号入座”查询到自己能够享受哪些基本养老服务（见表4-4）。

表4-4　江苏省基本养老服务指导性目录

<table>
<tr><th>序号</th><th>类别</th><th>服务项目</th><th>服务对象</th></tr>
<tr><td>1</td><td rowspan="6">困难老年人保障</td><td rowspan="2">经济困难高龄、失能老年人补贴</td><td>最低生活保障家庭中60周岁及以上的失能老年人</td></tr>
<tr><td>2</td><td>最低生活保障家庭和分散供养的特困对象中80周岁及以上的老年人、最低生活保障和低收入家庭中60周岁及以上的失独老年人</td></tr>
<tr><td>3</td><td rowspan="3">特殊困难重点老年人的基本生活服务</td><td>最低生活保障家庭中60周岁及以上老年人</td></tr>
<tr><td>4</td><td>享受最低生活保障的60周岁及以上老年人和其他低收入家庭的老年人</td></tr>
<tr><td>5</td><td>居家的独居、空巢、留守、失能（失智）、计划生育特殊家庭等特殊困难老年人</td></tr>
<tr><td>6</td><td>困难老年人家庭居家适老化改造</td><td>纳入特困供养、建档立卡范围的高龄、失能、残疾老年人家庭</td></tr>
</table>

续表

序号	类别	服务项目	服务对象
7	老年人福利	尊老金	80周岁及以上老年人
8		健康管理服务	65周岁及以上老年人
9		基本医疗保险异地就医结算	60周岁及以上老年人
10		失能（失智）老年人家庭成员照护培训	60周岁及以上的失能（失智）老年人家庭成员
11		老年教育	60周岁及以上老年人
12	老年人优待	进入文化旅游设施	60周岁及以上老年人
13			70周岁及以上老年人
14		乘坐城市公共交通工具	60周岁及以上老年人
15			70周岁及以上老年人
16		户口迁移	80周岁及以上老年人
17		公证服务	60周岁及以上老年人
18		法律诉讼服务	60周岁及以上老年人

资料来源：本书作者根据《江苏省基本养老服务指导性目录》整理。省略“服务内容及标准”“政策依据”“责任单位”三栏。

（二）北京：较早建立基本养老服务制度

北京市在全国较早提出了建立基本养老服务制度。2015年，《北京市人民政府关于加快推进养老服务业发展的意见》要求“建立基本养老服务制度”，“提供基本生活照料、康复护理、精神慰藉、紧急救援、法律服务、社会参与等服务”；提出“完善养老公共服务设施”“推进政府办养老机构改革”“培养专业养老服务人员”等任务，对基本养老服务要素网络建设作出部署。2016年，北京市老龄委《北京市支持居家养老服务发展十条政策》进一步提出“健全基本养老服务制度”，从自然、经济、社会与多重复合型困难维度将基本养老服务对象划分为失能老人、经济困难老人、失独老人及其他特殊困难老年人。同年，北京市老龄委《关于加强老年人分类保障的指导意见》提出“积极构建基本公共养老服务体系”，规定“综合考虑经济状况、生理心理、家庭结构、社会优待、社会身份等因素，对于其中面临多重复合型困难老年人，依综合困难程度划分政府保障优先顺序”，将老年人划分为托底、困境、重点、一般四类保障群体。2020年，北京市政府办公厅《关于加快推进养老服务发展的实施方案》明确前三类人群为基本养老服务对象，要求分类分层次为他们提供无偿或低偿托养服务。

北京市在国家清单公布之前就印发了《北京市基本养老服务清单》。2021年，北京市民政局、财政局印发《北京市基本养老服务清单（2021年版）》，规定了北京市基本养老服务的服务对象、服务项目、服务内容及保障标准、责任主体和政策依据。该清单将服务对象置于第一列，便于老年人“对号入座”，查询到自己能够享受哪些基本养老服务（见表4-5）。

表4-5 北京市基本养老服务清单（2021年版）

序号	服务对象	服务项目
1	城乡特困老年人	城乡特困人员基本救助供养保障
		驿站基本养老服务
		困境家庭服务对象入住养老机构补贴
		入住公办养老机构
		养老家庭照护服务
		意外伤害保险
2	本市户籍低保家庭中（经评估为）失能、（经评估为）失智、高龄老年人	困难老年人养老服务补贴
		养老机构运营补贴
		失能老年人护理补贴
		高龄老年人津贴
		驿站基本养老服务
		养老家庭照护服务
		入住公办养老机构
		困难家庭服务对象入住养老机构补贴
		意外伤害保险
3	本市户籍低收入家庭中（经评估为）失能、（经评估为）失智、高龄老年人	困难老年人养老服务补贴
		养老机构运营补贴
		失能老年人护理补贴
		高龄老年人津贴
		驿站基本养老服务

续表

序号	服务对象	服务项目
3	本市户籍低收入家庭中（经评估为）失能、（经评估为）失智、高龄老年人	养老家庭照护服务
		入住公办养老机构
		困难家庭服务对象入住养老机构补贴
4	（经评估为）失能老年人	养老机构运营补贴
		失能老年人护理补贴
		驿站基本养老服务
		养老家庭照护服务
5	（经评估为）失智老年人	养老机构运营补贴
		失能老年人护理补贴
		养老家庭照护服务
		驿站基本养老服务
6	（经评估为）重度残疾老年人	重度残疾人护理补贴
		失能老年人护理补贴
		困难残疾人生活补贴
		困境家庭服务对象入住养老机构补贴
		养老机构运营补贴
		居家环境无障碍改造
		养老家庭照护服务
		残疾人康复服务补贴
		康复辅助器具购买（租赁）补贴
7	计划生育特殊家庭老年人	计划生育特殊困难家庭扶助
		困难老年人养老服务补贴
		入住公办养老机构
		困境家庭服务对象入住养老机构补贴
		驿站基本养老服务
8	全体老年人	老年优待服务
		养老机构运营补贴
		驿站基本养老服务
		基本公共卫生服务
		福利养老金

资料来源：本书作者依据《北京市基本养老服务清单（2021年版）》整理。省略“服务内容及保障标准”“责任主体”和“政策依据”三栏。

（三）上海：首次析出养老基本公共服务

上海市在全国较早地将“基本养老服务”写入老龄事业“十二五”规划，发展了基本养老服务。2012 年，上海市政府印发《上海市老龄事业发展“十二五”规划》，要求“提高政府基本养老保障和基本养老服务能力，探索建立与上海经济社会发展水平相适应的老年福利制度”。2014 年，上海市人民政府《关于加快发展养老服务业推进社会养老服务体系建设的实施意见》明确界定了市场、政府、家庭的养老责任：市场在养老服务资源配置方面发挥决定性作用，政府在保障基本养老服务需求方面发挥主导作用，家庭养老发挥基础性作用。对一般老人，“政府全面保障基本养老服务需求，确保人人享有基本养老服务”。对特殊老人，“政府投资举办的公办养老机构优先保障经济困难的无子女、失能、高龄老年人的基本养老服务需求”。

上海市在全国率先从基本养老服务中析出养老基本公共服务。2015 年，上海市政府办公厅《关于完善本市养老基本公共服务的若干意见》首次将“养老基本公共服务”从“基本养老服务”中析出，将养老基本公共服务保障对象限定为特殊老人，即“经老年照护统一需求评估达到相应照护等级的户籍老年人，以及符合本市优待优抚政策规定的户籍老年人”。2016 年，《上海市老龄事业发展“十三五”规划》提出了政府“保障基本养老服务”的作用和“提供基本养老服务的责任”，将设施、人才等要素网络作为基本养老服务建设指标，要求明晰和优化基本养老服务内容和项目清单，“重点加强对失智失能、高龄独居老年人的基本养老服务供给”。同年，《上海市基本公共服务体系“十三五”规划》将“保障市民获得与其身体状况相对应的社区居家或机构老年照护服务”作为养老领域基本公共服务的目标。2020 年，上海市人大常委会公布了《上海市养老服务条例》，要求市政府制定并公布基本养老服务清单，将特殊老人界定为“符合条件的孤寡、失能、重度残疾、高龄老年人，以及计划生育家庭特别扶助对象、重点优抚对象等人员”（见表 4-6）。

表 4-6　上海市有关文件对基本养老服务的规定

文件名称	服务对象	主要内容
《上海市人民政府关于印发上海市老龄事业发展“十二五”规划的通知》（沪府发〔2012〕22 号）	—	与上海经济社会发展水平相适应的老年福利制度
《上海市人民政府关于加快发展养老服务业推进社会养老服务体系建设的实施意见》（沪府发〔2014〕28 号）	1. 经济困难的无子女、失能、高龄老年人 2. 所有老年人	1. 政府投资举办的公办养老机构优先保障基本养老服务需求 2. 基本养老服务需求
《上海市人民政府办公厅印发〈关于完善本市养老基本公共服务的若干意见〉和〈关于鼓励社会力量参与本市养老服务体系建设的若干意见〉的通知》（沪府办〔2015〕124 号）	1. 经老年照护统一需求评估达到相应照护等级的户籍老年人 2. 符合本市优待优抚政策规定的户籍老年人	养老基本公共服务
《上海市人民政府关于印发〈上海市老龄事业发展“十三五”规划〉的通知》（沪府发〔2016〕85 号）	1. 经济困难的失智失能、高龄独居老年人 2. 失智失能、高龄独居老年人 3. 经过老年照护统一需求评估、符合条件的困难老年人 4. 经过老年照护统一需求评估、符合条件的老年人 5. 老年群体	1. 基本养老服务，社会救助、服务补贴 2. 基本养老服务 3. 养老服务补贴 4. 基本养老服务 5. 普惠型的老年社会福利政策
《上海市人民政府关于印发〈上海市基本公共服务体系“十三五”规划〉的通知》（沪府发〔2016〕104 号）	1. 通过老年照护统一需求评估，且经济困难的老年人 2. 通过老年照护统一需求评估达到相应照护等级的老年人（参保老人） 3. 符合本市优待优抚政策规定的老年人	1. 老年照护服务和补贴 2. 老年照护服务（为参保老人支付属于保险支付范围的老年照护服务费用） 3. 老年照护服务
《上海市养老服务条例》	1. 符合条件的孤寡、失能、重度残疾、高龄老年人 2. 计划生育家庭特别扶助对象 3. 重点优抚对象等人员	养老基本公共服务

资料来源：本书作者根据有关文件梳理。

（四）安徽：发布基本养老公共服务清单

安徽省建立基本养老公共服务清单发布制度，发布了基本养老公共服务指导性清单。2018 年，安徽省人民政府办公厅发布了《安徽省构建多层次养老服务体系（2018—2020 年）行动计划》，将建立健全基本养老公共服务清单发布、老年人需求评估与老年人补贴等基本养老“三项制度”列为重点任务，要求省、市、县（含市、区）三级分别制定发布基本养老公共服务清单，做到清单之内项目以政府支出责任为主，清单之外项目以个人和家庭支出责任为主。2020 年，安徽省民政厅、财政厅发布了《关于建立基本养老公共服务清单发布制度的通知》与包含 4 大类 7 个服务项目的《安徽省基本养老公共服务指导性清单》（见表 4-7）。在服务对象上，要求“从经济困难和能力缺失两个维度确定目标人群，有效对接经济困难的失能失智、空巢（留守）、高龄等老年群体服务需求”。在供给方式上，要求切实优化供给方式，鼓励社会力量参与，除法律法规、上位文件明确要求发放现金补助的，一般均以政府购买服务方式供给。2020 年，安徽省出台《政府购买基本养老服务指南》（试行），规定了基本养老服务的供给机制。

表 4-7　安徽省基本养老公共服务指导性清单

序号	类别	服务项目	服务对象	服务内容及标准
1	政府供养老年人兜底保障	特困人员中老年人基本生活保障和照料服务	特困人员中老年人	对纳入特困供养范围的老年人，按照不低于当地城乡居民人均消费性支出的 60%确定基本生活标准，按照不低于基本生活标准的 10%确定照料护理标准
2	困难老年人养老服务支持项目	低收入老年人养老服务补贴	纳入最低生活保障、建档立卡贫困户范围的老年人	对纳入最低生活保障、建档立卡贫困对象范围的老年人给予养老服务补贴，经评估确定为轻、中、重度的失能失智老年人，分档提高补贴标准，统筹用于照料护理支出。补贴形式以政府购买服务为主，服务网络不健全的农村地区可以惠农“一卡通”方式支付
3	普惠型养老服务项目	高龄津贴	80 周岁以上老年人	向 80 周岁以上老年人发放高龄津贴，具体标准由市、县民政部门商财政部门确定
4		失能失智老年人家庭成员养老护理技能培训	照顾失能失智老年人的家庭成员	对照顾失能失智老年人的家庭成员提供每年不少于 1 次的养老护理技能培训
5		老年人健康管理	65 周岁以上老年人和 60 周岁以上计生特困家庭老年人	每年免费提供一次健康管理服务，并纳入政府购买基本公共卫生服务范围

续表

序号	类别	服务项目	服务对象	服务内容及标准
6	老年人优待服务	老年人休闲优待服务	60周岁以上老年人	老年人免费进入公园、公共博物馆（院）、公共图书馆、文化馆（站）、美术馆、科技馆、纪念馆（纪念陵园）、名人故居等；依托公共资源建设、实施政府定价或者政府指导价管理的旅游景区、景点，65周岁以上老年人免票，不满65周岁的老年人享受半价优惠
7		城市公共交通费用减免	70周岁以上老年人	免费乘坐城市公共交通工具

资料来源：本书作者根据《安徽省基本养老公共服务指导性清单》梳理。省略“支出责任”和“政策依据”两栏。

二、国家清单公布后的特点

作为对《关于推进基本养老服务体系建设的意见》的贯彻实施，截至2024年4月，全国31个省市区均已出台实施方案或实施意见和基本养老服务清单，其中有24个省市区已印发文件且能查到服务项目数量，有20个省市区已印发文件且能查到原文。从能查到原文的20个省市区看，各地清单在责任主体、项目分类依据、服务项目、服务对象范围与服务标准水平方面各有特点。在能查到服务项目数量的24个省市区中，有6个省市区的服务项目类别多于国家清单，17个省市区与国家清单同样多，只有江苏省1个省份没有分类；有21个省市区的服务项目数量多于国家清单，山东、甘肃2个省份少于国家清单，只有吉林省1个省份与国家清单同样多（见表4-8）。

表4-8　各地基本养老服务清单服务项目数量

地区	颁布年份	文件名称	服务项目
北京	2022	北京市基本养老服务清单（2022年版）	三类32项
山西	2023	山西省基本养老服务体系建设实施方案	三类20项
内蒙古	2023	关于推进基本养老服务体系建设的实施方案	三类19项
辽宁	2023	辽宁省推进基本养老服务体系建设实施方案	三类20项
吉林	2023	关于推进基本养老服务机制建设的若干措施	三类16项

续表

地区	颁布年份	文件名称	服务项目
上海	2024	上海市基本养老服务清单（2024 年版）	三类 24 项
江苏	2022	江苏省基本养老服务指导性目录清单（2022 年版）	30 项
浙江	2022	关于加快建设基本养老服务体系的实施意见	三类 21 项
安徽	2022	安徽省推进基本养老服务体系建设实施方案	三类 20 项
福建	2023	福建省推进基本养老服务体系建设实施方案	三类 26 项
江西	2023	江西省基本养老服务清单（2023 年版）	三类 28 项
山东	2020	关于发布山东省基本养老公共服务清单的通知	四类 15 项
河南	2023	关于推进基本养老服务体系建设的实施意见	三类 20 项
湖北	2023	关于推进基本养老服务体系建设的实施方案	三类 25 项
湖南	2023	湖南省推进基本养老服务体系建设实施方案（2022—2025 年）	三类 20 项
广东	2023	关于推进基本养老服务体系建设的实施意见	四类 29 项
重庆	2023	关于推进基本养老服务体系建设的实施意见	三类 20 项
四川	2023	四川省推进基本养老服务体系建设实施方案	三类 23 项
贵州	2023	贵州省推进基本养老服务体系建设实施方案	五类 19 项
云南	2023	关于推进基本养老服务体系建设的实施方案	三类 28 项
陕西	2023	陕西省推进基本养老服务体系建设实施方案	四类 26 项
甘肃	2021	甘肃省基本养老公共服务清单	四类 15 项
宁夏	2023	推进基本养老服务体系建设实施方案	十类 26 项
新疆	2023	关于加快推进基本养老服务体系建设的实施方案	三类 18 项

资料来源：本书作者根据有关文件梳理。

（一）责任主体明确程度不同

部分省市区对基本养老服务项目筹资主体的明确程度不一致。例如，安徽省高龄津贴具体标准由市、县民政部门商财政部门确定；甘肃省高龄补贴最低标准由省人民政府制定，80—89 周岁补贴资金由县（市、区）财政承担，90 岁以上补贴资金由省级财政承担。又如，内蒙古自治区、宁夏回族自治区、辽宁省均有意外伤害保险项目，内蒙古的老年人意外伤害保险未说明保费负担主体，宁夏、辽宁则明确规定财政负担保费所需资金。宁夏回族自治区规定，政府每年为全区特困供养老年人和80岁以上享受高龄低收入津贴的老年人购买意外伤害保险。辽宁省则规定，为辽宁户籍60周岁（女性55周岁）以上的城乡分散供养特困老年人每人至少办理一份意外伤害保险，保费所需资金由市、县（市、区）两级财政负担。

（二）服务对象范围大小不一

部分省市区明确将服务对象分为两类：一般老年人和特殊老年人。例如，湖北省规定，职工基本养老保险、健康管理服务等11项为面向特定群体老年人的普惠服务项目，法律援助服务、流浪乞讨救助等14项为面向特殊老年人的保障服务项目。

同国家清单相比，同样的服务项目，部分省市区的服务对象范围有大有小，服务对象划分更精细。一是部分省市区服务对象门槛更低、范围更大。例如，陕西省降低了年龄门槛，将高龄津贴的服务对象从国家清单的80周岁及以上老年人放宽到本省户籍年满70周岁以上老年人。二是部分省市区服务对象范围更小。例如，在国家清单中，家庭适老化改造的服务对象是经济困难的老年人家庭；辽宁省的服务对象则是辽宁户籍分散供养特困人员中的高龄、失能、残疾老年人，有条件的地方可将改造对象范围逐步扩大到城乡低保对象中的高龄、失能、留守、空巢、残疾老年人家庭和计划生育特殊家庭老年人。三是部分省市区服务对象划分更精细。例如，宁夏回族自治区高龄老年人生活津贴的服务对象包括两类：城乡高龄低收入老年人津贴发放对象为持有宁夏户籍且年龄在80周岁及以上的无固定收入的老年人；其他高龄老年人津贴发放对象为持有宁夏户籍且年龄在80周岁以上、未享受高龄低收入老年人基本生活津贴和企业职工养老保险高龄补贴待遇的老年人。

各地之间比较，地方新增服务项目中，部分省市区的服务对象范围更大或较小。一是部分省市区面向更大范围的服务对象提供基本养老服务。例如，浙江省面向子女为浙江户籍的外地老年人提供老年父母投靠成年子女落户服务，有利于外地老年人通过获得本地户籍更多地享有本地基本养老服务。二是部分省市区面向更大范围的特殊老年人提供新增服务。例如，河南省对特困人员、低保对象、返贫致贫人口、农村易返贫致贫人口等群体中的老年人，参加本省城乡居民基本医疗保险的个人缴费由其困难身份认定所在县（市、区）财政全额或定额补贴，并给予医疗救助。三是部分省市区的服务对象范围较小。例如内蒙古自治区和宁夏回族自治区都增加了意外伤害保险项目，前者的服务对象范围大至60周岁以上老年人，后者的服务对象范围小至全区特困供养老年人、80岁及以上享受高龄低收入津贴的老年人。

（三）项目分类依据各有特点

在能查到文件原文的20个省市区中，有16个省市区按照服务形式分类。山西、内蒙古、辽宁、浙江、安徽、江西、河南、湖北、湖南、四川、新疆11个省市区同国家清单一样，按照服务形式将服务项目分为物质帮助、照护服务和关爱服务三种类型。在国家清单三种类型的基础上，广东省增加了社会优待类型，贵州省增加了优待服务和健康管理服务类型，陕西省增加了政策扶持类型。优待服务类型的服务主要包括为满足老年人的社会参与需要提供的普惠服务，如贵州省的交通出行优待、文体旅游活动优待项目。健康管理服务类型的服务如贵州省的老年人健康管理项目。政策扶持类型的服务主要是针对供给方养老机构的服务，如陕西省的养老服务扶持项目（床位补助）和养老服务扶持项目（水电气热费用减免）。上海市与国家清单不同，按照服务形式将服务项目分为物质帮助、照护服务、专项支持三种类型，专项支持类型的服务包括困难老年人康复辅具社区租赁服务、紧急救援服务、特殊困难老年人探访关爱服务、家庭适老化改造服务、家庭照料者培训、老年健康管理、老年监护服务和突发公共事件老年人应急保障。

在能查到文件原文的20个省市区中，有3个省市区按照服务对象分类。山东省和甘肃省按照服务对象，将老年人分为特困老年人、困难老年人和一般老年人，相应地，将基本养老服务项目分为特困老年人兜底保障项目、困难老年人养老服务项目、普惠型老年人服务和优待项目三大类别；从支持供方的角度，山东省基本养老服务项目包括养老服务优惠扶持项目类别。宁夏回族自治区根据服务性质、服务项目和服务对象相结合的原则，将基本养老服务项目分为十大类别，包括基本养老保险、特困老年人兜底保障、最低生活保障、困难老年人养老服务（1）、困难老年人养老服务（2）、经认定生活不能自理的老年人服务、对国家和社会作出特殊贡献的老年人服务、计划生育特殊家庭老年人养老服务、生活无着的流浪乞讨老年人帮扶、普惠服务和优待项目。

（四）服务项目体现地方特色

国家清单将基本养老服务项目限定在主要满足老年人老有所养、老有所依需要的服务项目，地方清单则在此基础上增加了满足老年人老有所医、老有所为、老有所学、老有所乐等需要的项目，并将其归入物质帮助、照护服务、关爱服务、优待服务等服务类型。

有的省市区在国家清单基础上增加了物质帮助类型服务项目，主要是计划生育特别扶助金、百岁老人长寿补贴、长期护理保险服务等项目。例如，在物质帮助类型中，北京市增加了困境家庭服务对象入住养老机构补贴、养老助餐服务（补贴）、计划生育特殊困难家庭扶助、（计划生育特殊家庭）困难老年人养老服务补贴、残疾人康复服务补贴、康复辅助器具购买（租赁）补贴6个项目；上海市、河南省增加了长期护理保险服务项目，河南省增加了医疗救助项目，安徽省增加了对经济困难老年人的就餐补贴项目。湖南省和山东省都增加了百岁老人长寿补贴项目，但湖南省将其归入物质帮助类型，山东省将其归入普惠型老年人服务和优待项目类别；宁夏回族自治区为100周岁以上的老人提供类似的长寿保健费，但将其归入普惠服务和优待项目类别。内蒙古自治区、四川省、江西省增加了计划生育特别扶助金项目，将其归入物质帮助类型；江苏省增加了计划生育特别扶助金项目，但未予归类。

有的省市区在国家清单基础上增加了照护服务类型的服务项目，主要是居家上门服务、提供社区活动场所、老年人健康管理等项目。例如，在照护服务类型中，北京市增加了驿站基本养老服务、家庭养老照护服务2个项目，上海市增加了困难老年人助餐配送服务项目，浙江省增加了社区居家照料服务、（为国家和社会作出特殊贡献的老年人）供养保障2个项目，广东省增加了提供社区活动场所、助餐服务、老年人健康管理、优先入住公办养老机构4个项目，四川省增加了社区养老综合服务项目，辽宁省增加了困难家庭常年病老年人托管项目。江西省增加了健康管理、基本医疗保险异地就医结算2

个服务项目，但未归入照护服务类型，而是归入了关爱服务类型。山东省增加了老年人健康管理服务项目，但由于服务对象只有年龄之分而无经济和家庭状况之别，便将其归入了普惠型老年人服务和优待项目类别。宁夏回族自治区增加了购买养老服务项目，但将其归入了困难老年人养老服务类别；增加了助餐服务、就医、出行 3 个项目，对 60 周岁及以上常住老年人到医疗机构就医免收挂号费，但将这 3 个项目归入了普惠服务和优待项目类别。江苏省增加了健康管理服务、居家上门服务 2 个项目，但未予归类。

有的省市区在国家清单基础上增加了关爱服务类型服务项目，主要是意外伤害保险、养老顾问服务、就医便利服务等项目。例如，在关爱服务类型中，北京市增加了对特殊困难老年人、计划生育特殊家庭老年人与对国家和社会作出特殊贡献的老年人的意外伤害保险项目；江西省增加了意外伤害保险、就医便利服务 2 个项目；湖北省增加了养老顾问服务、就医便利服务 2 个项目；浙江省增加了对为国家和社会作出特殊贡献的老年人的优先享受居家服务项目；辽宁省增加了乘坐城市公共交通工具项目；江苏省增加了银发顾问服务、就医便利服务 2 个项目，但未予归类。

有的省市区在国家清单基础上增加了满足老年人老有所为、老有所学、老有所乐等需要的老年人社会参与类别服务项目，主要是老年教育服务、老年人文体旅游活动优待、老年人交通出行优待等项目，但将其归入物质帮助、照护服务、关爱服务或优待服务类型或未予归类。例如，四川省在物质帮助类型中增加了生活服务优待、文体活动 2 个项目；湖北省在照护服务类型中增加了提供社区活动场所服务项目；湖北省、江西省在关爱服务类型中增加了老年教育服务项目，江西省还增加了进入文化旅游设施、乘坐城市公共交通工具 2 个项目；贵州省在优待服务类型中增加了老年人文体旅游活动优待、老年人交通出行优待 2 个项目。山东省增加了老年人文体休闲优待和老年人生活服务优待 2 个项目，但将其归入普惠型老年人服务和优待项目类别；宁夏回族自治区增加了文体、娱乐、教育服务项目，但将其归入普惠服务和优待项目类别；江苏省增加了提供社区活动场所服务和老年教育服务 2 个项目，但未予归类。

有的省市区在国家清单基础上增加了满足老年人安全需要的服务项目，

主要是法律援助、公证服务等服务项目，但将其归入物质帮助或关爱服务类型或未予归类。例如，在物质帮助类型中，广东省增加了遗嘱公证项目，湖北省增加了法律援助服务项目，江西省增加了司法救助、公证服务 2 个项目，四川省增加了公共法律服务项目。在关爱服务类型中，浙江省增加了法律服务项目，山西省增加了司法救助服务项目；陕西省增加了法律诉讼服务、公证服务 2 个项目。山东省增加了老年人法律援助项目，但将其归入普惠型老年人服务和优待项目类别；宁夏回族自治区增加了法律援助项目，但将其归入普惠服务和优待项目类别。江苏省增加了法律诉讼服务、公证服务 2 个项目，但未予归类。

有的省市区在国家清单基础上增加了政策支持类服务项目，主要是自愿随子女迁移户口服务、养老服务机构奖补、养老服务机构税费减免等项目。从支持需方的角度，陕西省、四川省在照护服务类型中增加了子女护理假服务项目；陕西省、江西省和浙江省在关爱服务类型中增加了自愿随子女迁移户口服务或者老年父母投靠成年子女落户服务项目；江苏省增加了自愿随子女迁移户口服务项目，但未予归类。从支持供方的角度，山东省在养老服务优惠扶持项目类别中增加了养老服务资金安排、养老服务机构奖补、养老服务机构税费减免、社区养老服务设施配建 4 个服务项目，陕西省在政策扶持类型中增加了养老服务扶持项目（床位补助）和养老服务扶持项目（水电气热费用减免）。

（五）服务标准水平高低不同

在国家清单已有项目中，部分省市区服务标准高于其他省市区。例如，对 80 周岁及以上老年人的高龄津贴，江西省、安徽省的发放标准分别是不低于 50 元/人/月和 30 元/人/月；对百岁以上老年人的高龄津贴、尊老金或百岁老年人长寿保健补贴，内蒙古自治区、江苏省、湖南省、甘肃省的发放标准依次是 600 元/人/月、不低于 300 元/人/月、200 元/人/月、100 元/人/月。

各地之间比较，地方新增服务项目中，部分省市区服务标准高于其他省市区。例如，北京市、辽宁省、贵州省分别有老年优待服务、乘坐城市公共交通工具、老年人交通出行优待项目，服务标准差别在于：北京市 60 周岁及以上的本市户籍老年人和常住外埠老年人持有北京通—养老助残卡可免费乘坐公共汽车，辽宁省和贵州省70周岁及以上老年人才可免费乘坐城市公共汽车，辽宁省60周岁以上老年人须减半支付乘车费用，贵州省则鼓励有条件的地方对65周岁及以上老年人乘坐城市公共汽车实行减免费。又如，安徽省和贵州省分别有老年人休闲优待服务和老年人文体旅游活动优待项目，但贵州省的基本养老服务标准更高，贵州省在60周岁及以上老年人凭有效证件免费进入政府投资主办的公园等场所的基础上，允许需要陪护的80周岁及以上老年人带1名陪护人员免费陪同进入。再如，江苏省与江西省分别有计划生育特别扶助金和计划生育家庭特别扶助金项目，服务标准差别在于：对60周岁及以上独生子女死亡特别扶助对象，江苏省和江西省分别按900元/人/月和810元/人/月标准发放特别扶助金；对60周岁及以上独生子女伤残特别扶助对象，江苏省和江西省分别按800元/人/月和550元/人/月标准发放特别扶助金。

第三节 基本养老服务供给中的主要问题

目前我国的基本养老服务体系正在建设，各地不断扩大基本养老服务供给，但由于基本养老服务清单制度及其配套政策在制定和执行方面的问题，目前还存在基本养老服务对象范围存在偏差、内容定位不够基本、要素网络有待健全、运行机制有待优化等问题。面对上述问题，2024年，党的二十届三中全会通过的《中共中央关于进一步全面深化改革、推进中国式现代化的决定》要求："优化基本养老服务供给，培育社区养老服务机构，健全公办养老机构运营机制，鼓励和引导企业等社会力量积极参与，推进互助性养老服务，促进医养结合。"

一、基本养老服务清单制度有待健全

由于我国从理论上对基本养老服务的外延界定不稳定，从"十二五"标准到国家清单，从国家清单到地方清单，总体上经历了一个将基本养老服务

从限缩解释向扩张解释变化的过程。我国在“十二五”标准中将基本养老服务限缩为“基本养老服务补贴”，又在国家清单中将基本养老服务扩张为16项服务，在地方清单中将基本养老服务扩张为更多项服务。目前主要存在服务提供主体涉及部门众多、服务对象范围存在偏差、服务内容定位不够基本、服务项目分类比较随意和设置不分供需等问题，可能造成部门协调难度增加、刚需老人不解渴、非刚需老人胃口被吊高等问题。

（一）服务提供主体含多部门

按照已有清单，我国的基本养老服务提供主体涉及众多政府部门，服务内容囊括众多部门负责的服务，如同一道部门职责的“拼盘”，可能增加协调难度。国家清单的16项服务涉及4个部门。民政部牵头负责12项服务，其中高龄津贴、养老服务补贴、护理补贴、老年人能力综合评估、计划生育特殊家庭老年人优先享受机构养老、家庭适老化改造具体由养老服务司负责，最低社会保障、特困老年人分散供养具体由社会救助司负责，特困老年人集中供养具体由养老服务司和社会救助司负责，困难残疾人生活补贴和重度残疾人护理补贴、生活无着的流浪乞讨老年人社会救助具体由社会事务司负责；探访服务由民政部等部门牵头负责。其他3个部门牵头负责其余4项服务，其中职工基本养老保险和家庭养老支持服务由人力资源和社会保障部牵头负责，城乡居民基本养老保险由人力资源和社会保障部、国家税务总局牵头负责，对国家和社会作出特殊贡献的老年人集中供养由退役军人事务部牵头负责。

地方清单由于有新增服务项目，涉及的部门更多。例如，江西省基本养老服务清单的新增服务项目涉及10个新增部门，其中困难老年人基本医疗保险资助、基本医疗保险异地就医结算由省医保局牵头负责，计划生育家庭特别扶助金、健康管理、就医便利服务由省卫生健康委负责，司法救助由省人民法院负责，公证服务由省司法厅负责，意外伤害保险由省民政厅负责，老年教育由省教育厅和省委老干部局牵头负责，进入文化旅游设施由省文化和旅游厅、省教育厅、省发展改革委牵头负责，乘坐城市公共交通工具由省交通运输厅牵头负责，自愿随子女迁移户口由省公安厅牵头负责。

（二）服务对象范围存在偏差

已有的基本养老服务清单对特殊老年人的关注维度存在偏差，在特定维度上的服务对象范围偏窄。从我国老年人拥有的养老资源看，应当更多地关注缺乏自然维度养老资源的老年人，特别是失能老年人。已有清单的问题是，对失能老年人尚未给予应有的关注，在经济维度上门槛过高，从老年人能力这一自然维度上看服务对象范围偏窄。例如，现有的社会救助和福利保障主要集中在特困老年人和一部分经济困难的失能老年人，未能有效满足另一部分经济困难的失能老年人和普通家庭失能老年人的照护需要，老年人支付能力总体偏低，“钱从哪里来”的问题比较突出。

（三）服务内容定位不够基本

基本养老服务一般包括温饱水平的生活照料与健康护理服务，在养老服务“九宫格”中呈“日”字格（见第二章表2-5）。然而，有的地方基本养老服务清单在国家清单基础上，在服务类别上向社会参与扩展，在服务水平上向小康水平和富裕水平扩展。一些地方的社区养老服务资源主要用于满足自理老年人的文化娱乐需求。例如，四川省通过社区养老综合服务项目，依托社区养老服务综合体为60周岁以上老年人提供日间照护、生活照料、文化娱乐、康复护理、助餐等普惠养老服务。其中的文化娱乐，在服务类别上属于满足老年人高层次需要的社会参与类别养老服务，在服务水平上属于小康水平的养老服务。

（四）服务项目分类比较随意

有的地方基本养老服务项目分类同国家清单一致，但在对具体项目划分类型时不尽合理。例如，陕西省在国家清单基础上新增公共文化服务和城市公共交通工具服务项目，但将这 2 个项目归入关爱服务类型。又如，江西省新增健康管理、就医便利服务、基本医疗保险异地就医结算服务项目，辽宁省新增健康体检服务项目，但将这 4 个项目归入关爱服务类型；而由于这 4 个项目都同照护密切相关，归入照护服务类型更为恰当。

有的地方基本养老服务项目分类同国家清单不一致，存在分类依据不统一问题。例如，山东省将基本养老服务项目分为四大类别，从需方角度按照服务对象将前三类命名为特困老年人兜底保障项目、困难老年人养老服务项目与普惠型老年人服务和优待项目，但又从供方角度将第四类命名为养老服务优惠扶持项目。

（五）服务项目设置不分供需

基本养老服务的服务对象是老年人，基本养老服务清单应当收录老年人直接享有的服务，不应收录老年人通过提供主体间接享有的服务。然而，个别地方在设置基本养老服务项目时，将针对供需双方的服务都列入了基本养老服务清单。例如，陕西省针对作为供给方的养老服务机构，设置了养老服务扶持项目（床位补助）和养老服务扶持项目（水电气热费用减免）。又如，山东省针对符合条件的养老服务机构，设置了养老服务资金安排、养老服务机构奖补、养老服务机构税费减免3个服务项目。

目前的政策创制虽然存在上述问题，但基本上符合党的二十大报告提出的“在发展中保障和改善民生”与“尽力而为，量力而行”这两条工作原则。考虑到老年人享有基本养老服务需要制度化的清单，现有清单无可厚非。上述问题的部分原因是我国对基本养老服务的概念界定不明确、不稳定，反映出目前的理论研究和政策研究同我国人口老龄化的形势、广大老年人的需要和政策创制的要求相比有所滞后。

二、基本养老服务配套政策有待完善

目前，我国的基本养老服务供给不仅存在作为产出的服务有待优化的问题，而且存在投入要素质量不高、服务能力有待提升、运行过程不够科学等问题。由于设施、组织、人才、技术等要素网络不够健全，供给、动员、协同、监管等运行机制有待优化，我国基本养老服务供给主体多元化、一体化、均衡化不足，高质量的基本养老服务难以产出。

（一）要素网络有待健全

基本养老服务设施网络存在空白节点和薄弱环节，有的设施空置率高。一是公办养老服务设施供需缺口大与空置率高并存。总体上看，全国公办养老机构存在空置现象。分机构看，医养结合较好的地市级公办养老机构“一床难求”，地理区位远、设施条件差、功能定位偏、医养结合弱、服务质量低的区县级社会福利院和乡镇（街道）敬老院空置率高。有的老年人照料设施尚未按照最新标准规划建设，适老化不足。二是农村养老服务设施空白多、城乡差距大。《2022年民政事业发展统计公报》显示，截至2022年底，城市和农村社区综合服务设施覆盖率分别为100%和84.6%，相差15.4个百分点。三是居家社区机构衔接不够，医养康养结合紧密度不够。同一设施在居家、社区、机构三种场景都提供养老服务的情况不多；不同设施之间缺乏衔接，由机构向社区、居家转介的情况不多。根据《2023年民政事业发展统计公报》和2024年《国务院关于推进养老服务体系建设、加强和改进失能老年人照护工作情况的报告》，截至2023年底，全国注册登记的养老机构40786个；具备医疗卫生机构资质并进行养老机构备案的医养结合型机构7881个，占养老机构比例为19.3%。

基本养老服务组织网络建设滞后，条块分割，有设施无机构。一是养老服务管理部门众多，职能有分割有交叉，类似的事项由多部门管理，降低了办事效率。如老年人能力评估现有民政部提出的《老年人能力评估规范》（GB/T 42195—2022）和国家卫生健康委制定的《老年人能力评估标准表（试行)》，失能等级评估现有国家医保局会同民政部印发的《长期护理失能等级评估标准（试行)》，残疾等级评定现有民政部归口、中国残联牵头起草的《残疾人残疾分类和分级》（GB/T 26341—2010）。评估办法难统筹，评估结果难互认，造成重复评估和人力财力浪费。二是有的地区基本养老服务供给有设施无机构、有机构缺运营。有的公办养老服务设施无机构、缺编制、少人员。民政部等部门自2013年以来，组织开展了两批公办养老机构改革试点和一批农村特困人员供养服务机构社会化改革试点，在健全运营机制、明确职能定位、提高供养能力等方面积累了宝贵经验。但总体上看，仍然存在改革推进力度不大、实施过程不规范、制度化建设滞后等问题。

基本养老服务人才网络不健全，制度制定、队伍建设和人才使用有欠缺。一是有关制度尚不健全。我国初步建立了养老服务人才教育培训、职业分类、技能等级等有关制度，但针对高层次养老护理人员的专业技术职称评定制度缺失，各类养老服务人才激励机制尚不健全。我国已经通过《中华人民共和国职业分类大典》设置养老护理员、长期照护师、健康照护师、医疗护理员、老年人能力评估师等职业（工种），但在职业设计、培养培育等方面统筹衔接不够。二是人才队伍建设滞后。受制度缺失和实施效果欠佳影响，目前我国基本养老服务人才数量不足、素质不高、结构层次不合理，失能老年人照护急需的养老服务、健康照护和医养结合人才队伍不够壮大。养老护理员数量不足，结构层次不合理，护理知识和经验积累少，职业认同感较差，人员年流失率达30%以上。社区助老员、老年助浴员与认知障碍照护员数量不足，专业化水平普遍不高。三是人才使用面临两难。从人才方面看，同生活成本与机会成本相比，现有工资待遇偏低，往往从养老护理流向母婴护理乃至其他行业。从用人方面看，当前用人成本偏高，按比例配备养老护理员难度较大，如一些养老机构尤其是特困人员供养服务机构没有按比例配备养老护理员。

基本养老服务技术网络尚未形成，制度制定落实与技术研发应用滞后。受信息平台管理、线上线下互通与信息网络安全有关制度不健全等因素影响，部分养老服务供应商尚未接入平台，线上线下缺乏互联互通，老年人及其家庭隐私缺乏有效保护，以致信息技术促进供需对接的作用大打折扣。在信息无障碍有关制度的落实中，仍有不少老人因为不能、不会、不愿、不敢使用智能信息技术而享受不到数字社会的便利，一些老人甚至产生了对智能信息技术的恐惧心理，不敢离开青年人的陪伴而独自就医。我国出台了《关于促进老年用品产业发展的指导意见》等政策，但对养老机器人等产业的支持力度不够，以致人工智能技术在提高老年人生活质量、减轻养老护理负担中的积极作用得不到充分发挥。我国制定实施《智慧健康养老产业发展行动计划（2021—2025年）》，组织6批智慧健康养老应用试点示范工作，发布3批《智慧健康养老产品及服务推广目录》，但仍有为数不少的老年人尚未享受到"智慧养老院""智慧+居家养老"等服务。

（二）运行机制有待完善

政府、部门、社区对基本养老服务的供给机制不够健全。一些养老机构的供给机制尤其是老年人能力评估机制不健全，基本养老服务供给在数量结构和空间布局方面缺少数据支撑，在认定和收住服务对象方面有待完善。部门所属养老资源整合和共享机制未建立，不同部门的资源缺乏有效整合，部门所属的资源不对社区开放，资源利用效率有待提高。社区养老资源供给机制的合理性有待提升，供需存在错配的情况。

政府的内部动员机制与政府动员其他提供主体的机制有待健全。政府内部的定量评价和物质激励机制有待健全，各部门、各地区提供基本养老服务的压力和动力有待增强。政府动员社会、市场、家庭的机制有待健全，以致基本养老服务以政府直接提供为主，社会、市场、家庭尚未成为强有力的提供主体。

政府内部、政府和其他提供主体、其他提供主体之间的协同机制有待改进。政府内部各部门、各层级之间各司其职、各尽其能的整合效应有待提升，政府与社会组织、企业等其他基本养老服务提供主体之间的协同机制有待改进，社会组织、企业、慈善个人等其他提供主体之间的协同机制有待建立，以致政府、社会、市场、家庭等基本养老服务提供主体难以合力形成稳固的基本养老服务供给四面体。

基本养老服务监管机制尚需完善，信用体系与标准体系建设需要加强。养老服务机构自我监管与失信惩戒有关制度有待改善，对养老服务市场失信联合惩戒对象的威慑有待加强。养老助老服务、养老保险服务领域国家标准和行业标准有待制定实施，长期照护服务标准体系有待建立，养老保险经办流程等国家标准和老年人医疗护理等健康管理标准有待制定。养老服务综合监管制度有待完善落实，食品安全、消防安全专项监督有待深入开展。

第五章　基本养老服务的实证研究

从各部门到各地区，我国发展基本养老服务供给已有十余年。但由于缺乏需求调查和实证研究，目前的基本养老服务还存在供需不匹配等问题。应当在随机抽样调查的基础上，深入分析老年人在自然、经济、社会三个维度上的特殊性对其基本养老服务需求的影响，结合我国老年人特征，优化基本养老服务供给。考虑到代表性和持续性，本书采用中国老年社会追踪调查（CLASS）数据，对我国养老服务供需状况进行分析。

第一节　我国社区服务供需状况

中国老年社会追踪调查是一个全国性的社会调查项目，经过严格的科学抽样，2014 年暑期对全国各地数百个社区的一万多户家庭开展了第一次全国范围的基线调查，2016 年、2018 年和 2020 年对基线受访对象进行了三次追踪调查。CLASS 问卷的受访对象虽然是家庭户，但由于我国绝大多数老人在家养老，且 2020 年样本同第七次全国人口普查的人口性别结构和年龄结构一致，信效度较好，该数据能够反映我国绝大多数老年人的养老服务供需状况。

一、社区服务需求状况

本书采用 2020 年数据，总样本量为 11398 人。本书主要关注 11 个自变量并将其分为三个维度。自然维度，老年人是否为高龄，是否为失能，性别是女性还是男性。经济维度，老年人是否无收入来源，2019 年家庭平均收入是否低于所在省份的 2019 年低保标准。社会维度，老年人是否无子女，是否失独家庭，是否文盲，是否无配偶，是否独居，是否农业户口。用变量 x1-x11 依次表示是否为高龄老人、是否失能、是否女性、是否无收入来源、是否低于低保标准、是否无子女、是否失独、是否文盲、是否无配偶、是否独居、是否农业户口。针对部分受访对象 2020 年“过去 12 个月收入”的数据缺失情况，采用对应的 2018 年数据进行插值处理。11398 个样本的基本情况如表 5-1 所示。

表 5-1 样本的基本情况（N=11398）

自变量				人数/人	有效百分比/%
自然维度	x1	是否为高龄老人	80 周岁及以上	1605	14.08
			60—79 周岁	9793	85.92
	x2	是否失能	失能或部分失能（得分>6 分）	1014	8.90
			自理老人（得分=6 分）	10384	91.10
	x3	是否女性	女性	5650	49.6
			男性	5748	50.4
经济维度	x4	是否无收入来源	最主要靠政府/社团补贴/补助	13	0.11
			不主要靠政府/社团补贴/补助	11385	99.89
	x5	是否低于低保标准	低于本省低保标准	903	7.92
			高于本省低保标准	10495	92.08
社会维度	x6	是否无子女	无子女	251	2.20
			有子女	11147	97.80
	x7	是否失独家庭	失独	42	0.37
			非失独	11356	99.63
	x8	是否文盲	不识字	2670	23.43
			小学/私塾及以上	8728	76.57
	x9	是否无配偶	无配偶（丧偶、离婚、未婚）	2807	24.63
			有配偶	8591	75.37
	x10	是否独居	独居	1159	10.17
			非独居	10239	89.83
	x11	是否农业户口	农业户口（与农转居）	6573	57.67
			非农业户口（与非农转居）	4825	42.33

资料来源：本书作者根据 CLASS2020 年数据计算。

本书将问题 D9“社区为老年人提供相关服务”中的 9 个问题分为生活照

料、健康护理和社会参与三类。生活照料类包括上门探访、老年人服务热线、帮助日常购物、上门做家务、老年饭桌或送饭等。健康护理类包括陪同看病、日托站或托老所和心理咨询。社会参与类包括法律援助。

一般情况下，老年人愿意为自己需要的服务花钱。根据问题 D9 的数据，按照服务项目分别统计 C 项“是否会花钱购买该服务？”中答案为“1 是”的频数和频率，判断老年人对某项服务的需要程度。为进一步解析老年人购买社区服务项目的影响因素，将 D9 各选项的数据转换为用“0-1”表示的二值变量，并将“会花钱购买该服务”的样本赋值为 1，其余样本赋值为 0。其中，变量 y1-y9 依次表示上门探访、老年人服务热线、帮助日常购物、上门做家务、老年饭桌或送饭、陪同看病、日托站或托老所、心理咨询、法律援助。老年人购买社区服务项目的描述性统计结果如表 5-2 所示。

表 5-2　老年人购买社区服务项目的描述性统计结果

类别	因变量		购买人数/人	比例/%
生活照料	y1	上门探访	207	1.82
	y2	老年人服务热线	280	2.46
	y3	帮助日常购物	565	4.96
	y4	上门做家务	1183	10.38
	y5	老年饭桌或送饭	1546	13.56
健康护理	y6	陪同看病	945	8.29
	y7	日托站或托老所	1179	10.34
	y8	心理咨询	276	2.42
社会参与	y9	法律援助	427	3.75

资料来源：本书作者根据 CLASS2020 年数据计算。

将老年人购买某项社区服务的概率表示为公式 1。

由于老年人是否会花钱购买社区服务的数据服从两点分布（0-1 分布），采用二元选择模型中计算方便的 logit 模型进行回归估计，计量模型如下：

$$\text{logit}(p)=\ln\left(\frac{p}{1-p}\right)=\beta_0+\beta_1x_1+\beta_2x_2+\beta_3x_3+\cdots+\beta_ix_i \quad (公式 1)$$

$i=1，2，\cdots，11$

运用 Stata 软件进行回归估计，得到老年人购买社区服务项目的二元 logit 模型分析结果，如表 5-3 所示。结果发现，自变量 x4（无收入来源）对老年人购买 9 项社区服务的概率的影响都不显著，其他 10 个自变量对老年人购买一项或多项社区服务的概率的影响显著。

表 5-3　老年人购买社区服务项目的二元 logit 模型分析结果

模型	1	2	3	4	5
	上门探访	老年人服务热线	帮助日常购物	上门做家务	老年饭桌或送饭
x1	-0.4868**	-0.7471***	-0.4009***	-0.2890***	-0.4421***
	(0.2402)	(0.2218)	(0.1486)	(0.1061)	(0.0961)
x2	1.2953***	1.5152***	0.8494***	0.7717***	0.7199***
	(0.1852)	(0.1582)	(0.1348)	(0.1060)	(0.0943)
x3	-0.2203	-0.0375	-0.0213	0.1116*	-0.0393
	(0.1452)	(0.1244)	(0.0892)	(0.0653)	(0.0576)
x4	-0.1621	0.1226	0.5596	0.6351	-0.5372
	(0.1307)	(1.0209)	(1.0752)	(0.8396)	(1.0755)
x5	0.0723	-0.3424	-0.1053	-0.3063**	0.1515
	(0.2603)	(0.2809)	(0.1895)	(0.1524)	(0.1117)
x6	-1.7614*	-0.4617	0.7661***	0.8070***	0.5840***
	(1.0120)	(0.5181)	(0.2435)	(0.1913)	(0.1735)
x7	0.1226	0.5156**	0.1205	1.2545***	0.5628
	(1.0209)	(0.2227)	(0.6086)	(0.3547)	(0.3656)
x8	-0.3180*	-0.5603***	-0.3421***	-0.5228***	-0.5425***
	(0.1886)	(0.1866)	(0.1322)	(0.1038)	(0.0864)
x9	-0.5193**	-0.4173**	-0.1570	-0.1662*	-0.0527
	(0.2234)	(0.1911)	(0.1311)	(0.0962)	(0.0832)
x10	0.7319***	0.3906	-0.1398	-0.1664	-0.0496
	(0.2725)	(0.2570)	(0.1961)	(0.1440)	(0.1203)
x11	0.2368	-0.4386***	-1.0609***	-1.6667***	-1.1477***
	(0.1506)	(0.1268)	(0.0961)	(0.0759)	(0.0607)
常量	-4.0328***	-3.3828***	-2.4156***	-1.4505***	-1.2290***
	(0.1387)	(0.1085)	(0.0733)	(0.0528)	(0.0478)
N	11398	11398	11398	11398	11398

续表

模型	6	7	8	9
	陪同看病	日托站或托老所	心理咨询	法律援助
x1	-0.2686**	-0.5630***	-0.9923***	-0.4726***
	(0.1142)	(0.1120)	(0.2468)	(0.1742)
x2	0.8997***	0.7075***	1.0448***	1.1133***
	(0.1102)	(0.1038)	(0.1793)	(0.1428)
x3	0.0754	-0.0496	-0.1818	0.2362**
	(0.0715)	(0.0640)	(0.1260)	(0.1016)
x4	0.0736	-0.1850	0.0143	-0.0905
	(0.0715)	(1.0683)	(0.1008)	(0.0934)
x5	-0.3667**	0.1490	-0.5504*	-0.5743**
	(0.1687)	(0.1230)	(0.3135)	(0.2534)
x6	0.4170*	0.4719**	-1.6959*	-0.0136
	(0.2261)	(0.1959)	(1.0086)	(0.3709)
x7	0.6495	0.4735	0.8434	1.0157**
	(0.4120)	(0.4034)	(0.6122)	(0.4879)
x8	-0.6856***	-0.5355***	-0.5477***	-0.6021***
	(0.1177)	(0.0964)	(0.2006)	(0.1559)
x9	0.0331	-0.1001	0.1369	-0.3358**
	(0.1012)	(0.0937)	(0.1770)	(0.1537)
x10	-0.2368	-0.1047	-0.4729	0.0112
	(0.1546)	(0.1376)	(0.3003)	(0.2237)
x11	-1.4313***	-0.9061***	-0.8283***	-0.5585***
	(0.0808)	(0.0665)	(0.1319)	(0.1042)
常量	-1.7759***	-1.6032***	-3.1049***	-2.9678***
	(0.0583)	(0.0534)	(0.1014)	(0.0899)
N	11398	11398	11398	11398

注：N=11398。括号内数值为标准误差。*表示显著水平，***表示在1%的显著性水平下显著，**表示在5%的显著性水平下显著，*表示在10%的显著性水平下显著。

资料来源：本书作者根据CLASS2020年数据计算。

高龄（x1）对老年人购买9项社区服务的概率的影响都显著为负，表明这9项社区服务并非高龄老人的刚需。在生活照料类服务中，高龄对购买上门探访、老年人服务热线、帮助日常购物、上门做家务和老年饭桌或送饭服务的概率的影响都显著为负，说明老年人越是高龄，购买上门探访、老年人服务热线、帮助日常购物、上门做家务和老年饭桌或送饭服务的可能性越小。在健康护理类服务中，高龄对购买陪同看病、日托站或托老所和心理咨询服务的概率的影响为负，说明老年人越是高龄，购买陪同看病、日托站或托老所和心理咨询服务的可能性越小。在社会参与类服务中，高龄对购买法律援助服务的概率的影响显著为负，说明老年人越是高龄，购买法律援助服务的可能性越小。

失能（x2）对老年人购买9项社区服务的概率的影响都显著为正，表明这9项社区服务是失能老人的刚需，有必要为失能老人提供这9项社区服务。在生活照料类服务中，失能对购买上门探访、老年人服务热线、帮助日常购物、上门做家务和老年饭桌或送饭服务的概率的影响都显著为正，说明老年人越是失能，购买上门探访、老年人服务热线、帮助日常购物、上门做家务和老年饭桌或送饭服务的可能性越大。在健康护理类服务中，失能对购买陪同看病、日托站或托老所和心理咨询服务的概率的影响显著为正，说明老年人越是失能，购买陪同看病、日托站或托老所和心理咨询服务的可能性越大。在社会参与类服务中，失能对购买法律援助服务的概率的影响为正，说明老年人越是失能，购买法律援助服务的可能性越大。

女性（x3）对老年人购买上门做家务和法律援助服务的概率的影响都显著为正，表明女性老年人比男性老年人更需要上门做家务和法律援助服务。在生活照料类服务中，女性对购买上门做家务服务的概率的影响为正，说明女性老年人购买上门做家务服务的可能性大。在社会参与类服务中，女性对购买法律援助服务的概率的影响显著为正，说明女性老年人购买法律援助服务的可能性大。由于现行政策一般不对老年人性别加以区分，不宜根据该结果提出相应的政策建议。

低于低保标准（x5）对老年人购买上门做家务、陪同看病、心理咨询和法律援助服务的概率的影响显著为负，表明这4项社区服务并非低保老人的刚需。在生活照料类服务中，低于低保标准对购买上门做家务服务的概率的影响显著为负，说明老年人收入越是低于低保标准，购买上门做家务服务的可能性越小。在健康护理类服务中，低于低保标准对购买陪同看病和心理咨询服务的概率的影响显著为负，说明老年人收入越是低于低保标准，购买陪同看病和心理咨询服务的可能性越小。在社会参与类服务中，低于低保标准对购买法律援助服务的概率的影响显著为负，说明老年人收入越是低于低保标准，购买法律援助服务的可能性越小。

无子女（x6）对老年人购买帮助日常购物、上门做家务、老年饭桌或送饭、陪同看病和日托站或托老所服务的概率的影响显著为正，表明这 5 项服务是无子女老人的刚需，当老年人无子女且面临多维困难时，可以考虑为符合条件的老年人提供这 5 项服务。在生活照料类服务中，无子女对购买上门探访服务的概率的影响显著为负，对购买帮助日常购物、上门做家务和老年饭桌或送饭服务的概率的影响显著为正，说明无子女老人购买上门探访服务的可能性小，购买帮助日常购物、上门做家务和老年饭桌或送饭服务的可能性大。在健康护理类服务中，无子女对购买陪同看病、日托站或托老所服务的概率的影响显著为正，对购买心理咨询服务的概率的影响显著为负，说明无子女老人购买陪同看病、日托站或托老所服务的可能性大，购买心理咨询服务的可能性小。

失独（x7）对老年人购买老年人服务热线、上门做家务和法律援助服务的概率的影响显著为正，表明这 3 项服务是失独老人的刚需，有必要为失独老人提供这 3 项社区服务。在生活照料类服务中，失独对购买老年人服务热线和上门做家务服务的概率的影响显著为正，说明失独老人购买老年人服务热线和上门做家务服务的可能性大。在社会参与类服务中，失独对购买法律援助服务的概率的影响显著为正，说明失独老人购买法律援助服务的可能性大。

文盲（x8）对老年人购买 9 项社区服务的概率的影响都显著为负，可能与文盲老人从观念上不能接受购买社区服务有关。在生活照料类服务中，文盲对购买上门探访、老年人服务热线、帮助日常购物、上门做家务和老年饭桌或送饭服务的概率的影响都显著为负，说明文盲老人购买上门探访、老年人服务热线、帮助日常购物、上门做家务和老年饭桌或送饭服务的可能性小。在健康护理类服务中，文盲对购买陪同看病、日托站或托老所和心理咨询服务的概率的影响显著为负，说明文盲老人购买陪同看病、日托站或托老所和心理咨询服务的可能性小。在社会参与类服务中，文盲对购买法律援助服务的概率的影响显著为负，说明文盲老人购买法律援助服务的可能性小。

无配偶（x9）对老年人购买上门探访、老年人服务热线、上门做家务和法律援助服务的概率的影响显著为负，可能与无配偶老人长期独居已成习惯且财产纠纷较少有关。在生活照料类服务中，无配偶对购买上门探访、老年人服务热线和上门做家务服务的概率的影响显著为负，说明无配偶老人购买上门探访、老年人服务热线和上门做家务服务的可能性小。在社会参与类服务中，无配偶对购买法律援助服务的概率的影响显著为负，说明无配偶老人购买法律援助服务的可能性小。

独居（x10）对老年人购买上门探访服务的概率的影响显著为正，表明上门探访服务是独居老人的刚需，为独居老人提供生活照料类服务中的上门探访服务十分必要。在生活照料类服务中，独居对购买上门探访服务的概率的影响显著为正，说明独居老人购买上门探访服务的可能性大。

农业户口（x11）对老年人购买老年人服务热线、帮助日常购物、上门做家务、老年饭桌或送饭、陪同看病、日托站或托老所、心理咨询和法律援助服务的影响显著为负，可能与拥有农业户口的老年人从观念上不能接受购买社区服务有关。在生活照料类服务中，农业户口对购买老年人服务热线、帮助日常购物、上门做家务和老年饭桌或送饭服务的概率的影响显著为负，说明拥有农业户口的老年人购买老年人服务热线、帮助日常购物、上门做家务和老年饭桌或送饭服务的可能性小。在健康护理类服务中，农业户口对购买陪同看病、日托站或托老所和心理咨询服务的概率的影响显著为负，说明拥有农业户口的老年人购买陪同看病、日托站或托老所和心理咨询服务的可能性小。在社会参与类服务中，农业户口对购买法律援助服务的概率的影响显著为负，说明拥有农业户口的老年人购买法律援助服务的可能性小。

二、社区服务提供数量与使用率

CLASS 问卷中的相关问题和回答仅支持对社区服务提供数量与使用率的研究，老年人会花钱购买的服务数量与社区服务提供数量的差值不能反映供需缺口。对于问题 D9A“您所在的社区是否提供以下服务”，回答“是”的老人数量和比例可以反映出该社区提供且老年人知情的某种社区服务项目的提供数量和比例。由于大部分老人回答“不知道”，占有效样本数量的比例超过了50%，回答“是”的老人数量与比例不等于某种社区服务项目的供给数量与比例。如果社区实际上提供了某种社区服务项目，而老年人不知情，只是反映出社区对社区服务项目的宣传力度不够。只有在社区确实没有提供某项社区服务的情况下，对该题目的回答才能反映出社区对某项社区服务缺少供给。对于问题D9A“您所在的社区是否提供以下服务?”和问题D9B“是否使用过”，同时回答“是”的老人数量和比例可以反映出社区提供、老人知情且曾经使用过的某项社区服务的提供数量和比例。对于问题D9B“是否使用过”，大部分老人回答“否”，占有效样本数量的比例超过了90%。没有使用过的老人中，有的是因为社区没有提供某项服务；有的可能是因为社区提供了某项社区服务，但他不知情；有的是因为社区提供了某项社区服务，他也知情，但未使用。

本书仅使用该数据考察老年人知情的社区服务项目的提供数量、提供比例与使用率，提供且知情比例用老年人知情的社区服务项目的提供数量与样本数量之比计算得出，知情使用率用社区提供、老年人知情且使用过数量与老年人知情的社区服务项目的提供数量之比计算得出。描述性统计发现：（1）9项社区服务的提供且知情数量与提供且知情比例普遍较低，都在2100人和18%以下。其中，回答社区提供上门探访服务的老年人数量及其占样本数量的比例最高，分别为2033人和17.84%；老年人服务热线与法律援助的提供且知情数量与提供且知情比例相对较高，回答社区提供对应服务的老年人分别为1738人和1541人，提供且知情比例分别达到了15.25%和13.52%；帮助日常购物、日托站或托老所和陪同看病的提供且知情数量较低，回答社区提供对应服务的老年人分别为864人、899人和945人，提供且知情比例分别为7.58%、7.89%和8.29%。（2）9项社区服务的知情使用率也不高，都在40%以下。其中，上门探访的知情使用率最高，为35.02%；老年饭桌或送饭和上门做家务的知情使用率较高，分别为25.44%和21.58%；心理咨询、法律援助和帮助日常购物的知情使用率都较低，分别为8.82%、9.21%和10.88%（见表5-4）。

表 5-4　社区服务提供数量与使用率

类别	社区服务项目	提供且知情数量	提供且知情比例	提供、知情且使用过数量	知情使用率
生活照料	上门探访	2033	17.84%	712	35.02%
	老年人服务热线	1738	15.25%	241	13.87%
	帮助日常购物	864	7.58%	94	10.88%
	上门做家务	1251	10.98%	270	21.58%
	老年饭桌或送饭	1077	9.45%	274	25.44%
健康护理	陪同看病	945	8.29%	116	12.28%
	日托站或托老所	899	7.89%	111	12.35%
	心理咨询	1009	8.85%	89	8.82%
社会参与	法律援助	1541	13.52%	142	9.21%

资料来源：本书作者根据 CLASS 数据计算。

这意味着，相对于帮助日常购物、日托站或托老所和陪同看病服务，社区提供且老年人知情的上门探访、老年人服务热线与法律援助服务较多；相对于心理咨询、法律援助和帮助日常购物服务，社区提供、老年人知情且使用率较高的服务包括上门探访、老年饭桌或送饭和上门做家务服务。

综合考虑，生活照料类服务中，上门探访服务的提供且知情数量和比例最高，提供、知情且使用过数量和知情使用率最高，考虑将探访服务列为基本养老服务项目；老年人服务热线服务的提供且知情数量和比例较高，提供、知情且使用过数量和知情使用率居中，可以探索将老年人服务热线列为基本养老服务项目；上门做家务服务的提供、知情且使用过数量和知情使用率较高，提供且知情数量和比例居中，可以探索将上门做家务列为基本养老服务项目；老年饭桌或送饭服务的提供、知情且使用过数量和知情使用率较高，提供且知情数量和比例居中，可以探索将老年饭桌或送饭服务列为基本养老服务项目并加强宣传；帮助日常购物服务的提供且知情数量和比例较低，提供、知情且使用过数量和知情使用率较低，考虑暂缓将帮助日常购物列为基本养老服务项目。

健康护理类服务中，陪同看病服务的提供且知情数量和比例较低，提供、知情且使用过数量和知情使用率居中，可以探索将陪同看病列为针对特殊老人的基本养老服务项目；日托站或托老所的提供且知情数量和比例较低，提供、知情且使用过数量和知情使用率居中，可以探索将日托站或托老所列为针对特殊老人的基本养老服务项目；心理咨询服务的提供且知情数量和比例居中，提供、知情且使用过数量和知情使用率最低，可以探索将心理咨询列为针对特殊老人的基本养老服务项目。

社会参与类服务中，法律援助服务的提供且知情数量和比例较高，提供、知情且使用过数量和知情使用率较低，可能与符合法律援助条件的老年人数量不多、占比不高有关，考虑探索将法律援助列为基本养老服务项目。

第二节　我国健康护理类服务供需状况

使用 CLASS 问卷问题 B13“下面询问您有关使用社区医疗机构（卫生服务中心、卫生室等）服务的情况”数据，衡量社区医疗机构服务供需状况，包括上门护理、上门看病、康复训练、康复辅具租用、免费体检、建立健康档案、健康讲座 7 种社区医疗机构服务项目。统计 A 项“您是否需要社区医疗机构提供此类服务？”中回答为“是”的频数和频率，以此反映社区医疗机构服务需要状况。回答“是”的人数表示对某类服务的需要数量，需要比例可用某类社区医疗机构服务的需要数量与样本数量之比计算得出。统计 B 项“过去 12 个月，您是否使用过这些服务？”中回答为“是”的频数和频率，以此反映社区医疗机构服务供给状况。回答“是”的人数表示对某类服务的使用过数量，使用过比例可用某类社区医疗机构服务的使用过数量与样本数量之比计算得出。通过计算需要数量和使用过数量的差值反映供需缺口。

描述性统计发现：（1）7 种社区医疗机构服务项目的需要比例都低于 50%，不同项目之间差异较大。其中，对免费体检的需要比例最高，达 48.73%；对康复辅具租用的需要比例最低，为 7.35%；对建立健康档案的需要比例较高，为 26.26%；对康复训练的需要比例较低，为 7.87%。（2）7 种社区医疗机构服务项目的使用过比例都低于 30%，不同项目之间差异较大。其中，对免费体检的使用过比例最高，达 29.92%；对康复训练的使用过比例最低，为

0.78%；对建立健康档案的使用过比例较高，为10.94%；对康复辅具租用的使用过比例较低，为1.01%。（3）7种社区医疗机构服务项目都有一定数量的供需缺口。其中，免费体检的供需缺口最大，为2144；康复辅具租用的供需缺口最小，为723；上门看病的供需缺口较大，为1828；康复训练的供需缺口较小，为808（见表5-5）。

表5-5 社区医疗机构服务供需状况

医疗服务项目	需要数量	需要比例	使用过数量	使用过比例	缺口
上门护理	1221	10.71%	125	1.10%	1096
上门看病	2138	18.76%	310	2.72%	1828
康复训练	897	7.87%	89	0.78%	808
康复辅具租用	838	7.35%	115	1.01%	723
免费体检	5554	48.73%	3410	29.92%	2144
建立健康档案	2993	26.26%	1247	10.94%	1746
健康讲座	2225	19.52%	798	7.00%	1427

资料来源：本书作者根据CLASS数据计算。

这意味着，相对于康复辅具租用和康复训练，老年人对免费体检和建立健康档案的需要更多；相对于康复训练和康复辅具租用，社区提供且老年人使用的免费体检和建立健康档案服务更多；相对于康复辅具租用和康复训练，免费体检和上门看病的供需缺口更大。

综合考虑，免费体检服务的需要数量和比例最高，使用过数量和比例最高，缺口最大，建议将免费体检列为基本养老服务项目；建立健康档案服务的需要数量和比例较高，使用过数量和比例较高，缺口居中，考虑将建立健康档案列为基本养老服务项目；健康讲座的需要数量和比例居中，使用过数量和比例居中，缺口居中，可以探索将健康讲座列为基本养老服务项目；上门看病的需要数量和比例居中，使用过数量和比例居中，缺口较大，可以探索将为特殊老人提供上门看病服务列为基本养老服务项目；上门护理的需要数量和比例居中，使用过数量和比例居中，缺口居中，可以探索将为特殊老人提供上门护理服务列为基本养老服务项目；康复训练的需要数量和比例较低，使用过数量和比例较低，缺口较小，可以探索将为特殊老人提供康复训练服务列为基本养老服务项目；康复辅具租用的需要数量和比例较低，使用过数量和比例较低，缺口较小，可以探索将为特殊老人提供康复辅具租用服务列为基本养老服务项目。

第三节　我国社会参与类服务供需状况

本书考察可供老年人社会参与的活动场所或设施的供给状况，以及老年人对文化、体育、教育活动和志愿活动的参与情况，从而判断相应的项目是否应当属于基本养老服务项目，目前的供给是否充足，今后应当以何种力度发展。

一、活动场所或设施供给状况

CLASS 问卷的问题 D11 是“您所在的社区是否有以下活动场所或者设施？”（多选），对某种活动场所或设施的选择人数占样本数量的比例能够反映某种活动场所或设施的供给率或拥有率。由于问题 D11 的第 6 个选项 D11-6 的答案均为“不知道”，将该选项剔除，分别对另外 6 个选项（D11-1、D11-2、D11-3、D11-4、D11-5、D11-7）的数据进行频数和频率的统计，得到图 5-1 中的结果。

描述性统计结果发现：（1）我国目前的活动场所或设施拥有率不高，老年活动室、健身场所/设施、棋牌（麻将）室、图书室及室外活动场地都没有的占比达 15.44%。（2）室外活动场地的拥有率最高，为 28.57%；健身场所/设施的拥有率最低，为 7.90%；老年活动室的拥有率较高，为 22.02%；图书室、棋牌（麻将）室的拥有率较低，为 10.77%、15.30%。

这意味着，我国为老年人提供社会参与类公共服务，建设活动场所或设施的任务仍然比较繁重。单从供给来看，应当首先补齐健身场所/设施、图书室建设短板，其次加强棋牌（麻将）室建设。考虑到需求，则应优先考虑存在短板且使用率较高的活动场所或设施。

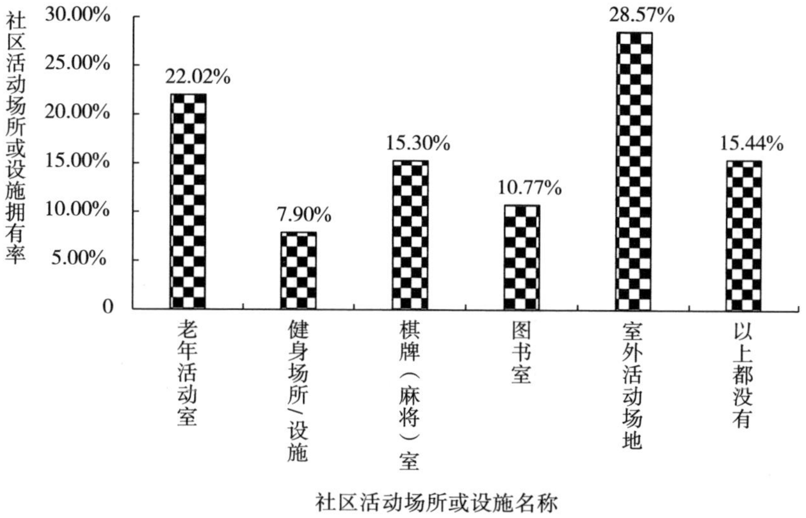

图 5-1　社区活动场所或设施拥有率

资料来源：本书作者根据 CLASS 数据计算绘制。

二、老年人教育文体活动参与状况

CLASS 问卷的问题 D15-2“过去一年中，您参加以下活动的情况是?”（不含通过网络参加的）涉及 6 种活动：宗教活动，上老年大学或者参加培训课程，看电视/听广播/读书/看报/听戏，唱歌/弹奏乐器，打麻将/下棋/打牌等，广场舞。本书仅考察后面 5 种活动，将上老年大学或者参加培训课程项目归入老年教育类，将看电视/听广播/读书/看报/听戏、唱歌/弹奏乐器项目归入老年文化类，将打麻将/下棋/打牌等、广场舞项目归入老年体育类。问题 D15-2 主要考察老年人参加教育文体活动的频率，分为几乎每天、每周至少一次、每月至少一次、一年几次、没有参加 5 个程度的频率。老年人参加某类活动的频率越高、高频率人数占样本数量的比例越高，则意味着老年人愿意参加某类活动，应当大力发展这类服务，如果目前存在短板，则应加快补齐。

描述性统计发现：（1）老年人对教育文体活动参与率不高。有 80%以上老年人没有参加老年教育类的上老年大学或者培训课程活动、老年文化类的唱歌/弹奏乐器活动和老年体育类的广场舞活动。其中，没有参加老年教育类活动人数占样本数量的比例高达 94.60%。（2）老年人对教育文体活动参与频率参差不齐。老年人对老年文化类的看电视/听广播/读书/看报/听戏活动参与频率最高，有 60.79%的老年人几乎每天都参加；对老年体育类的打麻将/下棋/打牌等参与频率较高，有 15.32%的老年人每周至少参加一次（见图 5-2）。

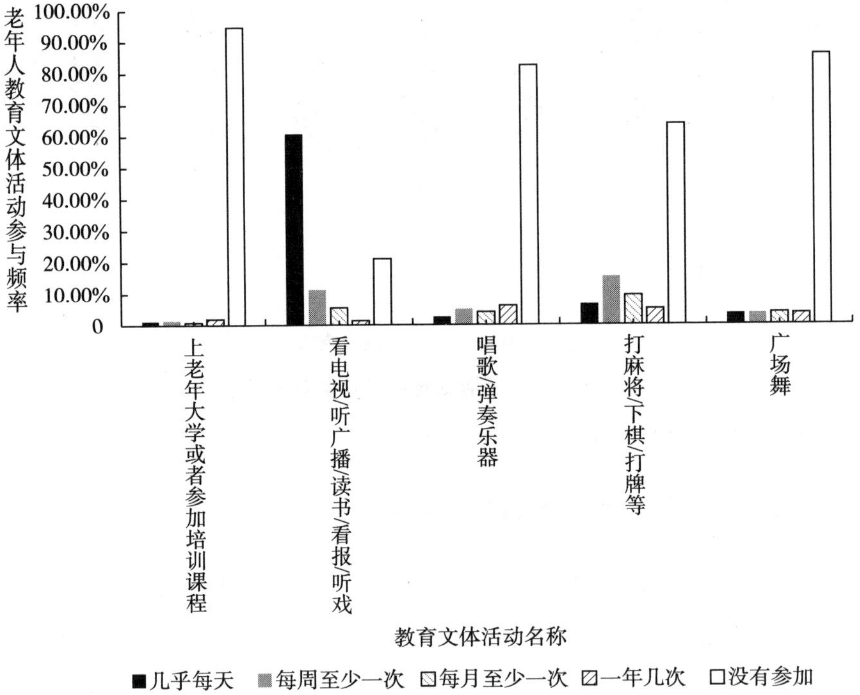

图 5-2　老年人教育文体活动参与频率

资料来源：本书作者根据 CLASS 数据计算绘制。

老年人对教育文体活动参与率不高、参与频率参差不齐，原因可能是老年人对教育文体活动服务需要不多，也可能是老年人虽有需要，但相应的教育文体活动缺少设施与服务。这就需要进一步调查，了解老年人没有参加上老年大学或者培训课程活动等的原因。如果是老年教育文体活动设施与服务供给不足，则应扩大供给，补齐设施与服务缺口。老年人参与老年文化类的看电视/听广播/读书/看报/听戏活动的频率明显较高，原因可能是上述老年文化类服务供给充分、使用便利，也可能是老年人对老年文化类服务的需要较多。如果是后者，则应适应老年人需要，扩大老年文化类服务供给，如在公共图书馆（室）、文化馆（站）、行政村（社区）综合性文化服务中心、农家书屋等配备图书、报刊和电子书刊，并免费提供借阅服务。

三、老年人志愿活动参与状况

CLASS 问卷的问题 D15“请问过去一年中，您参加以下活动的频率是?”涉及 8 种活动：社区治安巡逻，照料其他老人/小孩（如帮助购物、起居照料等），环境卫生保护，调解邻里纠纷，陪同聊天，需要专业技术的志愿服务（如义诊、文化科技推广等），关心教育下一代（不包括自己的孙子女），其他（老年人活动）。主要考察老年人参加志愿活动的频率，分为几乎每天、每周至少一次、每月至少一次、一年几次、没有参加 5 个程度的频率。老年人参加某种活动的频率越高、高频率人数占样本数量的比例越高，则意味着老年人愿意参加某种活动，应当发挥老年人在这方面的积极作用。

描述性统计表明：（1）老年人对志愿活动参与率不高。过去一年中，有 80%以上老人没有参加前 7 种志愿活动。其中，没有参加需要专业技术的志愿服务（如义诊、文化科技推广等）和没有参加照料其他老人/小孩（如帮助购物、起居照料等）的人数占样本数量的比例分别达到 89.36%、89.10%。（2）老年人对志愿活动参与频率不高。除陪同聊天外，在参加前 7 种活动中任何一种活动的老人里，参与老人的最多参与频率是一年几次或每月至少一次。老年人中一年几次参加调解邻里纠纷活动者居多，占样本数量的 9.41%，其次是需要专业技术的志愿服务，占比 8.10%。（3）老年人对陪同聊天的参与频率较高。老年人以中高频率参与陪同聊天的人数占样本数量的比例高于其他 6 种，老年人每周至少一次、几乎每天参与陪同聊天的比例分别为 4.93%、5.11%，每周至少一次、几乎每天参与社区治安巡逻的比例分别为 4.24%、3.06%（见图 5-3）。

老年人对志愿活动参与率不高、参与频率不高，除了老年人健康条件、经济条件不允许等老年人及其家庭的内部原因外，还有没人组织、不知道有这些活动、不知道怎么参加、距离太远、得不到认可等外部原因。为此应当着力消除外部原因，如积极组织、扩大宣传、就近活动、加大认可等。老年人参与陪同聊天的频率较高，为此应当大力发挥老年人在互助养老、精神慰藉等方面的积极作用。

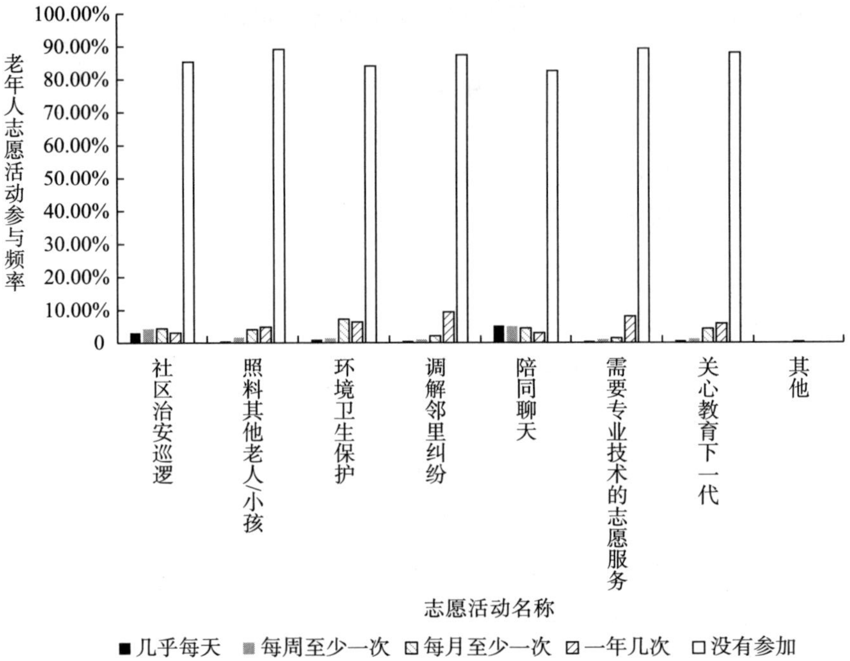

图 5-3　老年人志愿活动参与频率

资料来源：本书作者根据 CLASS 数据计算绘制。

第四节　主要发现与建议

本书依据 CLASS 数据开展实证研究，同我国宏观数据对比，发现我国在基本养老服务供给中还存在护理床位存疑、缺项和剩余并存、服务提供低效等问题，建议开展联合调查，按需调整清单，优化提供方式。

一、针对护理床位存疑，建议开展联合调查

失能老人是自然维度养老资源最少的老年人，照护服务是最核心的养老服务。建设基本养老服务体系，首先应当建设失能老人照护服务体系，并实现居家照护、社区照护和机构照护相协调。根据《2023 年民政事业发展统计公报》和 2024 年《国务院关于推进养老服务体系建设、加强和改进失能老年

人照护工作情况的报告》，截至 2023 年底，全国共有注册登记的养老机构 4.1 万个、床位 517.2 万张，养老机构护理型床位占比 58.9%。根据 CLASS 数据，选择机构养老的失能老人占 5.5%，按照 2023 年全国有 29697 万名老年人和国家卫生健康委有关政策解读①显示的失能率 16.0%计算，护理型床位疑似剩余 43 万张；按照国家卫生健康委牵头组织开展的第五次中国城乡老年人生活状况抽样调查显示的失能率 11.6%计算，护理型床位疑似剩余 115 万张。由于不同部门、不同机构按照不同失能评估标准开展的调查显示的失能率和机构养老选择差异过大，影响到我国的养老服务设施建设决策，建议有关部门尽快统一老年人能力评估标准，就老年人能力及其养老场景选择开展联合调查，摸清全国失能老人底数及其护理床位需要。做好这一基础工作后，再针对失能老人对居家、社区、机构场景下的专业照护需要，决定建设家庭养老床位、社区护理床位、机构护理床位“三张床”中的哪张床。

二、针对缺项和剩余并存，建议按需调整清单

实证研究的价值在于，能够为未来国家基本养老服务清单（以下简称“未来国家清单”）调整指明方向。调整的方向应聚焦生活照料和健康护理类别的养老服务，聚焦使用率高但供给不足的服务项目，参照实证研究与实地调研结果调整内容标准，使之更加符合老年人需要（见表 5-6）。

（一）基于对社区服务供需状况的实证研究，建议保留探访服务

建议将生活照料类的探访服务保留在未来国家清单中，探索将老年人服务热线、老年饭桌或送饭和上门做家务服务列入未来国家清单，暂缓将帮助日常购物服务列入未来国家清单。上门探访服务的提供且知情数量和比例最高，提供、知情且使用过数量和知情使用率最高，为失能老人和失独老人提供上门探访服务十分必要，国家清单包含“探访服务”项目，建议保留探访服务。老年人服务热线提供服务且知情数量和比例较高，提供、知情且使用

① 《关于开展老年护理需求评估和规范服务工作的通知》和《关于加强医疗护理员培训和规范管理工作的通知》的政策解读，http：//www.nhc.gov.cn/lljks/s7786/201908/4deb17fd9a3c486c8dc6462288d29c19.shtml.

过数量和知情使用率居中，为失能老人和失独老人提供该服务确有必要；上门做家务服务的提供、知情且使用过数量和知情使用率较高，提供且知情数量和比例居中，为失能老人、面临多维困难的无子女老人和失独老人提供该服务确有必要，建议中长期探索将老年人服务热线和上门做家务服务列入未来国家清单。老年饭桌或送饭服务的提供、知情且使用过数量和知情使用率较高，为失能老人和面临多维困难的无子女老人提供老年饭桌或送饭服务确有必要，但提供且知情数量和比例居中，建议中长期探索将老年饭桌或送饭服务列入未来国家清单并加强宣传。帮助日常购物服务的提供且知情数量和比例较低，提供、知情且使用过数量和知情使用率较低，建议暂缓将帮助日常购物列入未来国家清单。

建议探索将健康护理类的陪同看病、日托站或托老所服务和心理咨询服务列入国家清单。陪同看病和日托站或托老所服务的提供且知情数量和比例与提供、知情且使用过数量和知情使用率都不高，但为失能老人和面临多维困难的无子女老人提供这两项服务确有必要，建议探索将这两项服务列入未来国家清单，但将服务对象范围限定在失能老人和面临多维困难的无子女老人。从服务水平看，心理咨询服务介于基本养老服务与非基本养老服务之间；从实证研究看，心理咨询服务的提供且知情数量和比例与提供、知情且使用过数量和知情使用率居中，但为失能老人提供心理咨询服务确有必要，建议探索将心理咨询服务列入未来国家清单，但将服务对象范围限定在失能老人。

建议探索将社会参与类的法律援助服务列入未来国家清单。在我国现阶段，社会参与类服务属于非基本养老服务。实证研究表明，社会参与类的法律援助服务的提供且知情数量和比例较高，但提供、知情且使用过数量和知情使用率较低，可能与知情老人不符合法律援助条件有关。考虑到部分地方已将法律援助项目列入基本养老服务清单，建议中长期探索将法律援助服务列入未来国家清单。

（二）基于对健康护理类服务供需状况的实证研究，建议新增一个项目

建议短期内在未来国家清单中新增老年人健康管理服务项目，并增加辅助检查项目。考虑到老年人健康管理服务项目已在《国家基本公共卫生服务

规范（第三版）》和《国家基本公共服务标准（2023年版）》的养老助老服务中且包含体格检查和辅助检查服务内容，但未包含在国家清单中，建议短期内新增该项目，并增加辅助检查项目。

建议探索将康复辅助器具社区租赁服务和老年人居家医疗服务列入未来国家清单。考虑到我国从2018年开始开展康复辅助器具社区租赁服务试点，有的地方已将困难老年人康复辅具社区租赁服务列入基本养老服务清单，建议中长期探索将康复辅助器具社区租赁服务列入未来国家清单。国家卫生健康委2020年发出了《关于加强老年人居家医疗服务工作的通知》，要求医疗机构医务人员按照有关要求为特定人群，重点是老年患者提供诊疗服务、医疗护理、康复治疗、药学服务、安宁疗护、中医服务等上门医疗服务。考虑到老年人居家医疗服务的服务内容包括上门看病和上门护理服务，但尚未包含在《国家基本公共服务标准（2023年版）》和《国家基本公共卫生服务规范（第三版）》中，建议中长期探索将包含上门看病和上门护理服务内容的老年人居家医疗服务列入未来国家清单。

建议在未来国家清单中不再新增居民健康档案管理、健康教育、康复训练和辅助器具适配服务项目。考虑到面向辖区内常住居民的居民健康档案管理服务项目已经在《国家基本公共卫生服务规范（第三版）》中，与之类似的面向城乡居民的建立居民健康档案服务项目已经在《国家基本公共服务标准（2023年版）》的公共卫生服务中，且包含健康体检内容，建议在未来国家清单中不再新增该项目。考虑到健康教育服务项目已经在《国家基本公共卫生服务规范（第三版）》中，且包含举办健康知识讲座服务内容，与之类似的健康教育与健康素养促进服务项目已经在《国家基本公共服务标准（2023年版）》的公共卫生服务中，且包含提供健康教育服务内容，建议在未来国家清单中不再新增该项目。考虑到康复训练和辅助器具适配服务项目已经在《残疾人基本康复服务目录（2019年版）》中，与之类似的残疾人康复服务项目已经在《国家基本公共服务标准（2023年版）》的扶残助残服务中，且包含提供康复训练、辅具适配等基本康复服务内容，建议在未来国家清单中不再新增这两个项目。

（三）基于对社会参与类服务供需状况的实证研究，不建议新增项目

建议暂缓将老年教育列入未来国家清单。国家清单没有体现和回应老年人的社会参与类需要，部分地方基本养老服务清单回应老年人的社会参与类需要，设置了老年教育和文体活动服务项目。考虑到老年人没有参加上老年大学或者培训课程活动等的原因尚不明确，老年教育未在《国家基本公共服务标准（2023年版）》中，且社会参与类服务并非基本养老服务，建议暂缓将老年教育列入未来国家清单。

建议在未来国家清单中不再新增文体活动项目。考虑到“全民健身服务”项目已经在《国家基本公共服务标准（2023年版）》的公共体育服务中，包含“免费提供公园、绿地等公共场所全民健身器材”等服务内容，“送戏曲下乡”“收听广播”“观看电视”“读书看报”4个服务项目已经在《国家基本公共服务标准（2023年版）》的公共文化服务中，包含“配备图书、报刊和电子书刊”等服务内容，且社会参与类服务并非基本养老服务，建议在未来国家清单中不再新增“老年健身”和“看电视/听广播/读书/看报/听戏”等与文体活动类似的服务项目。

表5-6　调整国家基本养老服务清单的方向

类别	建议保留	建议新增	建议探索	建议暂缓	建议不再新增
生活照料	探访服务	—	老年人服务热线 老年饭桌或送饭 上门做家务	帮助日常购物	—
健康护理	—	老年人健康管理（包含免费体检）	康复辅具社区租赁 老年人居家医疗服务（包含上门看病和上门护理） 陪同看病 日托站或托老所 心理咨询	—	居民健康档案管理 健康教育（包含健康讲座） 康复训练 辅助器具适配服务
社会参与	—	—	法律援助	老年教育（包含上老年大学或者培训课程活动）	文体活动（包含看电视/听广播/读书/看报/听戏和老年健身）

资料来源：本书作者研究整理。

三、针对需而未用问题，建议优化提供方式

调研发现，老年人对部分养老服务项目有需要，社区也提供了相应的服务，但老年人使用率或参与率不高。在这里，影响老年人使用率或参与率的因素，可能不是“有没有”，而是“近不近”“知不知”“认不认”，也就是空间可及性、群众知晓度、群众认可度的问题，具体表现为提供服务地点距离老年人住所太远、老年人不知道社区提供了该项服务、老年人不认可该项服务等。针对可及性因素，建议结合老旧小区改造和完整社区建设，就近建设养老服务设施和综合服务设施，配备康复设备等，就近就便为老年人提供健康养老服务。针对群众知晓度和认可度因素，建议加大宣传力度，提高服务质量。

第六章　基本养老服务的国内借鉴

我国 2023 年印发《关于推进基本养老服务体系建设的意见》前后，全国 31 个省市区均已出台实施方案或实施意见和基本养老服务清单，其中有 20 个省市区已印发文件且能查到原文。综合考虑各地人口老龄化进程、经济发展水平与制度完善程度，选择代表性地区开展比较研究，分析代表性地区基本养老服务的服务对象、服务项目和内容标准，对我国下一步调整国家清单具有重要的借鉴价值。

第一节　人口与经济关系分类及代表性地区选择

一、人口老龄化进程

考虑到全国人口普查数据更为准确，本书未采用 2023 年人口抽查数据，而采用 2020 年人口普查数据。按照第七次全国人口普查数据，2020 年，全国有 9 个省市已经进入中度人口老龄化阶段，21 个省市区处于轻度人口老龄化阶段，1 个自治区尚未进入老龄化社会。人口老龄化程度最高的辽宁高达 25.72%，上海、黑龙江、吉林、重庆、江苏、四川、天津、山东都高于 20%。湖南、河北、内蒙古、北京、陕西、甘肃依次为 19.88%、19.85%、19.78%、19.63%、19.20%、19.20%，山西、安徽、浙江、河南、湖北、江西、广西、福建、贵州、云南、海南、宁夏、广东、青海、新疆也都进入了人口老龄化阶段。人口老龄化程度最低的西藏低至 8.52%。2020 年我国各省市区人口老龄化程度如第一章图 1-1 所示。

二、经济发展水平

考虑到同人口数据时间节点的一致性，本书对地区生产总值也未采用2023年数据，而采用2020年数据。从经济发展水平看，将31个省市区中人均地区生产总值排在前10位的省市区视为高收入省市区，排在中间10位的省市区视为中收入省市区，排在最后的11个省市区视为低收入省市区。2020年，人均地区生产总值排在前10位的依次是北京、上海、江苏、福建、天津、浙江、广东、重庆、湖北、山东，排在中间10位的依次是内蒙古、陕西、安徽、湖南、辽宁、四川、江西、河南、海南、宁夏，排在最后11位的依次是新疆、西藏、云南、青海、吉林、山西、河北、贵州、广西、黑龙江、甘肃。2020年我国各省市区人均地区生产总值如图6-1所示。

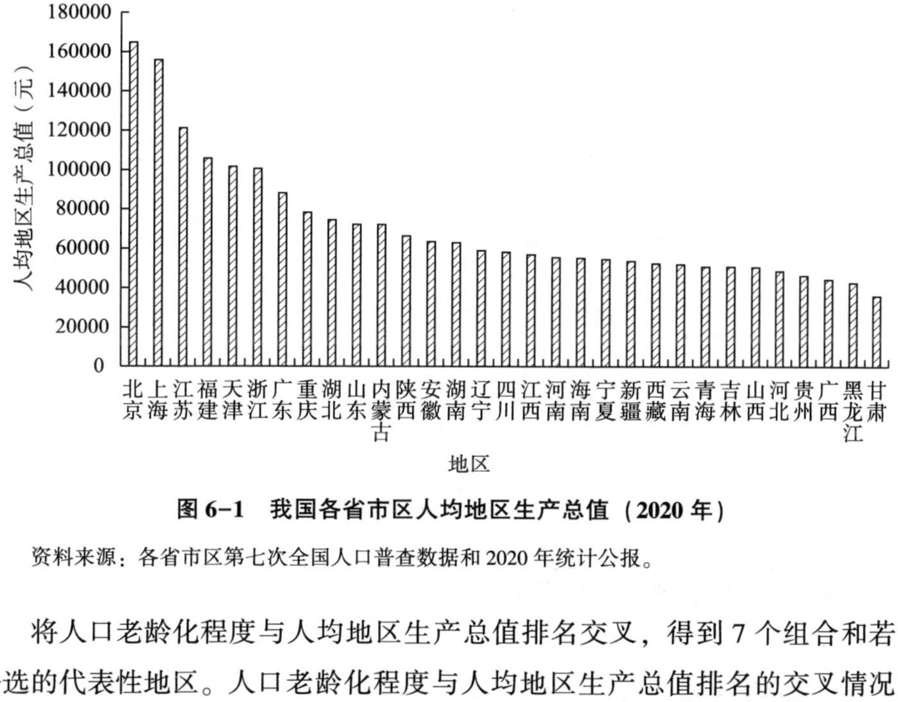

图6-1　我国各省市区人均地区生产总值（2020年）

资料来源：各省市区第七次全国人口普查数据和2020年统计公报。

将人口老龄化程度与人均地区生产总值排名交叉，得到7个组合和若干备选的代表性地区。人口老龄化程度与人均地区生产总值排名的交叉情况如表6-1所示："中度人口老龄化+高收入地区"有上海、江苏、天津、重庆、山东，"中度人口老龄化+中收入地区"有辽宁、四川，"中度人口老龄化+低收入地区"有吉林、黑龙江，"轻度人口老龄化+高收入地区"有北京、福建、浙江、广东、湖北，“轻度人口老龄化+中收入地区”有内蒙古、陕西、安徽、湖南、江西、河南、海南、宁夏，“轻度人口老龄化+低收入地区”有新疆、云南、青海、山西、河北、贵州、广西、甘肃，“未进入老龄化社会+低收入地区”是西藏。首先，考虑以上每个分组中的第一个省市区，即人口老龄化程度和人均地区生产总值在各自分组中都是最高的省市区，初步选出上海、辽宁、吉林、北京、内蒙古、新疆6个省市区。其次，不考虑尚未进入老龄化社会的西藏。最后，增补我国人口总量和地区生产总值排名前五位的省市区。考虑到广东省地处粤港澳大湾区，是我国人口第一大省、经济第一大省；山东省地处山东半岛城市群，是我国人口第二大省、经济第三大省；江苏省和浙江省地处长三角，分别是我国经济第二大省、人口第四大省和经济第四大省；河南省地处中原，是我国人口第三大省、经济第五大省；四川省地处西南，是我国人口第五大省，进一步选出广东、山东、江苏、浙江、河南、四川6个省份。

表6-1　人口老龄化程度与人均地区生产总值排名的交叉情况

人均地区生产总值	人口老龄化程度		
	未进入老龄化社会	轻度人口老龄化	中度人口老龄化
低收入地区	西藏	新疆、云南、青海、山西、河北、贵州、广西、甘肃	吉林、黑龙江
中收入地区	—	内蒙古、陕西、安徽、湖南、江西、河南、海南、宁夏	辽宁、四川
高收入地区	—	北京、福建、浙江、广东、湖北	上海、江苏、天津、重庆、山东

资料来源：各省市区2020年统计公报。

三、资料完善程度

我国2023年印发《关于推进基本养老服务体系建设的意见》前后，全国31个省市区均已印发实施意见或实施方案，其中安徽省、山东省、江苏省、河北省在2018—2020年陆续印发了地方基本养老服务清单或指导目录（见表

6-2)。在上文选出的上海、辽宁、吉林、北京、内蒙古、新疆、广东、山东、江苏、浙江、河南、四川 12 个省市区中，排除查不到文件原文的吉林省，最后选择上海、辽宁、北京、内蒙古、新疆、广东、山东、江苏、浙江、河南、四川 11 个省市区开展制度比较研究。

表 6-2　各地基本养老服务清单制定情况

地区	颁布年份	文件名称	进展
北京	2023	关于完善北京市养老服务体系的实施意见	已印发（查不到清单）
	2022	北京市基本养老服务清单（2022 年版）	已印发
天津	2023	天津市推进基本养老服务体系建设实施方案	已印发（查不到原文）
河北	2022	基本养老服务体系建设实施方案	已印发（查不到原文）
山西	2023	山西省基本养老服务体系建设实施方案	已印发
内蒙古	2023	关于推进基本养老服务体系建设的实施方案	已印发
辽宁	2023	辽宁省推进基本养老服务体系建设实施方案	已印发
吉林	2023	关于推进基本养老服务机制建设的若干措施	已印发（查不到原文）
黑龙江	2023	黑龙江省推进基本养老服务体系建设实施方案	已印发（查不到原文）
上海	2023	上海市基本养老服务清单（2023 年版）	已印发
	2024	上海市基本养老服务清单（2024 年版）	已印发
江苏	2020	江苏省基本养老服务指导性目录	已印发
	2022	江苏省基本养老服务指导性目录清单(2022 年版)	已印发
浙江	2022	关于加快建设基本养老服务体系的实施意见	已印发
安徽	2018	关于建立基本养老公共服务清单发布制度的通知	已印发
	2022	安徽省推进基本养老服务体系建设实施方案	已印发
福建	2023	福建省推进基本养老服务体系建设实施方案	已印发（查不到原文）
江西	2023	江西省基本养老服务清单（2023 年版）	已印发
山东	2020	关于发布山东省基本养老公共服务清单的通知	已印发
河南	2023	关于推进基本养老服务体系建设的实施意见	已印发
湖北	2023	关于推进基本养老服务体系建设的实施方案	已印发

续表

地区	颁布年份	文件名称	进展
湖南	2023	湖南省推进基本养老服务体系建设实施方案（2022—2025 年）	已印发
广东	2023	关于推进基本养老服务体系建设的实施意见	已印发
广西	2023	广西推进基本养老服务体系建设实施方案	已印发（查不到原文）
海南	2022	海南省推进基本养老服务体系建设的实施方案	已印发（查不到原文）
重庆	2023	关于推进基本养老服务体系建设的实施意见	已印发（查不到原文）
四川	2023	四川省推进基本养老服务体系建设实施方案	已印发
贵州	2023	贵州省推进基本养老服务体系建设实施方案	已印发
云南	2023	关于推进基本养老服务体系建设的实施方案	已印发（只查到征求意见稿）
西藏	2023	西藏自治区关于推进基本养老服务体系建设的实施方案	已印发（查不到原文）
陕西	2023	陕西省推进基本养老服务体系建设实施方案	已印发
甘肃	2021	甘肃省基本养老公共服务清单	已印发
	2022	甘肃省推进基本养老服务体系建设实施方案	已印发（查不到原文）
青海	—	—	查不到
宁夏	2023	推进基本养老服务体系建设实施方案	已印发
新疆	2023	关于加快推进基本养老服务体系建设的实施方案	已印发

资料来源：本书作者根据有关文件梳理。

本书选择的 11 个省市区按照人口老龄化进程与经济发展水平的关系可以分为 5 类。第一类是中度人口老龄化的高收入地区，包括上海、江苏和山东 3 个省市，基本养老服务项目分别有 24 项、30 项、15 项；第二类是轻度人口老龄化的高收入地区，包括北京、浙江和广东 3 个省市，基本养老服务项目分别有 33 项、21 项、29 项；第三类是中度人口老龄化的中收入地区，包括辽宁和四川 2 个省份，基本养老服务项目分别有 20 项和 23 项；第四类是轻度人口老龄化的中收入地区，包括内蒙古和河南 2 个省区，基本养老服务项目分别有 19 项和 20 项；第五类是轻度人口老龄化的低收入地区，包括新疆维吾尔自治区，基本养老服务项目有 18 项。

第二节　上海、江苏和山东的基本养老服务

同国家清单相比，上海市、江苏省基本养老服务清单服务对象范围更大、服务项目更多、服务内容更丰富、服务标准更高。上海市、江苏省和山东省属于中度人口老龄化的高收入地区，在一定程度上代表着中国式现代化背景下基本养老服务的发展方向。但由于其他类别省市区的人口老龄化程度或者人均地区生产总值低于中度人口老龄化的高收入地区，建议对上海、江苏和山东做法短期内慎重借鉴、中长期探索推广。

一、上海：基本养老服务清单的更新者

2020 年，上海市常住人口老龄化程度达 23.38%，处于中度人口老龄化阶段；人均地区生产总值达到 155768 元。同全国水平相比，上海市基本养老服务水平较高，清单更新速度较快。上海市在出台《上海市基本养老服务清单（2023 年版）》（以下简称“上海清单 2023”）后，紧接着又出台了《上海市基本养老服务清单（2024 年版）》（以下简称“上海清单 2024”）。无论是将上海市两个版本的基本养老服务清单纵向比较，还是将上海市基本养老服务清单同国家清单横向比较，都有较大的变化和特点。

（一）同国家清单横向比较：面大、项多、水平高

从服务对象看，上海市基本养老服务对象范围更大、更精细。一是上海清单 2024 有关项目在国家清单所有服务对象的基础上，扩展到“认知障碍老年人”。例如，第 2 项“老年认知障碍床位照护服务”、第 3 项“日间照护服务”、第 7 项“特殊困难老年人探访关爱服务”都向认知障碍或失智老年人提供。二是上海清单 2024 类似项目的服务对象范围更大，年龄、经济状况等门槛较低。年龄门槛方面，从国家清单第 3 项“老年人能力综合评估”的 65 周岁下调至上海清单 2024 第 10 项“老年照护统一需求评估”的 60 周岁，向“本市 60 周岁及以上具有照料护理需求申请基本养老服务相关待遇保障的人员”提供服务；从国家清单第 4 项“高龄津贴”的 80 周岁下调至上海清单

2024第15项“老年综合津贴”的65周岁。经济门槛方面，上海清单2024第18项“经济困难家庭老年人救助”，在国家清单第9项“最低社会保障”服务对象“纳入最低生活保障范围的老年人”的基础上，增加了“符合本市低收入家庭专项救助条件的老年人”和“符合本市其他社会救助项目的老年人”。三是上海清单2024类似项目的服务对象更精细。例如，上海清单2024第8项“家庭适老化改造服务”的服务对象，在国家清单第6项“家庭适老化改造”的服务对象“经济困难的老年人”的基础上，增加了经认定符合有关困难或照护等级条件的老年人，而且要求老年人家庭“对申请改造的住房拥有产权或长期使用权”，兼顾了老年人有房产与无房产的情况，避免了对老年人短期租房进行改造带来的财政资金浪费（见表6-3）。

从服务项目看，上海清单2024包含8大类别3种服务类型24个服务项目，比国家清单多8个服务项目。上海清单2024比国家清单新增10个服务项目，同时合并或重新命名了国家清单有关项目。上海清单2024将国家清单第5项“养老服务补贴”和第9项“最低社会保障”合并为第18项“经济困难家庭老年人救助”，将国家清单第10项“分散供养”和第11项“集中供养”合并为第17项“特困老年人供养”。上海清单2024将国家清单第7项“护理补贴”更名为第11项“养老服务补贴”。上海清单2024在机构养老服务类别中新增第1项“保基本养老机构照护服务”和第2项“老年认知障碍床位照护服务”，在社区养老服务类别中新增第3项“日间照护服务”和第4项“困难老年人助餐配送服务”，这4个新增项目都属于照护服务类型；在社区养老服务类别中新增第5项“困难老年人康复辅具社区租赁服务”，在居家养老服务类别中新增第6项“紧急救援服务”，在老年社会福利类别中新增第16项“老年健康管理”，在特定情形老年保障中新增第23项“老年监护服务”和第24项“突发公共事件老年人应急保障”，这5个新增项目都属于专项支持类型；在照护服务支付保障类别中新增第12项“长期护理保险”，属于物质帮助类型。

从服务内容看，上海清单2024对供需双方以多种形式提供支持，丰富服务内容。例如，上海清单2024第2项“老年认知障碍床位照护服务”的服务内容是，“政府通过支持发展专门的认知障碍照护机构或者在养老机构内设置认知障碍照护专区床位，按照认知障碍照护服务有关标准，为入住老年人提供专业照护服务”，强调对供方的支持。又如，上海清单 2024 第 22 项“计划生育特殊家庭老年人保障”的服务内容，不仅包括国家清单第 14 项“优先享受机构养老”的服务内容“同等条件下优先入住政府投资兴办的养老机构”，而且包括发放特别扶助金或奖励扶助金，综合运用服务与经济形式支持供方。

从服务水平看，上海市不少基本养老服务项目的标准都要高于全国平均水平和其他地方水平。例如，上海清单 2024 第 14 项“城乡居民基本养老保险”提供的基础养老金水平不低于 1400 元/月，高于同期全国基础养老金最低标准 98 元/月。又如，在发放特别扶助金或奖励扶助金的省市区中，上海市标准最高，上海市独生子女伤残家庭特别扶助金标准为，60—69 岁 820 元/人/月，70 岁及以上 870 元/人/月；独生子女死亡家庭特别扶助金标准为，60—69 岁 1010 元/人/月，70 岁及以上 1060 元/人/月；农村部分计划生育家庭奖励扶助金标准为 2100 元/人/年。

表 6-3　上海清单 2024 同国家清单比较

<table>
<tr><th colspan="4">上海清单 2024</th><th rowspan="2">国家清单服务项目</th><th rowspan="2">上海清单增加项目</th></tr>
<tr><th>类别</th><th>服务对象</th><th>服务类型</th><th>服务项目</th></tr>
<tr><td rowspan="2">（一）机构养老服务</td><td>本市户籍 60 周岁及以上，经老年照护统一需求评估，其身体状况达到相应照护等级的老年人</td><td>照护服务</td><td>1. 保障基本养老机构照护服务</td><td></td><td>1. 保障基本养老机构照护服务</td></tr>
<tr><td>本市户籍 60 周岁及以上，经医疗诊断或专业评估符合照护服务有关条件的认知障碍老年人</td><td>照护服务</td><td>2. 老年认知障碍床位照护服务</td><td></td><td>2. 老年认知障碍床位照护服务</td></tr>
<tr><td rowspan="3">（二）社区养老服务</td><td>本市户籍 60 周岁及以上，失能、认知障碍、高龄等经评估有照料需求的老年人</td><td>照护服务</td><td>3. 日间照护服务</td><td></td><td>3. 日间照护服务</td></tr>
<tr><td>本市户籍 60 周岁及以上，经济困难的失能、高龄等生活自理困难的老年人</td><td>照护服务</td><td>4. 困难老年人助餐配送服务</td><td></td><td>4. 困难老年人助餐配送服务</td></tr>
<tr><td>本市户籍 75 周岁及以上老年人；本市户籍 60—74 周岁的低保、低收入老年人以及经上海市老年照护统一需求评估具有二级及以上照护等级的老年人</td><td>专项支持</td><td>5. 困难老年人康复辅具社区租赁服务</td><td></td><td>5. 困难老年人康复辅具社区租赁服务</td></tr>
</table>

续表

上海清单 2024				国家清单服务项目	上海清单增加项目
类别	服务对象	服务类型	服务项目		
（三）居家养老服务	本市户籍 80 周岁及以上高龄独居等老年人	专项支持	6. 紧急救援服务		6. 紧急救援服务
	本市独居、失能（失智）、重残、纯老家庭、计划生育特殊家庭的老年人	专项支持	7. 特殊困难老年人探访关爱服务	12. 探访服务	
	本市户籍 60 周岁及以上，经认定符合有关困难或照护等级条件，且对申请改造的住房拥有产权或长期使用权、改造内容符合要求的老年人家庭	专项支持	8. 家庭适老化改造服务	6. 家庭适老化改造	
	本市户籍 60 周岁及以上生活不能自理的老年人	专项支持	9. 家庭照料者培训	8. 家庭养老支持服务	
（四）照护服务支付保障	本市 60 周岁及以上具有照料护理需求申请基本养老服务相关待遇保障的人员，具体包括： 1. 参加本市职工基本医疗保险或本市城乡居民基本医疗保险的本市老年人； 2. 未参加本市职工基本医疗保险和城乡居民基本医疗保险的本市户籍老年人	照护服务	10. 老年照护统一需求评估	3. 老年人综合能力评估	
	本市户籍 60 周岁及以上，经济状况达到规定条件，经老年照护统一需求评估，其身体状况达到相应照护等级的老年人	物质帮助	11. 养老服务补贴	7. 护理补贴	
	经老年照护统一需求评估，其身体状况达到二至六级照护等级且在评估有效期内的本市参保老年人	物质帮助	12. 长期护理保险		12. 长期护理保险

续表

上海清单 2024				国家清单服务项目	上海清单增加项目
类别	服务对象	服务类型	服务项目		
(五)基本养老保险	参加本市企业职工基本养老保险、机关事业单位基本养老保险的老年人	物质帮助	13. 职工基本养老保险	1. 职工基本养老保险	
	不属于职工基本养老保险制度覆盖范围的本市户籍城乡老年人	物质帮助	14. 城乡居民基本养老保险	2. 城乡居民基本养老保险	
(六)老年社会福利	本市户籍65周岁及以上老年人	物质帮助	15. 老年综合津贴	4. 高龄津贴	
	本市65周岁及以上老年常住人口	专项支持	16. 老年健康管理		16. 老年健康管理
(七)老年社会救助	符合本市特困人员救助供养条件的老年人	照护服务	17. 特困老年人供养	10. 分散供养 11. 集中供养	
	1. 符合本市城乡居民最低生活保障家庭条件的老年人 2. 符合本市低收入家庭专项救助条件的老年人 3. 符合本市其他社会救助项目的老年人	物质帮助	18. 经济困难家庭老年人救助	5. 养老服务补贴 9. 最低社会保障	
	本市生活无着的流浪、乞讨老年人	物质帮助	19. 流浪乞讨老年人生活救助	16. 社会救助	
(八)特定情形老年保障	本市户籍60周岁及以上的1—4级残疾军人，以及符合条件的享受国家抚恤补助的优抚对象	照护服务	20. 重点优抚对象老年保障	13. 集中供养	
	本市户籍60周岁及以上，持本市核发《中华人民共和国残疾人证》，符合困难残疾人生活补贴和重度残疾人护理补贴条件的老年残疾人	物质帮助	21. 残疾老年人保障	15. 困难残疾人生活补贴和重度残疾人护理补贴	

续表

上海清单 2024				国家清单服务项目	上海清单增加项目
类别	服务对象	服务类型	服务项目		
（八）特定情形老年保障	本市户籍 60 周岁及以上，符合本市计划生育特别扶助条件和本市农村部分计划生育家庭奖励扶助条件的老年人	物质帮助	22. 计划生育特殊家庭老年人保障	14. 优先享受机构养老	
	本市户籍年满 60 周岁，依照有关法律法规符合国家公职监护、临时监护等条件的老年人	专项支持	23. 老年监护服务		23. 老年监护服务
	本市 80 周岁及以上高龄独居等特殊困难老年人	专项支持	24. 突发公共事件老年人应急保障		24. 突发公共事件老年人应急保障

资料来源：本书作者根据有关文件整理。

（二）同本地清单纵向比较：扩面、调标

一是服务对象范围扩大。第 5 项“困难老年人康复辅具社区租赁服务”的服务对象在“本市户籍 75 周岁及以上或 60—74 周岁的低保、低收入老年人”的基础上，增加了“本市户籍 60—74 周岁经上海市老年照护统一需求评估具有二级及以上照护等级的老年人”，兼顾了在自然维度缺乏养老资源的老年人的需要。第 7 项“特殊困难老年人探访关爱服务”的服务对象增加了失智，且不再强调户籍，将“本市户籍独居、纯老、失能、重残、计划生育特殊家庭等老年人”调整为“本市独居、失能（失智）、重残、纯老家庭、计划生育特殊家庭的老年人”（见表 6-4）。

二是服务内容更加优化。第 7 项“特殊困难老年人探访关爱服务”的服务内容强调督促赡养人、扶养人履行赡养、扶养义务，并且明确“根据实际需要提供居家安全、精神慰藉、政策资源链接、需求转介和必要救援等服务”。第 20 项“重点优抚对象老年保障”将提供主体明确为“荣军院等集中供养场所”。

三是服务标准有所变化。部分项目保障标准提高。例如，第 14 项“城乡居民基本养老保险”的基础养老金标准从“不低于 1300 元/月”提高到“不低于 1400 元/月”，第 17 项“特困老年人供养”的特困人员日常生活供养标

准从“1850元/人/月”提高至“1970元/人/月”，第18项“经济困难家庭老年人救助”的城乡低保标准从“1420元/人/月”提高至“1510元/人/月”。部分项目保障标准下调。例如，第8项“家庭适老化改造服务”的保障标准从“最高补贴额度为3500元”调整为“其中产品服务包最高补贴3000元”。部分项目保障标准倾向分层分类补贴。例如，第5项“困难老年人康复辅具社区租赁服务”的保障标准从“一刀切”的给予辅具租赁服务价格50%的补贴（每人每年上限为3000元），调整为按照有关分层分类补贴的规定执行。部分项目保障标准得以明确。例如，将第19项“流浪乞讨老年人生活救助”的保障标准明确为“1510元/人/月”。

表6-4　上海市基本养老服务清单更新内容

服务项目		上海清单2023	上海清单2024
5	困难老年人康复辅具社区租赁服务	服务对象： 本市户籍75周岁及以上或60—74周岁的低保、低收入老年人 保障标准： 租赁《上海市康复辅助器具社区租赁（试点）产品目录》中的产品，给予辅具租赁服务价格50%的补贴（每人每年上限为3000元）	服务对象： 本市户籍75周岁及以上老年人；本市户籍60—74周岁的低保、低收入老年人以及经上海市老年照护统一需求评估具有二级及以上照护等级的老年人 保障标准： 按照《上海市民政局、上海市财政局关于进一步推进本市康复辅助器具社区租赁服务工作的通知》（沪民规〔2023〕7号）相关规定执行
7	特殊困难老年人探访关爱服务	服务对象： 本市户籍独居、纯老、失能、重残、计划生育特殊家庭等老年人 服务内容： 政府主导，社会共同参与，通过定期上门入户、电话视频、远程监测等方式，了解掌握特殊困难老年人居家生活情况，支持赡养人、扶养人履行赡养、扶养义务，并根据实际需要提供政策宣传讲解、需求转介和必要救援等服务。具体由各区、各街镇组织实施	服务对象： 本市独居、失能（失智）、重残、纯老家庭、计划生育特殊家庭的老年人 服务内容： 政府主导，社会共同参与，通过定期上门入户、电话视频、远程监测等方式，了解掌握特殊困难老年人居家生活情况，督促赡养人、扶养人履行赡养、扶养义务，并根据实际需要提供居家安全、精神慰藉、政策资源链接、需求转介和必要救援等服务。具体由各区、各街镇组织实施

续表

服务项目		上海清单 2023	上海清单 2024
8	家庭适老化改造服务	保障标准： 按照《关于全面推进本市居家环境适老化改造工作的通知》（沪民养老发〔2021〕17 号）等相关规定执行，每户家庭按一定比例享受定额市级补贴，最高补贴额度为 3500 元	保障标准： 按照《关于全面推进本市居家环境适老化改造工作的通知》（沪民养老发〔2021〕17 号）等相关规定执行，每户家庭按一定比例享受定额市级补贴，其中产品服务包最高补贴 3000 元
14	城乡居民基本养老保险	保障标准： 1. 目前基础养老金水平不低于 1300 元/月 2. 为困难群体老年人，目前按照 500 元/人/年的标准代缴部分养老保险费，其中，政府代缴 445 元，个人负担 55 元	保障标准： 1. 目前基础养老金水平不低于 1400 元/月 2. 为符合参保条件的困难群体老年人，按规定代缴部分养老保险费
17	特困老年人供养	保障标准： 按照《上海市民政局、上海市财政局关于调整本市最低生活保障标准及相关社会救助标准的通知》（沪民规〔2022〕9 号）等相关规定执行，特困人员日常生活供养标准为 1850 元/人/月（分散供养和集中供养为统一标准）。医疗、丧葬及生活照料等方面按照相关规定标准执行	保障标准： 按照《上海市民政局、上海市财政局关于调整本市最低生活保障标准及相关社会救助标准的通知》（沪民规〔2023〕6 号）等相关规定执行，特困人员日常生活供养标准为 1970 元/人/月（分散供养和集中供养为统一标准）。医疗、丧葬及生活照料等方面按照相关规定标准执行
18	经济困难家庭老年人救助	保障标准： 1. 按照《上海市民政局、上海市财政局关于调整本市最低生活保障标准及相关社会救助标准的通知》（沪民规〔2022〕9 号）等相关规定执行，城乡低保标准 1420 元/人/月 2. 低收入家庭专项救助按照医疗、住房等相关规定标准执行 3. 临时救助、支出型贫困救助、受灾人员救助等按照相关规定标准执行	保障标准： 1. 按照《上海市民政局、上海市财政局关于调整本市最低生活保障标准及相关社会救助标准的通知》（沪民规〔2023〕6 号）等相关规定执行，城乡低保标准为 1510 元/人/月 2. 低收入家庭专项救助按照医疗、住房等相关规定标准执行 3. 临时救助、支出型贫困救助、受灾人员救助等按照相关规定标准执行

续表

服务项目		上海清单 2023	上海清单 2024
19	流浪乞讨老年人生活救助	按照国务院《城市生活无着的流浪乞讨人员救助管理办法》和《上海市社会救助条例》等执行	按照国务院《城市生活无着的流浪乞讨人员救助管理办法》和《上海市社会救助条例》等执行。按照《上海市民政局 上海市财政局关于调整本市最低生活保障标准及相关社会救助标准的通知》（沪民规〔2023〕6号）等相关规定执行，基本生活救助标准为1510元/人/月
20	重点优抚对象老年保障	服务内容： 1. 通过建设荣军院等集中供养场所，免费提供医疗、护理、康复、疗养等集中供养服务 2. 同等情况下优先入住保基本养老机构（床位）	服务内容： 1. 由荣军院等集中供养场所免费提供医疗、康复、护理、疗养等集中供养服务 2. 同等情况下优先入住保基本养老机构（床位）

资料来源：本书作者根据有关文件整理。

二、江苏：基本养老服务清单的探索者

2020—2022年，江苏省常住人口老龄化程度从21.84%提高至23.68%，处于中度人口老龄化阶段；人均地区生产总值从121231元提高至144390元。2023年，江苏省参考国家清单，在2020年《江苏省基本养老服务指导性目录》的基础上调整完善，制定了《江苏省基本养老服务指导性目录清单（2022年版）》（以下简称“江苏清单2022”）。同国家清单相比，江苏清单2022没有将基本养老服务项目划分为几种服务类型，但服务项目数量更多，类似服务项目的服务对象范围更大、服务标准更高。

（一）服务对象范围大于国家清单

从服务对象看，江苏省基本养老服务对象范围更大、更精准。江苏清单2022类似项目的服务对象范围更大，在国家清单基础上，扩展到“失智老年人”。例如，江苏清单2022第27项“失能（失智）老年人家庭成员照护培训”的服务对象在国家清单第8项“家庭养老支持服务”的服务对象“失能老年人家庭成员”的基础上，增加了失智老年人家庭成员；第29项“优先入住公办养老机构”的服务对象在国家清单第13项“集中供养”的服务对象

“对国家和社会作出特殊贡献的老年人”和第14项“优先享受机构养老”的服务对象“计划生育特殊家庭老年人”的基础上，增加了经济困难的空巢、独居、失能（失智）、残疾、高龄老年人（见表6-5）。

（二）服务项目数量多于国家清单

江苏清单2022未按照类别或服务类型分类，包含30个服务项目，比国家清单多14个。江苏清单2022比国家清单新增13个服务项目，同时将国家清单中的第15项“困难残疾人生活补贴和重度残疾人护理补贴”项目拆分为第23项“重度残疾人护理补贴”项目和第24项“困难残疾人生活补贴”项目。按照本书的分类别标准，江苏清单2022比国家清单新增的生活照料类服务项目包括第14项“居家上门服务”和第25项“计划生育特别扶助金”；新增的健康护理类服务项目包括第3项“就医便利服务”和第10项“健康管理服务”；新增的社会参与类服务项目包括第1项“提供社区活动场所”、第4项“老年教育服务”、第6项“乘坐城市公共交通工具”、第7项“参观公园和公共文化设施”和第8项“参观旅游景点”，以及满足老年人安全需要的第15项“公证服务”和第16项“法律诉讼服务”。按照有的省市区的分类型标准，江苏清单2022比国家清单新增关爱服务类型服务项目，包括第2项“‘银发顾问’服务”和第5项“自愿随子女迁移户口”。

（三）服务内容较国家清单更丰富

与服务项目数量众多相对应，江苏省基本养老服务内容也比国家清单更丰富。例如，第2项“银发顾问”服务为有需求的老年人提供养老政策咨询、资源链接、服务推荐等顾问服务；第6项“乘坐城市公共交通工具”对60周岁及以上老年人乘坐城市公共交通工具减半支付乘车费用，对70周岁及以上老年人乘坐城市公共交通工具免除乘车费用；第8项“参观旅游景点”允许70周岁及以上老年人免费进入政府投资、建设和管理的旅游景点；第14项“居家上门服务”对符合当地规定的经济困难的高龄、失能老年人，通过政府购买服务的方式引入第三方专业服务组织，提供助餐、助洁、助浴、助医、助行等居家上门服务；第15项“公证服务”对经济困难且符合法律援助条件的老年人申办公证，减免公证费；第25项“计划生育特别扶助金”对60周岁及以上独生子女死亡和伤残特别扶助对象，分别按 900 元/人/月和 800 元/人/月标准发放特别扶助金。

（四）服务标准层次更多水平更高

同样的基本养老服务项目，江苏清单 2022 比国家清单服务层次更多。例如，江苏清单 2022 第 11 项“尊老金”将老年人按年龄分为“本地户籍 80—99 周岁老年人”和“本地户籍 100 周岁及以上老年人”两个群体，对前者“按户籍所在地确定标准发放尊老金”，对后者按不低于 300 元/人/月标准发放尊老金。同样的基本养老服务项目，江苏省服务水平高于全国平均水平。例如，江苏清单 2022 第 23 项“重度残疾人护理补贴”按城镇不低于 130 元/人/月、农村不低于 90 元/人/月的标准，发放重度残疾老年人护理补贴。2022 年，江苏省重度残疾人护理补贴平均标准为 120.4 元/人/月，高于全国重度残疾老年人护理补贴平均标准 119.6 元/人/月。

表 6-5　江苏清单 2022 同国家清单比较

江苏清单 2022		国家清单服务项目	江苏清单增加项目
服务对象	服务项目		
60 周岁及以上老年人	1. 提供社区活动场所		1. 提供社区活动场所
	2. “银发顾问”服务		2. “银发顾问”服务
	3. 就医便利服务		3. 就医便利服务
	4. 老年教育服务		4. 老年教育服务
	5. 自愿随子女迁移户口		5. 自愿随子女迁移户口
60 周岁及以上老年人 70 周岁及以上老年人	6. 乘坐城市公共交通工具		6. 乘坐城市公共交通工具
60 周岁及以上老年人	7. 参观公园和公共文化设施		7. 参观公园和公共文化设施
70 周岁及以上老年人	8. 参观旅游景点		8. 参观旅游景点
有需求的 65 周岁及以上老年人	9. 老年人能力综合评估	3. 老年人能力综合评估	
65 周岁及以上老年人	10. 健康管理服务		10. 健康管理服务

续表

<table>
<tr><th colspan="2">江苏清单 2022</th><th rowspan="2">国家清单
服务项目</th><th rowspan="2">江苏清单增加项目</th></tr>
<tr><th>服务对象</th><th>服务项目</th></tr>
<tr><td>本地户籍 80—99 周岁老年人</td><td rowspan="2">11. 尊老金</td><td rowspan="2">4. 高龄津贴</td><td rowspan="2"></td></tr>
<tr><td>本地户籍 100 周岁及以上老年人</td></tr>
<tr><td rowspan="2">符合条件的 60 周岁及以上老年人</td><td>12. 职工基本养老保险</td><td>1. 职工基本养老保险</td><td></td></tr>
<tr><td>13. 城乡居民基本养老保险</td><td>2. 城乡居民基本养老保险</td><td></td></tr>
<tr><td>符合当地规定的经济困难的高龄、失能老年人</td><td>14. 居家上门服务</td><td></td><td>14. 居家上门服务</td></tr>
<tr><td rowspan="2">符合条件的 60 周岁及以上老年人</td><td>15. 公证服务</td><td></td><td>15. 公证服务</td></tr>
<tr><td>16. 法律诉讼服务</td><td></td><td>16. 法律诉讼服务</td></tr>
<tr><td>老年烈士遗属、因公牺牲军人遗属、病故军人遗属和进入老年的残疾军人、复员军人、退伍军人，无法定赡养扶养人或者其法定义务人无赡养扶养能力且享受国家定期抚恤补助待遇的老年优抚对象</td><td>17. 优抚供养</td><td>13. 集中供养</td><td></td></tr>
<tr><td>无劳动能力、无生活来源、无法定赡养扶养义务人或者其法定义务人无履行义务能力，自愿选择在家供养的 60 周岁及以上特困老年人</td><td>18. 分散特困供养</td><td>10. 分散供养</td><td></td></tr>
<tr><td>无劳动能力、无生活来源、无法定赡养扶养义务人或者其法定义务人无履行义务能力的，自愿选择集中供养以及因失能等原因需要机构专业照护服务的 60 周岁及以上特困老年人</td><td>19. 集中特困供养</td><td>11. 集中供养</td><td></td></tr>
<tr><td>低保家庭中的 60 周岁及以上老年人</td><td>20. 最低生活保障</td><td>9. 最低社会保障</td><td></td></tr>
</table>

续表

江苏清单 2022		国家清单服务项目	江苏清单增加项目
服务对象	服务项目		
低保对象和分散供养的特困对象中 80 周岁及以上的老年人、低保家庭和低保标准 2 倍以内低收入家庭中 60 周岁及以上的失独老人	21. 养老服务补贴	5. 养老服务补贴	
低保对象中经老年人能力综合评估认定为失能的 60 周岁及以上老年人	22. 养老护理补贴	7. 护理补贴	
残疾等级评定为一级、二级且需要长期照护的重度残疾老年人	23. 重度残疾人护理补贴	15. 困难残疾人生活补贴和重度残疾人护理补贴	
经认定符合条件的困难残疾老年人	24. 困难残疾人生活补贴		
60 周岁及以上独生子女死亡特别扶助对象	25. 计划生育特别扶助金		25. 计划生育特别扶助金
60 周岁及以上独生子女伤残特别扶助对象			
分散供养特困老年人家庭以及低保对象中高龄、失能、重度残疾的老年人家庭	26. 家庭适老化改造	6. 家庭适老化改造	
失能（失智）老年人家庭成员	27. 失能（失智）老年人家庭成员照护培训	8. 家庭养老支持服务	
居家的空巢、独居、留守、失能（失智）、计划生育特殊家庭等特殊困难老年人	28. 居家探访关爱服务	12. 探访服务	
经济困难的空巢、独居、失能（失智）、残疾、高龄以及计划生育特殊家庭老年人、为国家和社会作出特殊贡献的老年人	29. 优先入住公办养老机构	14. 优先享受机构养老	
生活无着的流浪、乞讨老年人	30. 流浪乞讨救助	16. 社会救助	

注：“服务内容及标准”“牵头责任部门”两栏省略。

资料来源：本书作者根据有关文件整理。

三、山东：基本养老服务清单的探路者

2020—2023 年，山东省人口老龄化程度从 20.90%提高至 23.62%，处于中度人口老龄化阶段；人均地区生产总值从 72151 元提高至 90950 元。山东省不属于前两批试点，但是后来居上，从落实 2019 年国办发 5 号文并给出制定清单的时间表，到出台省级养老服务条例，再到发布省级清单，仅用了 2 年时间。2019 年，山东省人民政府办公厅印发了《关于推进养老服务发展的实施意见》，要求健全基本养老公共服务清单制度，重点保障高龄、失能、伤残、贫困、计划生育特殊家庭等困难老年人的养老服务需求。2020 年 3 月，山东省人民代表大会常务委员会通过了《山东省养老服务条例》，规定“县级以上人民政府应当定期发布基本养老公共服务清单”；5 月，山东省民政厅等十一部门发布《山东省基本养老公共服务清单》（以下简称“山东清单”）。由于制定较早，山东清单同国家清单相比缺项和增项都比较多，服务对象范围有大有小，但服务内容更加丰富。

（一）服务对象范围有大有小

一是服务对象范围扩大到供给方。同国家清单相比，山东清单的服务对象不仅包括老年人，而且包括符合条件的养老服务项目或机构，如山东清单第 12 项“养老服务资金安排”、第 13 项“养老服务机构奖补”和第 14 项“养老服务机构税费减免”。二是有的项目的服务对象范围不是聚焦到点上，而是发散到面上。例如，国家清单第 9 项“最低社会保障”针对获得最低生活保障金后生活仍有困难的老年人，山东清单第 3 项“经济困难老年人补贴”面向 60—99 周岁低保老年人（见表 6-6）。三是有的项目的服务对象范围小于国家清单。例如，国家清单第 4 项“高龄津贴”的服务对象是 80 周岁及以上老年人，山东清单第 7 项“百岁老人长寿补贴”则将服务对象规定为 100 周岁及以上老年人，允许有条件的地方将范围扩大到 80 周岁以上老年人。

（二）服务项目数量与国家清单相当

山东清单包含 4 大类别 15 个服务项目，比国家清单少 1 个服务项目，其中新增 8 个、减少 9 个。山东清单包括特困老年人兜底保障、困难老年人养

老服务、普惠型老年人服务和优待、养老服务优惠扶持 4 大类别。按照本书的分类别标准，山东清单比国家清单新增的生活照料类服务项目是第 15 项“社区养老服务设施配建”，新增的健康护理类服务项目是第 8 项“老年人健康管理”，新增的社会参与类服务项目包括第 9 项“老年人文体休闲优待”、第 10 项“老年人生活服务优待”和第 11 项“老年人法律援助”。山东清单新增的对养老服务项目和机构的优惠扶持类服务项目包括第 12 项“养老服务资金安排”、第 13 项“养老服务机构奖补”和第 14 项“养老服务机构税费减免”。按照本书的分类别标准，山东清单比国家清单减少的生活照料类服务项目包括第 1 项“职工基本养老保险”、第 2 项“城乡居民基本养老保险”、第 13 项“集中供养”（针对为国家和社会作出特殊贡献的老年人）、第 14 项“优先享受机构养老”和第 16 项“社会救助”，减少的健康护理类服务项目包括第 3 项“老年人能力综合评估”、第 7 项“护理补贴”和第 8 项“家庭养老支持服务”，减少的生活照料和健康护理类服务项目是未予拆分的第 15 项“困难残疾人生活补贴和重度残疾人护理补贴”。需要说明的是，减少的服务项目虽然未在山东清单中体现，但多数在山东省其他文件中有规定且已实施。

（三）服务内容比国家与其他地方清单更丰富

与新增的基本养老服务项目相对应，山东省基本养老服务内容也比国家清单更丰富。例如，第 9 项“老年人文体休闲优待”不仅规定“政府兴办或者支持的公园、景点免购门票”，老年人“免费进入公共文化馆、图书馆、博物馆、科技馆、美术馆、展览馆、纪念馆等场所”，而且规定“社会力量兴办的公园、景点，70 周岁以上的免购门票，不满 70 周岁的半价购票；政府兴办或者支持的公共体育健身场所，按照时段免费或者优惠”。山东省将提供服务的主体扩大到社会力量，将提供服务的场所扩大到政府兴办或者支持的公共体育健身场所，这同其他地方清单相比，也包含了更多的服务内容。

表 6-6　山东清单同国家清单比较

山东清单			国家清单服务项目	山东清单增加项目
类别	服务对象	服务项目		
特困老年人兜底保障	无劳动能力、无生活来源、无法定赡养扶养义务人，或其法定赡养扶养义务人无履行义务能力的老年人	1. 特困老年人供养标准	10. 分散供养	
		2. 特困老年人供养方式	11. 集中供养	
	60—99 周岁低保老年人	3. 经济困难老年人补贴	9. 最低社会保障	
困难老年人养老服务	困难老年人	4. 为困难老年人购买居家养老服务	5. 养老服务补贴	
	特困、建档立卡范围的高龄、失能、残疾老年人家庭	5. 为特殊困难老年人家庭实施适老化改造	6. 家庭适老化改造	
	独居、空巢、农村留守、计划生育特殊家庭老年人	6. 特殊家庭的老年人巡访关爱	12. 探访服务	
普惠型老年人服务和优待	100 周岁及以上老年人	7. 百岁老人长寿补贴	4. 高龄津贴	
	65 周岁及以上老年人	8. 老年人健康管理		8. 老年人健康管理
	60 周岁以上老年人	9. 老年人文体休闲优待		9. 老年人文体休闲优待
		10. 老年人生活服务优待		10. 老年人生活服务优待
		11. 老年人法律援助		11. 老年人法律援助
养老服务优惠扶持	符合条件养老服务项目和机构	12. 养老服务资金安排		12. 养老服务资金安排
		13. 养老服务机构奖补		13. 养老服务机构奖补
		14. 养老服务机构税费减免		14. 养老服务机构税费减免
	老年人	15. 社区养老服务设施配建		15. 社区养老服务设施配建

资料来源：本书作者根据有关文件整理。

四、评价与借鉴

（一）适时调整服务对象

强化自然维度的身体状况门槛，短期内充分考虑失能失智老人需要，将有关项目的服务对象扩展到失智（认知障碍）老人。上海清单 2024 的“保基本养老机构照护服务”要求服务对象的身体状况达到相应照护等级，“家庭适老化改造服务”将经认定符合有关照护等级条件的老年人列为服务对象，国家清单在确定有关项目的服务对象时也应当强化照护等级标准。同为中度人口老龄化的高收入地区的上海市和江苏省，乃至后文轻度人口老龄化且高收入的北京市，都非常重视对失智老年人的基本养老服务，“十五五”国家基本养老服务清单也应当将有关项目的服务对象扩展到失智老年人。例如，上海清单 2024 的“老年认知障碍床位照护服务”“日间照护服务”和“特殊困难老年人探访关爱服务”都向认知障碍或失智老年人提供，江苏清单 2022 的“居家探访关爱服务”和“失能（失智）老年人家庭成员照护培训”都向失智老年人或其家庭成员提供。

弱化自然维度的年龄标准和社会维度的居住状况标准，短期内不建议将经济困难的高龄、独居、空巢老年人扩展为国家清单中“优先享受机构养老”项目的服务对象。考虑到高龄、独居、空巢老年人范围大、人数多，而经济困难认定难，短期内不建议借鉴中度人口老龄化且高收入的江苏省“优先入住公办养老机构”项目将服务对象扩展至经济困难的高龄、独居、空巢老年人的做法。考虑到国家清单已有做法，建议在“十五五”国家清单中将“经济困难的失能、失智老年人和计划生育特殊家庭老年人”列为“优先享受机构养老”项目的服务对象。

在自然维度强化身体状况门槛和弱化年龄标准成为共识后，长期内将有关项目的服务对象年龄门槛降低到同老年人标准一致。考虑失能、残疾老年人人数及其变化趋势，建议中长期借鉴上海做法，将国家清单中“老年人能力综合评估”项目的年龄门槛从 65 周岁下调至 60 周岁，向具有照料护理需求、申请基本养老服务相关待遇保障的老年人提供该项服务。

（二）综合调整服务项目

布局建设失智老年人照护服务设施，为增加失智老年人照护服务项目提前准备。上海市在上海清单2024中新增“老年认知障碍床位照护服务”，要求政府支持发展专门的认知障碍照护机构或者在养老机构内设置认知障碍照护专区床位。考虑到未来我国老年人口的身体素质变化，在全国层面也应当摸清失智老年人底数，在“十五五”期间规划建设专门的失智老年人照护机构或者养老机构内设失智老年人照护专区床位。具体是支持供方还是支持需方，是建设公办机构还是支持民办机构，不宜完全借鉴中度人口老龄化且高收入的上海经验，需要结合全国财力进一步探索。

考虑到上海清单2024新增的“计划生育特殊家庭老年人保障”和江苏清单2022新增的“计划生育特别扶助金”服务虽未包含在国家基本养老服务清单中，但已在《国家基本公共服务标准（2023年版）》的计划生育扶助服务中，建议在国家清单中不再新增“计划生育家庭特别扶助”服务项目。

第三节 北京、浙江和广东的基本养老服务

同国家基本养老服务清单相比，北京市、浙江省和广东省基本养老服务清单服务项目更多、服务内容更丰富。考虑到2020年的北京市、浙江省和广东省属于轻度人口老龄化的高收入地区，其他类别省市区要么人口老龄化程度高于轻度人口老龄化的高收入地区，要么人均GDP低于轻度人口老龄化的高收入地区，在借鉴北京市、浙江省和广东省做法时需要慎重，不宜“吊高胃口”。

一、北京：基本养老服务的领跑者

2020—2023年，北京市人口老龄化程度从19.63%提高至22.60%，进入中度人口老龄化阶段；人均地区生产总值从164889元提高至200205元。北京市根据中共中央办公厅、国务院办公厅《关于推进基本养老服务体系建设的意见》和北京市人民政府办公厅印发的《关于加快推进养老服务发展的实施

方案》，在《北京市基本养老服务清单（2021 年版）》基础上，修订形成了《北京市基本养老服务清单（2022 年版）》（以下简称“北京清单 2022”）。北京市作为首善之区，在基本养老服务对象范围、服务项目数量、服务内容和服务标准水平方面优于国家清单（见表 6-7）。

（一）服务对象范围大于国家清单

从服务对象看，北京市基本养老服务对象范围更大。北京清单 2022 类似项目的服务对象范围更大，在国家清单基础上，扩展到失智老年人。例如，北京清单 2022 第 10 项“入住公办养老机构”在国家清单第 11 项“集中供养”和第 14 项“优先享受机构养老”的服务对象“特困老年人”和“计划生育特殊家庭老年人”的基础上，增加了低保或低收入家庭失能、失智、高龄老年人与失能、失智、重度残疾老年人等保障群体；第 19 项“失能老年人护理补贴”的服务对象将国家清单第 7 项“护理补贴”的服务对象“经认定生活不能自理的经济困难老年人”，调整为“经老年人能力综合评估确定为失能、失智的老年人”。又如，北京清单 2022 第 30 项“入住公办养老机构”将对国家和社会作出特殊贡献的老年人扩展至“优待服务保障对象”，即“享受市级及以上劳动模范待遇人员、因公致残人员或见义勇为伤残人士等为社会作出突出贡献人员中失能或高龄的老年人”。

（二）服务项目数量多于国家清单

北京清单 2022 包含 3 种服务类型 32 个服务项目，服务类型同国家清单一致，服务项目数量比国家清单多 16 个。北京清单 2022 比国家清单新增 15 个服务项目，同时拆分了国家清单有关项目。北京清单 2022 将国家清单的第 5 项“养老服务补贴”拆分为第 17 项“困难老年人养老服务补贴（服务对象是低保老年人）”和第 18 项“困难老年人养老服务补贴（服务对象是低收入家庭老年人）”，将国家清单的第 15 项“困难残疾人生活补贴和重度残疾人护理补贴”拆分为第 23 项“重度残疾人护理补贴”“失能老年人护理补贴”和第 24 项“困难残疾人生活补贴”。北京市未将国家清单的第 8 项“家庭养老支持服务”列入本地清单，但根据调研情况，北京市很多区县为失能老人的家庭照护者提供免费培训服务，其中朝阳区将失能老年人家庭照护人员培训作为家庭养老照护床位的基础服务。按照本书的分类标准，北京清单 2022 比国家清单新增的生活照料类服务项目包括第 3 项“福利养老金”、第 8 项“困难家庭服务对象入住养老机构补贴”、第 9 项“养老助餐服务”、第 11 项“驿站基本养老服务”、第 13 项“基本救助和供养保障”、第 21 项“计划生育特殊困难家庭扶助”、第 22 项“困难老年人养老服务补贴”和第 30 项“入住公办养老机构”；新增的健康护理类服务项目包括第 5 项“基本公共卫生服务”、第 20 项“家庭养老照护服务”、第 26 项“残疾人康复服务补贴”和第 27 项“康复辅助器具购买（租赁）补贴”，以及服务项目名称相同但服务对象不同的第 12 项“意外伤害保险”和第 31 项“意外伤害保险”；新增的社会参与类服务项目是第 6 项“老年优待服务”。

（三）服务内容较国家清单更丰富

与服务项目数量众多相对应，北京市基本养老服务内容也比国家清单更丰富。例如，北京清单 2022 第 3 项“福利养老金”对符合条件的城乡无保障老年人给予福利养老金；第 8 项“困难家庭服务对象入住养老机构补贴”对符合条件的城乡特困、低保、低收入、计划生育特殊、重度残疾等家庭服务对象入住养老机构的，给予入住养老机构补贴；第 9 项“养老助餐服务”对在养老助餐点购买午餐或晚餐的居家养老基本养老服务对象给予助餐补贴；第 11 项“驿站基本养老服务”为符合条件的保障群体提供每周 1 次入户巡视探访服务、每月 1 次个人清洁服务、养老顾问服务和呼叫服务（包括免费代为取餐服务）；第 20 项“家庭养老照护服务”为符合条件的重度失能老年人和重度残疾老年人提供家庭养老照护服务，为符合家庭病床条件的老年人开设家庭病床，提供医疗服务并将服务费用纳入医保实时结算；第 21 项“计划生育特殊困难家庭扶助”为全市符合条件的独生子女伤残、死亡家庭的老年人发放特别扶助金；第 22 项“困难老年人养老服务补贴”对属于本市计划生育特殊家庭且不符合低保低收入的老年人给予补贴。

（四）服务标准层次更多水平更高

同样的基本养老服务项目，北京清单 2022 比国家清单服务层次多、水平高。例如，北京清单 2022 第 4 项“高龄老年人津贴”分三个层次，对 80—89

周岁的老年人给予 100 元/人/月，对 90—99 周岁的老年人给予 500 元/人/月，对 100 周岁及以上的老年人给予 800 元/人/月；北京清单 2022 第 17 项“困难老年人养老服务补贴”、第 18 项“困难老年人养老服务补贴”将老年人分为两个层次，对享受低保待遇的老年人给予 300 元/人/月补贴，对低收入家庭中未享受低保待遇的老年人给予 200 元/人/月补贴。

表 6–7　北京清单 2022 同国家清单比较

北京清单 2022			国家清单服务项目	北京清单增加项目
服务对象	服务类型	服务项目		
达到待遇享受年龄的老年人	物质帮助	1. 职工基本养老保险	1. 职工基本养老保险	
		2. 城乡居民基本养老保险	2. 城乡居民基本养老保险	
		3. 福利养老金		3. 福利养老金
		4. 高龄老年人津贴	4. 高龄津贴	
	关爱服务	5. 基本公共卫生服务		5. 基本公共卫生服务
		6. 老年优待服务		6. 老年优待服务
	照护服务	7. 老年人能力评估	3. 老年人能力综合评估	
城乡特困老年人，低保或低收入家庭失能、失智、高龄老年人，失能、失智、重度残疾、计划生育特殊家庭老年人等保障群体	物质帮助	8. 困难家庭服务对象入住养老机构补贴		8. 困难家庭服务对象入住养老机构补贴
		9. 养老助餐服务		9. 养老助餐服务
	照护服务	10. 入住公办养老机构	14. 优先享受机构养老	
		11. 驿站基本养老服务		12. 驿站基本养老服务
	关爱服务	12. 意外伤害保险		13. 意外伤害保险

续表

北京清单2022			国家清单服务项目	北京清单增加项目
服务对象	服务类型	服务项目		
有本市户籍，经乡镇人民政府（街道办事处）审核认定的无劳动能力、无生活来源、无法定赡养、扶养义务人或者其法定义务人无履行义务能力老年人	物质帮助	13. 基本救助和供养保障		14. 基本救助和供养保障
	照护服务	14. 集中供养	11. 集中供养	
		15. 分散供养	10. 分散供养	
低保老年人	物质帮助	16. 最低生活保障	9. 最低社会保障	
		17. 困难老年人养老服务补贴	5. 养老服务补贴	
低收入家庭老年人	物质帮助	18. 困难老年人养老服务补贴		
经老年人能力综合评估确定为失能、失智的老年人	物质帮助	19. 失能老年人护理补贴	7. 护理补贴	
	照护服务	20. 家庭养老照护服务		21. 家庭养老照护服务
计划生育特殊家庭老年人	物质帮助	21. 计划生育特殊困难家庭扶助		22. 计划生育特殊困难家庭扶助
		22. 困难老年人养老服务补贴		23. 困难老年人养老服务补贴
经认定符合条件的残疾人	物质帮助	23. 重度残疾人护理补贴	15. 困难残疾人生活补贴和重度残疾人护理补贴	
		23. 失能老年人护理补贴		
		24. 困难残疾人生活补贴		
		25. 居家环境无障碍改造	6. 家庭适老化改造	

续表

北京清单 2022			国家清单服务项目	北京清单增加项目
服务对象	服务类型	服务项目		
经认定符合条件的残疾人	物质帮助	26. 残疾人康复服务补贴		27. 残疾人康复服务补贴
		27. 康复辅助器具购买（租赁）补贴		28. 康复辅助器具购买（租赁）补贴
经认定特殊困难老年人	关爱服务	28. 探访服务	12. 探访服务	
对国家和社会作出特殊贡献的老年人	照护服务	29. 集中供养	13. 集中供养	
		30. 入住公办养老机构		31. 入住公办养老机构
	关爱服务	31. 意外伤害保险		32. 意外伤害保险
生活无着的流浪、乞讨老年人	物质帮助	32. 社会救助	16. 社会救助	

资料来源：本书作者根据有关文件整理。

二、浙江：基本养老服务的包容者

2020 年，浙江省人口老龄化程度为 18.70%，处于轻度人口老龄化阶段；人均地区生产总值为 100620 元。2023 年，浙江省贯彻落实中共中央办公厅、国务院办公厅《关于推进基本养老服务体系建设的意见》，浙江省人民政府办公厅出台《关于加快建设基本养老服务体系的实施意见》，公布了《浙江省基本养老服务清单》（以下简称“浙江清单”）。同国家清单相比，浙江清单的服务对象范围大，服务项目数量多，服务内容更丰富。

（一）服务对象范围覆盖外地老年人

浙江省基本养老服务的包容性表现在，将基本养老服务对象从拥有浙江户籍的老年人，扩大到了投靠成年子女落户浙江的老年人。浙江清单第 21 项“老年父母投靠成年子女落户”面向子女为浙江户籍的外地老年人，提供老年父母投靠成年子女落户服务（见表 6-8）。这些老年人获得浙江户籍后，便可享受浙江省提供的基本养老服务。

（二）服务项目数量比国家清单稍多

浙江清单包含3种服务类型21个服务项目，服务类型同国家清单一致，服务项目比国家清单新增5个。按照国家清单分类型标准，浙江清单比国家清单新增的照护服务类型服务项目包括第4项“社区居家照料服务”和第20项“供养保障”，新增的关爱服务类型服务项目包括第5项“法律服务”、第19项“优先享受居家服务”和第21项“老年父母投靠成年子女落户”。

（三）服务内容比国家清单更丰富

与服务项目数量众多相对应，浙江省基本养老服务内容也比国家清单更丰富。例如，浙江清单第5项“法律服务”对首次办理证明、确认遗嘱公证的老年人，超过80周岁免费，70周岁至80周岁减半收费；第19项“优先享受居家服务”优先安排老年残疾军人、退役军人、“三属”人员享受居家养老日常照料等服务。

表6-8 浙江清单同国家清单比较

<table>
<tr><th colspan="3">浙江清单</th><th rowspan="2">国家清单服务项目</th><th rowspan="2">浙江清单增加项目</th></tr>
<tr><th>服务对象</th><th>服务类型</th><th>服务项目</th></tr>
<tr><td rowspan="2">达到待遇享受年龄的老年人</td><td rowspan="2">物质帮助</td><td>1. 职工基本养老保险</td><td>1. 职工基本养老保险</td><td></td></tr>
<tr><td>2. 城乡居民基本养老保险</td><td>2. 城乡居民基本养老保险</td><td></td></tr>
<tr><td rowspan="3">老年人</td><td rowspan="2">照护服务</td><td>3. 老年人能力综合评估</td><td>3. 老年人能力综合评估</td><td></td></tr>
<tr><td>4. 社区居家照料服务</td><td></td><td>4. 社区居家照料服务</td></tr>
<tr><td>关爱服务</td><td>5. 法律服务</td><td></td><td>5. 法律服务</td></tr>
<tr><td>80周岁以上老年人</td><td>物质帮助</td><td>6. 高龄津贴</td><td>4. 高龄津贴</td><td></td></tr>
<tr><td rowspan="2">经济困难的老年人</td><td>照护服务
物质帮助</td><td>7. 养老服务补贴</td><td>5. 养老服务补贴</td><td></td></tr>
<tr><td>照护服务</td><td>8. 家庭适老化改造</td><td>6. 家庭适老化改造</td><td></td></tr>
<tr><td rowspan="2">生活不能自理的老年人</td><td>物质帮助</td><td>9. 护理补贴</td><td>7. 护理补贴</td><td></td></tr>
<tr><td>照护服务</td><td>10. 家庭养老支持服务</td><td>8. 家庭养老支持服务</td><td></td></tr>
<tr><td>低保老年人</td><td>物质帮助</td><td>11. 最低社会保障</td><td>9. 最低社会保障</td><td></td></tr>
</table>

续表

浙江清单			国家清单服务项目	浙江清单增加项目
服务对象	服务类型	服务项目		
特困老年人	照护服务	12. 分散供养	10. 分散供养	
		13. 集中供养	11. 集中供养	
特殊困难老年人	关爱服务	14. 探访服务	12. 探访服务	
计划生育特殊家庭老年人	照护服务	15. 机构养老	14. 优先享受机构养老	
经认定符合条件的残疾老年人	物质帮助	16. 困难残疾人生活补贴和重度残疾人护理补贴	15. 困难残疾人生活补贴和重度残疾人护理补贴	
生活无着的流浪、乞讨老年人	物质帮助	17. 社会救助	16. 社会救助	
为国家和社会作出特殊贡献的老年人	照护服务	18. 机构养老	13. 集中供养	
	关爱服务	19. 优先享受居家服务		19. 优先享受居家服务
	照护服务	20. 供养保障		20. 供养保障
子女为浙江户籍的外地老年人	关爱服务	21. 老年父母投靠成年子女落户		21. 老年父母投靠成年子女落户

资料来源：本书作者根据有关文件整理。

三、广东：基本养老服务的落实者

2020—2023 年，广东省人口老龄化程度从 12.35%提高至 14.24%，处于轻度人口老龄化阶段；人均地区生产总值从 88210 元提高至 106986 元，在全国位居前 10 名。2023 年，广东省贯彻落实中共中央办公厅、国务院办公厅《关于推进基本养老服务体系建设的意见》，中共广东省委办公厅、广东省人民政府办公厅印发《关于推进基本养老服务体系建设的实施意见》，公布了《广东省基本养老服务清单》（以下简称“广东清单”）。同国家清单相比，广东清单的服务类型和项目数量更多，服务内容更丰富。

（一）服务类型和项目数量多于国家清单

广东清单包含4种服务类型29个服务项目，服务类型比国家清单新增1个，服务项目数量比国家清单多13个。广东清单比国家清单新增12个服务项目，同时拆分了国家清单有关项目。广东清单将国家清单中的第15项“困难残疾人生活补贴和重度残疾人护理补贴”拆分为第21项“困难残疾人生活补贴”和第22项“重度残疾人护理补贴”（见表6-9）。按照国家清单的分类型标准，广东清单比国家清单新增的物质帮助类型的服务项目包括第13项“遗嘱公证”和第14项“老年人意外伤害保险”；新增的照护服务类型的服务项目包括第3项“提供社区活动场所”、第6项“助餐服务”、第10项“老年人健康管理”和第17项“优先入住公办养老机构”；新增的关爱服务类型的服务项目包括第4项“公共设施无障碍改造”和第5项“信息无障碍改造”；特别是新增了社会优待类型的服务项目，包括第7项“乘坐城市公共交通工具”、第8项“参观公园和公益性文化设施”、第9项“参观旅游景区、景点”和第18项“法律援助”。

（二）服务内容比国家清单更丰富

与服务项目数量众多相对应，广东省基本养老服务内容也比国家清单更丰富。例如，第13项“遗嘱公证”对首次办理遗嘱公证的80周岁及以上老年人，免收遗嘱公证服务费用；第14项“老年人意外伤害保险”为特困老年人、低保家庭老年人、低保边缘家庭老年人购买人身意外伤害保险，有条件的地市可逐步扩大资助购买人身意外伤害保险老年人的范围。

表6-9　广东清单同国家清单比较

广东清单			国家清单服务项目	广东清单增加项目
服务对象	服务类型	服务项目		
达到待遇享受年龄的老年人	物质帮助	1. 职工基本养老保险	1. 职工基本养老保险	
		2. 城乡居民基本养老保险	2. 城乡居民基本养老保险	
	照护服务	3. 提供社区活动场所		3. 提供社区活动场所

续表

广东清单			国家清单服务项目	广东清单增加项目
服务对象	服务类型	服务项目		
60周岁及以上老年人	关爱服务	4. 公共设施无障碍改造		4. 公共设施无障碍改造
		5. 信息无障碍改造		5. 信息无障碍改造
	照护服务	6. 助餐服务		6. 助餐服务
	社会优待	7. 乘坐城市公共交通工具		7. 乘坐城市公共交通工具
		8. 参观公园和公益性文化设施		8. 参观公园和公益性文化设施
		9. 参观旅游景区、景点		9. 参观旅游景区、景点
65周岁及以上老年人	照护服务	10. 老年人健康管理		10. 老年人健康管理
		11. 老年人能力综合评估	3. 老年人能力综合评估	
80周岁及以上老年人	物质帮助	12. 高龄津贴	4. 高龄津贴	
		13. 遗嘱公证		13. 遗嘱公证
经济困难的老年人	物质帮助	14. 老年人意外伤害保险		14. 老年人意外伤害保险
		15. 养老服务补贴	5. 养老服务补贴	
	照护服务	16. 家庭适老化改造	6. 家庭适老化改造	
		17. 优先入住公办养老机构		17. 优先入住公办养老机构
	社会优待	18. 法律援助		18. 法律援助
经认定生活不能自理的老年人	照护服务	19. 护理补贴	7. 护理补贴	
		20. 家庭养老支持服务	8. 家庭养老支持服务	
经认定符合条件的残疾老年人	物质帮助	21. 困难残疾人生活补贴	15. 困难残疾人生活补贴和重度残疾人护理补贴	
		22. 重度残疾人护理补贴		
纳入最低生活保障范围的老年人	物质帮助	23. 最低社会保障	9. 最低社会保障	

续表

广东清单			国家清单服务项目	广东清单增加项目
服务对象	服务类型	服务项目		
特困老年人	照护服务	24. 分散供养	10. 分散供养	
		25. 集中供养	11. 集中供养	
特殊困难老年人	关爱服务	26. 探访服务	12. 探访服务	
	照护服务	27. 优先入住公办养老机构	14. 优先享受机构养老	
老年优抚对象	照护服务	28. 优抚供养	13. 集中供养	
生活无着的流浪乞讨老年人	物质帮助	29. 社会救助	16. 社会救助	

资料来源：本书作者根据有关文件整理。

四、评价与借鉴

建议从中长期国家清单调整方向上借鉴轻度人口老龄化的高收入地区经验。在调整服务对象层次范围方面，探索细分服务对象层次，放宽户籍“大门”，收窄社会维度的贡献标准。在调整服务项目方面，综合考虑老年人口的养老资源缺乏情况和各地财政承受能力，确定基本养老服务项目及其服务对象和服务内容及标准。

（一）调整服务对象层次范围

短期内探索对国家清单的“高龄津贴”项目细分服务对象层次。江苏清单2022与北京清单2022关注不同年龄段高龄老人的区别和需要，通过在“尊老金”“高龄老年人津贴”项目内细分层次的方式，将高龄老人划分为两个或三个层次，按照不同的标准发放高龄津贴。我们在调整“十五五”国家清单时，可以借鉴江苏清单2022与北京清单2022的做法。

中长期探索将服务对象扩展到随子女将户口迁移到本地的老年人。中度人口老龄化且高收入的江苏和轻度人口老龄化且高收入的浙江分别通过新增项目“自愿随子女迁移户口”和“老年父母投靠成年子女落户”，将基本养老服务对象从拥有本地户口的老年人扩展到了随子女将户口迁移到本地的老年人。考虑到拥有本地户口是享受其他基本养老服务的前提，经济社会发展水平较低的省市区为了吸引人口，更应当将“自愿随子女迁移户口”项目列入清单，为老年人随子女迁移户口提供便利。但由于北京、上海等超大城市需要控制人口规模，建议中长期探索将“自愿随子女迁移户口”项目列入国家清单。

北京市将“入住公办养老机构”项目的服务对象明确为对国家和社会作出特殊贡献的老年人，包括享受市级及以上劳动模范待遇人员中失能或高龄的老年人。考虑到领导干部与劳动模范具有一定的交叉性，可能产生退休后低价入住公办养老机构的“特惠”，不建议将劳动模范作为对国家和社会作出特殊贡献的老年人，列为国家清单中“集中供养”项目的服务对象。

（二）综合考虑增加服务项目

短期内建议增加“养老顾问服务”项目。北京清单 2022 新增的“驿站基本养老服务”项目包含养老顾问服务内容，但服务对象局限于保障群体。江苏清单 2022 则面向 60 周岁及以上老年人提供“银发顾问”服务。考虑到广大老年人急需知道自己年老后能够享受哪些基本养老服务，而提供该项服务的成本不高，建议在“十五五”国家清单中增加“养老顾问服务”项目，为有需要的 60 周岁及以上老年人提供养老服务政策咨询等顾问服务。

在服务对象和服务标准“双限”前提下，短期内建议增加“经济困难失能老年人入住养老机构救助”项目。北京清单 2022 新增的“困难家庭服务对象入住养老机构补贴”面向入住养老机构的“符合条件的城乡特困、低保、低收入、计划生育特殊、重度残疾等家庭服务对象”，提供每月 1200—3600 元入住养老机构补贴。2023 年，民政部、财政部联合发出了《关于组织开展中央财政支持经济困难失能老年人集中照护服务工作的通知》，要求到“十四五”末，初步满足有意愿入住养老机构的经济困难失能老年人集中照护服务需求。具体做法是，通过中央财政困难群众救助补助资金渠道安排资金，对入住养老机构的经济困难失能老年人给予救助，并对收住经济困难失能老年人的养老机构结合绩效考核结果予以适当补助。按照该通知，老年人必须同时符合已纳入最低生活保障范围、经评估为完全失能等级、自愿入住养老机构三个条件，才能成为救助对象。因此，建议借鉴北京经验，考虑国家财力，在“十五五”国家清单中增加“经济困难失能老年人入住养老机构救助”项目，将救助对象限定为符合放宽后三个条件的老年人，将救助额度限定为入住养老机构实际收费标准扣除老年人已获得的最低生活保障金、残疾人两项补贴等行政给付后的差额。

在服务对象和服务内容“双限”前提下，中长期应探索将“居家照护服务”项目列入国家清单。北京清单2022聚焦失能失智老年人和医疗相关服务，将新增的“家庭养老照护服务”的服务对象限定为“经老年人能力综合评估确定为失能、失智的老年人”，将服务内容限定为针对养老家庭照护床位服务对象的免费建立健康档案、免费体检、预约转诊、开具长处方等服务与针对家庭病床服务对象的医疗服务和费用纳入医保实时结算服务。《北京市养老家庭照护床位建设管理办法（试行）》将养老家庭照护床位服务对象限定为“具有本市户籍居家生活并经老年人能力综合评估确定为重度失能的老年人和重度残疾老年人”，允许城乡特困供养人员扩展到中度失能老年人。江苏清单2022规定了自然、经济二维标准与“五助”服务，将新增的“居家上门服务”的服务对象限定为“符合当地规定的经济困难的高龄、失能老年人”，将服务内容限定为“助餐、助洁、助浴、助医、助行等居家上门服务”。考虑到北京和江苏均为高收入地区，建议中长期探索将“居家照护服务”项目列入国家清单，将服务对象限定为失能、失智老年人，将服务内容限定为医疗相关服务，允许各地根据经济发展水平高低放宽或收窄经济困难标准。

第四节　辽宁和四川的基本养老服务

辽宁省和四川省属于中度人口老龄化的中收入地区，基本养老服务需要量大，但经济发展水平和财政支付能力有限，更接近目前的全国总体情况。因此，辽宁省和四川省基本养老服务清单对全国具有一定的借鉴意义，可以作为调整“十五五”国家基本养老服务清单的借鉴。

一、辽宁：创新性与局限性并存

2020—2023年，辽宁省人口老龄化程度从25.72%提高至29.41%，处于中度人口老龄化阶段；人均地区生产总值从58872元提高至72107元，位居全国中间10名。2023年，辽宁省贯彻落实中共中央办公厅、国务院办公厅《关于推进基本养老服务体系建设的意见》，出台了《关于印发辽宁省推进基本养老服务体系建设实施方案的通知》，公布了《辽宁省基本养老服务清单》（以下简称“辽宁清单”）。同国家清单相比，辽宁清单的服务对象范围有所创新，服务项目数量有所增加，服务内容更具体，但服务水平有局限。

（一）服务对象范围有所创新

辽宁省在自身财力范围内，在国家清单服务对象范围的基础上有所扩大。一是相同项目的服务对象范围扩大。例如，辽宁清单第3项“老年人能力综合评估”将服务对象从国家清单的“65周岁及以上老年人”放宽到“辽宁户籍60周岁及以上老年人”。又如，辽宁清单第7项“困难残疾人生活补贴和重度残疾人护理补贴”在国家清单第15项的困难残疾人生活补贴服务对象“最低生活保障家庭中的残疾老年人”的基础上，增加了“低保边缘户家庭中的一、二级残疾老年人”（见表6-10）。二是相同项目的服务对象更加具体。例如，辽宁清单第14项“家庭适老化改造”在国家清单第6项的服务对象“经济困难的老年人”的基础上具体规定，“辽宁户籍分散供养特困人员中的高龄、失能、残疾老年人，有条件的地方可将改造对象范围逐步扩大到城乡低保对象中的高龄、失能、留守、空巢、残疾老年人家庭和计划生育特殊家庭老年人”。三是增加项目的同时扩大了服务对象范围。例如，辽宁清单新增的第10项“意外伤害保险”将服务对象扩大至辽宁户籍60周岁（女性55周岁）以上城乡分散供养特困老年人，第12项“困难家庭常年病老年人托管”的服务对象是“农村低保家庭中生活不能自理的常年病老年人”。

（二）服务项目数量有所增加

辽宁清单有3种服务类型20个服务项目，服务类型同国家清单一致，服务项目数量比国家清单新增4个，每种服务类型所含服务项目数量都多于国家清单。辽宁清单比国家清单新增的物质帮助类型服务项目是第 10 项“意外伤害保险”；新增的照护服务类型服务项目是第 12 项“困难家庭常年病老年人托管”，这是辽宁清单的创新项目；新增的关爱服务类型服务项目包括第 19 项“乘坐城市公共交通工具”和第 20 项“健康体检”。

（三）服务内容丰富具体

与较多的基本养老服务项目相对应，辽宁省基本养老服务内容比国家清单更加丰富具体。辽宁省通过新增项目为老年人提供内容丰富的服务。例如，新增的第 12 项“困难家庭常年病老年人托管”规定，“农村低保家庭中生活不能自理的常年病老年人，经申请可到县级民政部门管理的托管中心托管，辽宁省每人每月补助 400 元，各市、县（市、区）政府根据本级财力状况合理确定托管对象补助标准”。辽宁省在类似项目的服务内容及标准中考虑到了服务对象的不同情况。例如，辽宁清单第 18 项“流浪乞讨救助”规定，“对生活无着的流浪、乞讨老年人，救助管理站按有关规定给予食宿等生活照料；对查不清身份信息的流浪、乞讨老年人，超过 3 个月的，落户安置到社会福利机构集中供养”。

（四）服务水平存在局限

受财政支付能力影响，辽宁省的基本养老服务项目又有一定的局限性。辽宁省作为中度人口老龄化的中收入地区，同样的服务项目，服务标准低于北京市等富裕地区。如辽宁省对 60 周岁以上老年人减半支付乘车费用，对 70 周岁以上老年人免除乘车费用；而北京市对所有的 60 周岁以上的本市户籍老年人和常住外埠老年人免除乘坐北京公交费用。

表 6-10　辽宁清单同国家清单比较

辽宁清单			国家清单服务项目	辽宁清单增加项目
服务对象	服务类型	服务项目		
符合条件的参保老年人	物质帮助	1. 职工基本养老保险	1. 职工基本养老保险	
		2. 城乡居民基本养老保险	2. 城乡居民基本养老保险	

续表

辽宁清单			国家清单服务项目	辽宁清单增加项目
服务对象	服务类型	服务项目		
辽宁户籍60周岁及以上老年人	照护服务	3. 老年人能力综合评估	3. 老年人能力综合评估	
辽宁户籍80周岁及以上老年人	物质帮助	4. 高龄津贴	4. 高龄津贴	
辽宁户籍80周岁及以上经济困难老年人	物质帮助	5. 养老服务补贴	5. 养老服务补贴	
辽宁户籍经济困难的60周岁及以上失能、部分失能老年人	物质帮助	6. 养老护理补贴	7. 护理补贴	
辽宁户籍低保家庭中的残疾老年人，低保边缘户家庭中的一、二级残疾老年人；残疾等级被评定为一级、二级且需要长期照护的重度残疾老年人	物质帮助	7. 困难残疾人生活补贴和重度残疾人护理补贴	15. 困难残疾人生活补贴和重度残疾人护理补贴	
无劳动能力、无生活来源且无法定赡养、扶养义务人，或者其法定义务人无赡养、扶养能力的老年人	照护服务	8. 特困老年人集中供养	11. 集中供养	
		9. 特困老年人分散供养	10. 分散供养	
辽宁户籍60周岁（女性55周岁）以上的城乡分散供养特困老年人	物质帮助	10. 意外伤害保险		10. 意外伤害保险
纳入最低生活保障范围的老年人	物质帮助	11. 最低社会保障	9. 最低社会保障	
农村低保家庭中生活不能自理的常年病老年人	照护服务	12. 困难家庭常年病老年人托管		12. 困难家庭常年病老年人托管
特殊困难老年人	关爱服务	13. 探访关爱服务	12. 探访服务	
辽宁户籍分散供养特困人员中的高龄、失能、残疾老年人，有条件的地方可将改造对象范围逐步扩大到城乡低保对象中的高龄、失能、留守、空巢、残疾老年人家庭和计划生育特殊家庭老年人	照护服务	14. 家庭适老化改造	6. 家庭适老化改造	

续表

辽宁清单			国家清单服务项目	辽宁清单增加项目
服务对象	服务类型	服务项目		
经认定生活不能自理的居家失能老年人的家庭成员	照护服务	15. 家庭养老支持服务	8. 家庭养老支持服务	
对国家和社会作出特殊贡献的优抚对象老年人	照护服务	16. 优抚集中供养	13. 集中供养	
计划生育特殊家庭老年人	照护服务	17. 优先享受公办机构养老服务	14. 优先享受机构养老	
生活无着的流浪、乞讨老年人	物质帮助	18. 流浪乞讨救助	16. 社会救助	
全体老年人	关爱服务	19. 乘坐城市公共交通工具		19. 乘坐城市公共交通工具
65 周岁及以上老年人	关爱服务	20. 健康体检		20. 健康体检

资料来源：本书作者根据有关文件整理。

二、四川：多种支持形式相结合

2020 年，四川省人口老龄化程度为 21.71%，处于中度人口老龄化阶段；人均地区生产总值为 58126 元。四川省是我国人口第五大省，近年来成渝城市群迅猛发展，为四川省发展基本养老服务提供了良好的物质储备。2023 年，四川省贯彻落实中共中央办公厅、国务院办公厅《关于推进基本养老服务体系建设的意见》，出台《四川省推进基本养老服务体系建设实施方案》，公布了《四川省基本养老服务清单》（以下简称“四川清单”）。同国家清单相比，四川清单的服务项目数量更多，服务内容丰富形式多样。

（一）服务项目数量明显增加

四川清单包含 3 种服务类型 23 个服务项目，服务类型同国家清单一致，服务项目数量比国家清单新增 7 个。同国家清单相比，四川清单的物质帮助类型新增第 3 项“计划生育特别扶助金”、第 14 项“老年教育”、第 20 项“公共法律服务”、第 22 项“生活服务优待”和第 23 项“文体活动”5 个服务项目，照护服务类型新增第 15 项“社区养老综合服务”和第 21 项“子女护理假”2 个服务项目（见表 6-11）。

（二）服务内容丰富形式多样

与较多的基本养老服务项目相对应，四川省基本养老服务内容丰富、形式多样。四川省通过新增项目为老年人提供内容丰富的服务。例如，新增的第 20 项“公共法律服务”对 80 周岁及以上老人首次办理遗嘱公证免费。四川省在国家清单和其他地方清单以服务支持与经济支持形式为主的基础上，增加了时间支持形式的服务项目。例如，四川清单的创新项目是新增的第 21 项“子女护理假”，为 60 周岁以上老年人的子女提供子女护理假，并通过《四川省老年人权益保障条例》以法律的形式固定下来，要求用人单位在老年人患病住院期间落实。

表 6-11　四川清单同国家清单比较

四川清单			国家清单服务项目	四川清单增加项目
服务对象	服务类型	服务项目		
符合待遇领取条件的老年人	物质帮助	1. 职工基本养老保险	1. 职工基本养老保险	
		2. 城乡居民基本养老保险	2. 城乡居民基本养老保险	
符合条件的独生子女伤残或死亡的特别扶助对象	物质帮助	3. 计划生育特别扶助金		3. 计划生育特别扶助金
		4. 最低社会保障	9. 最低社会保障	
特困老年人	照护服务	5. 分散供养（特困老年人）	10. 分散供养	
		6. 集中供养（特困老年人）	11. 集中供养	
对国家和社会作出特殊贡献的老年人	照护服务	7. 集中供养（对国家和社会作出特殊贡献的老年人）	13. 集中供养	
经认定符合条件的残疾老年人	物质帮助	8. 困难残疾人生活补贴和重度残疾人护理补贴	15. 困难残疾人生活补贴和重度残疾人护理补贴	
生活无着的流浪、乞讨老年人	物质帮助	9. 社会救助	16. 社会救助	

续表

四川清单			国家清单服务项目	四川清单增加项目
服务对象	服务类型	服务项目		
65 周岁及以上老年人	照护服务	10. 老年人能力综合评估	3. 老年人能力综合评估	
经济困难的老年人	照护服务	11. 家庭适老化改造	6. 家庭适老化改造	
经认定生活不能自理的老年人	照护服务	12. 家庭养老支持服务	8. 家庭养老支持服务	
特殊困难老年人	关爱服务	13. 探访服务	12. 探访服务	
60 周岁以上老年人	物质帮助	14. 老年教育		14. 老年教育
	照护服务	15. 社区养老综合服务		15. 社区养老综合服务
计划生育特殊家庭老年人	照护服务	16. 优先享受机构养老	14. 优先享受机构养老	
经济困难的老年人	物质帮助	17. 养老服务补贴	5. 养老服务补贴	
经认定生活不能自理的老年人	物质帮助	18. 护理补贴	7. 护理补贴	
80 周岁及以上老年人	物质帮助	19. 高龄津贴	4. 高龄津贴	
		20. 公共法律服务		20. 公共法律服务
60 周岁以上老年人	照护服务	21. 子女护理假		21. 子女护理假
符合各地规定的老年人	物质帮助	22. 生活服务优待		22. 生活服务优待
60 周岁以上老年人	物质帮助	23. 文体活动		23. 文体活动

资料来源：本书作者根据有关文件整理。

三、评价与借鉴

（一）明确并调整服务对象

坚持基本养老服务的需求导向，将服务对象明确为作为需方的老年人。理论上，基本养老服务对象应当是老年人，养老服务机构只是基本养老服务的提供主体而不是服务对象。实践中，对养老服务机构的支持包含在基本养老服务体系建设和设施网络建设内，而无需列入基本养老服务清单。为了降低社会预期、预防财政负担加重，不建议国家清单借鉴山东清单、四川清单将养老服务机构列为基本养老服务对象的做法。

短期内探索降低国家清单的“老年人能力综合评估”项目的年龄门槛。辽宁省属于中度人口老龄化的中收入地区，将辽宁省能够接受的为辽宁户籍60周岁及以上老年人提供老年人能力综合评估服务推广到全国，将国家清单中该项目的服务对象扩展至“60周岁及以上老年人”不会明显增加财政负担。

（二）限定中调整服务项目

在服务对象和服务内容“双限”前提下，中长期探索将“社区养老服务”项目列入国家清单。代表性地区中，浙江省与四川省的社区养老服务对象范围较大、服务内容较多。浙江清单新增的“社区居家照料服务”项目为老年人居家养老提供相关活动场所和服务内容，服务对象不聚焦，服务内容不具体，不宜借鉴；但新增的“优先享受居家服务”项目优先安排老年残疾军人、退役军人、“三属”人员享受居家养老日常照料等服务，服务对象和服务内容聚焦，可以借鉴。四川清单新增的“社区养老综合服务”项目依托社区养老服务综合体为60周岁以上老年人提供日间照护、生活照料、文化娱乐、康复护理、助餐等普惠养老服务，服务内容扩展至文化娱乐等非基本养老服务需要。北京清单2022新增的“驿站基本养老服务”项目将服务对象限定为“城乡特困老年人，低保或低收入家庭失能、失智、高龄老年人，失能、失智、重度残疾、计划生育特殊家庭老年人等保障群体”，将服务内容限定为巡视探访服务、个人清洁服务、养老顾问服务和呼叫服务，服务对象聚焦且服务成本不高。考虑到高收入的北京尚且限制服务对象和服务内容，建议中长期探索将“社区养老服务”项目列入国家清单，并将服务对象限定为“城乡特困老年人，低保或低收入家庭失能、失智老年人，失能、失智、重度残疾、计划生育特殊家庭老年人等保障群体，进入老年的烈士遗属、因公牺牲军人遗属、病故军人遗属和残疾军人、复员军人、退伍军人等为国家和社会作出特殊贡献的老年人”，将服务内容限定为“个人清洁服务和呼叫服务”。

短期内不建议增加“老年教育”项目。四川清单新增的“老年教育”项目的服务内容是“扩大老年教育供给，向60周岁以上老年人提供教育培训服务”，服务类型是物质帮助。江苏清单2022新增的“老年教育服务”项目要求扩大老年教育供给，推进各类学校和社会力量兴办老年大学或参与老年教育，向60周岁及以上老年人公平有序开放老年教育资源。但是，按照本书的分类别和分水平标准，“老年教育”属于社会参与类的非基本养老服务和小康水平的养老服务，不建议在“十五五”国家清单中增加“老年教育”项目。

第五节　内蒙古和河南的基本养老服务

2020年的内蒙古自治区和河南省属于轻度人口老龄化的中收入地区，基本养老服务需要量不大，经济发展水平和财政支付能力有限，将内蒙古自治区和河南省基本养老服务清单中的项目在全国推广具有一定的可行性。内蒙古自治区和河南省基本养老服务清单对全国具有较大的借鉴意义，可以作为“十五五”国家基本养老服务清单的主要借鉴。

一、内蒙古：基本养老服务的追随者

2020—2023年，内蒙古自治区人口老龄化程度从19.78%提高至22.80%，进入中度人口老龄化阶段；人均地区生产总值从76062元提高至102677元。2023年，内蒙古自治区贯彻落实中共中央办公厅、国务院办公厅《关于推进基本养老服务体系建设的意见》，印发《关于推进基本养老服务体系建设的实施方案》，公布了《内蒙古自治区基本养老服务清单》（以下简称“内蒙古清单”）。同国家清单相比，内蒙古清单的服务项目数量较多，但个别服务项目标准较低。

（一）服务项目数量多于国家清单

内蒙古清单包含3种服务类型19个服务项目，服务类型同国家清单一致，服务项目数量比国家清单多3项，其中新增3项、拆分1项、合并2项。内蒙古清单将国家清单中的“职工基本养老保险”拆分为“企业职工基本养老保险待遇”与“机关事业单位基本养老保险待遇”，将国家清单中的“分散供养”和“集中供养”合并为“特困人员救助供养”。同国家清单相比，

内蒙古清单中的物质帮助类型新增第 11 项“临时救助”和第 16 项“特别扶助金”，照护服务类型新增第 19 项“老年人意外伤害保险”（见表 6-12）。

表 6-12　内蒙古清单同国家清单比较

内蒙古清单			国家清单服务项目	内蒙古清单增加项目
服务对象	服务类型	服务项目		
参加企业职工养老保险且符合享受待遇条件的人员	物质帮助	1. 企业职工基本养老保险待遇	1. 职工基本养老保险	
参加机关事业单位养老保险且符合享受待遇条件的人员	物质帮助	2. 机关事业单位基本养老保险待遇		
符合待遇领取条件的老年人	物质帮助	3. 城乡居民基本养老保险待遇	2. 城乡居民基本养老保险	
65 周岁及以上老年人	照护服务	4. 老年人能力综合评估	3. 老年人能力综合评估	
80 周岁及以上老年人	物质帮助	5. 高龄津贴	4. 高龄津贴	
经济困难老年人（目前为 70—79 周岁城乡低保老年人）	物质帮助	6. 经济困难老年人养老服务补贴	5. 养老服务补贴	
特殊困难老年人	照护服务	7. 特殊困难老年人居家适老化改造	6. 家庭适老化改造	
经认定生活不能自理的经济困难老年人	物质帮助	8. 经济困难老年人护理补贴	7. 护理补贴	
	照护服务	9. 家庭养老支持服务	8. 家庭养老支持服务	
基本生活发生困难的老年人	物质帮助	10. 最低生活保障	9. 最低社会保障	
遭遇意外事件、基本生活出现严重困难或突发重病，需紧急入院救治导致基本生活困难的老年人	物质帮助	11. 临时救助		11. 临时救助
分散供养特困人员、集中供养特困人员	物质帮助	12. 特困人员救助供养	10. 分散供养 11. 集中供养	
特殊困难老年人	关爱服务	13. 特殊困难老年人巡访关爱	12. 探访服务	

续表

内蒙古清单			国家清单服务项目	内蒙古清单增加项目
服务对象	服务类型	服务项目		
对国家和社会作出特殊贡献的老年人	照护服务	14. 集中供养	13. 集中供养	
计划生育特殊家庭老年人	照护服务	15. 优先享受机构养老	14. 优先享受机构养老	
	物质帮助	16. 特别扶助金		16. 特别扶助金
困难残疾人生活补贴对象为低保家庭中的残疾老年人，重度残疾人护理补贴对象为残疾等级被评定为一级、二级的重度残疾老年人	物质帮助	17. 困难残疾人生活补贴和重度残疾人护理补贴	15. 困难残疾人生活补贴和重度残疾人护理补贴	
生活无着的流浪、乞讨老年人	物质帮助	18. 流浪乞讨社会救助	16. 社会救助	
60 周岁以上老年人	照护服务	19. 老年人意外伤害保险		19. 老年人意外伤害保险

资料来源：本书作者根据有关文件整理。

（二）个别项目服务标准低于国家清单

内蒙古清单个别服务项目的服务标准低于国家清单。例如，内蒙古清单第 10 项“最低生活保障”的服务标准低于国家清单第 9 项“最低社会保障”，国家清单规定“对获得最低生活保障金后生活仍有困难的老年人，采取必要措施给予生活保障”，而内蒙古清单仅强调“将符合条件的困难群众按规定纳入低保范围”，并无额外保障。

二、河南：基本养老服务的同步者

2020—2023 年，河南省人口老龄化程度从 18.08%提高至 20.0%，进入中度人口老龄化阶段；人均地区生产总值从 55435 元提高至 60073 元。2023 年，河南省贯彻落实中共中央办公厅、国务院办公厅《关于推进基本养老服务体系建设的意见》，河南省人民政府办公厅印发《关于推进基本养老服务体系建设的实施意见》，公布了《河南省基本养老服务清单》（以下简称“河南清单”）。同国家清单相比，河南清单的服务对象范围更大，服务项目数量更多，服务内容更加丰富。

（一）服务对象范围大于国家清单

同国家清单相比，河南省基本养老服务对象范围更大、更具体。一是增加项目的同时扩大了服务对象范围。例如，河南清单新增的第 18 项“医疗救助”在国家清单大多数项目的服务对象“特困人员、低保对象”的基础上，将服务对象范围扩大到“返贫致贫人口、农村易返贫致贫人口等群体中的老年人”（见表 6-13）。二是相同项目的服务对象更加具体。例如，河南清单第 7 项“养老服务补贴”在国家清单第 5 项服务对象“经济困难的老年人”的基础上，将服务对象规定为“低保对象，计划生育特殊家庭的高龄、失能、残疾老年人，特困人员中的老年人。有条件的地方可扩大到低保边缘、支出型困难等经济困难家庭老年人”；河南清单第 8 项“家庭适老化改造”在国家清单第 6 项基础上，将服务对象规定为“现阶段重点保障纳入分散特困供养范围的失能、高龄、残疾老年人家庭，有条件的地方可将改造对象范围扩大到低保对象中的失能、高龄、残疾老年人家庭等”。

（二）服务项目数量多于国家清单

河南清单包含 3 种服务类型 20 个服务项目，服务类型同国家清单一致，服务项目数量比国家清单新增 4 项。同国家清单相比，河南清单中的物质帮助类型新增了第 12 项“长期护理保险制度”和第 18 项“医疗救助”服务项目，照护服务类型新增了第 3 项“老年人健康管理”和第 16 项“康复辅具适配”服务项目。

（三）服务内容更加丰富

与较多的基本养老服务项目相对应，河南省基本养老服务内容比国家清单更加丰富。河南清单新增的第 16 项“康复辅具适配”为持有残疾证的老年人适配基本型辅助器具提供补贴，规定有条件的地方可提供康复辅具社区租赁服务。新增的第 18 项“医疗救助”对符合条件的老年人，参加本省城乡居民基本医疗保险的个人缴费由其困难身份认定所在县（市、区）财政全额或定额补贴，并给予医疗救助。

表 6-13 河南清单同国家清单比较

河南清单			国家清单服务项目	河南清单增加项目
服务对象	服务类型	服务项目		
达到待遇享受年龄的老年人	物质帮助	1. 职工基本养老保险	1. 职工基本养老保险	
		2. 城乡居民基本养老保险	2. 城乡居民基本养老保险	
65 周岁及以上老年人	照护服务	3. 老年人健康管理		3. 老年人健康管理
		4. 老年人能力综合评估	3. 老年人能力综合评估	
80 周岁及以上老年人	物质帮助	5. 高龄津贴	4. 高龄津贴	
纳入最低生活保障范围的老年人	物质帮助	6. 最低社会保障	9. 最低社会保障	
低保对象，计划生育特殊家庭的高龄、失能、残疾老年人，特困人员中的老年人。有条件的地方可扩大到低保边缘、支出型困难等经济困难家庭老年人	物质帮助	7. 养老服务补贴	5. 养老服务补贴	
经济困难的老年人，现阶段重点保障纳入分散特困供养范围的失能、高龄、残疾老年人家庭，有条件的地方可将改造对象范围扩大到低保对象中的失能、高龄、残疾老年人家庭等	照护服务	8. 家庭适老化改造	6. 家庭适老化改造	
特困老年人	照护服务	9. 特困老年人分散供养	10. 分散供养	
		10. 特困老年人集中供养	11. 集中供养	

续表

河南清单			国家清单服务项目	河南清单增加项目
服务对象	服务类型	服务项目		
低保对象中经民政部门认定生活不能自理的老年人，有条件的地方可扩大到低保边缘、支出型困难等经济困难家庭中的生活不能自理老年人，对既符合老年人护理补贴条件又符合重度残疾人护理补贴条件的残疾老年人，可择高申领其中一类护理补贴	物质帮助	11. 护理补贴	7. 护理补贴	
试点地区失能老年人	物质帮助	12. 长期护理保险制度		12. 长期护理保险制度
经认定生活不能自理的老年人	照护服务	13. 家庭养老支持服务	8. 家庭养老支持服务	
对国家和社会作出特殊贡献的老年人	照护服务	14. 对国家和社会作出特殊贡献的老年人进行集中供养	13. 集中供养	
经认定符合条件的残疾老年人	物质帮助	15. 困难残疾人生活补贴和重度残疾人护理补贴	15. 困难残疾人生活补贴和重度残疾人护理补贴	
持有《中华人民共和国残疾人证》的老年人	照护服务	16. 康复辅具适配		16. 康复辅具适配
生活无着的流浪乞讨老年人	物质帮助	17. 生活无着的流浪乞讨老年人社会救助	16. 社会救助	
特困人员、低保对象、返贫致贫人口、农村易返贫致贫人口等群体中的老年人	物质帮助	18. 医疗救助		18. 医疗救助
独居、空巢、留守、失能、重残、计划生育特殊家庭等老年人	关爱服务	19. 探访服务	12. 探访服务	
计划生育特殊家庭老年人	照护服务	20. 优先享受机构养老服务	14. 优先享受机构养老	

资料来源：本书作者根据有关文件整理。

三、评价与借鉴

（一）短期内增加的服务项目

在服务对象、服务内容及标准“双限”前提下，短期内建议将“意外伤害保险”项目列入国家清单。内蒙古清单新增的“老年人意外伤害保险”项目面向60周岁以上老年人提供服务，服务内容及标准为“在全国范围内（港、澳、台除外）遭受意外伤害导致身故、伤残或入院治疗，由保险人向被保险人依据合同约定给付意外身故保险金、意外伤残保险金或意外医疗保险金。保险费为15元/人/年，保险总保额为25000元/人，保险总保额中包括意外伤害身故和伤残保险金额20000元、意外伤害医疗（包括门诊和住院）保险金额5000元”。辽宁清单新增的“意外伤害保险”项目针对辽宁户籍60周岁（女性55周岁）以上的城乡分散供养特困老年人，每人至少办理一份意外伤害保险，保费金额由民政部门与承保保险公司协商确定。相比之下，内蒙古“老年人意外伤害保险”项目服务对象范围大，服务标准明确；辽宁“意外伤害保险”项目服务对象聚焦，服务标准弹性大。考虑到内蒙古和辽宁分别是轻度人口老龄化和中度人口老龄化的中收入地区，建议将“意外伤害保险”项目列入“十五五”国家清单。考虑到全国各地财政支付能力参差不齐，建议在国家清单中将“意外伤害保险”项目的服务对象限定为“60周岁及以上的城乡分散供养特困老年人”，将服务内容及标准限定为“为符合条件的60周岁及以上的城乡分散供养特困老年人办理意外伤害保险，保费金额由民政部门与承保保险公司协商确定”。

短期内将“长期护理保险”项目列入国家清单。河南清单新增“长期护理保险制度”项目，规定“经医疗机构或康复机构规范诊疗、失能状态持续6个月以上，经申请通过评估认定的失能参保人员，可按规定享受相关待遇”。从全国来看，面对失能老人日益增多的趋势，我国将长期护理保险制度建设由局部试点推向全面推进阶段。考虑到党的二十届三中全会要求加快建立长期护理保险制度，2024年《国务院关于推进养老服务体系建设、加强和改进失能老年人照护工作情况的报告》进一步提出“在保障对象、筹资机制、评估机制、待遇支付、管理运行等方面作出统筹安排”，建议将“长期护理保险”项目列入“十五五”国家清单。

（二）中长期探索的服务项目

中长期探索将“康复辅具社区租赁”项目列入国家清单。河南清单新增“康复辅具适配”服务，为持有残疾证的老年人适配基本型辅助器具提供补贴，有条件的地方可提供康复辅具社区租赁服务。考虑到“辅助器具适配”服务项目已经在《残疾人基本康复服务目录（2019 年版）》中，类似的“残疾人康复服务”项目已经在《国家基本公共服务标准（2023 年版）》的扶残助残服务中且包含辅具适配等基本康复服务内容，不建议在国家清单中新增“辅具适配”项目。考虑到困难老年人康复辅具社区租赁服务已被有的地方列入基本养老服务清单，康复辅助器具社区租赁服务试点已在全国开展，建议探索将“康复辅具社区租赁”项目列入国家清单。

（三）不再新增的服务项目

建议在国家清单中不再新增“医疗救助”和“临时救助”项目。河南清单新增的“医疗救助”项目虽未包含在国家基本养老服务清单中，但已在《国家基本公共服务标准（2023 年版）》的社会救助服务中，建议在国家清单中不再新增“医疗救助”服务项目。考虑到内蒙古清单新增的“临时救助”服务虽未包含在国家基本养老服务清单中，但已在《国家基本公共服务标准（2023 年版）》的社会救助服务中，建议在国家清单中不再新增“临时救助”服务项目。

第六节　新疆的基本养老服务

2020—2023 年，新疆维吾尔自治区人口老龄化程度从 11.28%提高至 13.0%，处于轻度人口老龄化阶段；人均地区生产总值从 53593 元提高至 73774 元。2023 年，新疆维吾尔自治区贯彻落实中共中央办公厅、国务院办公厅《关于推进基本养老服务体系建设的意见》，自治区人民政府办公厅印发《关于加快推进基本养老服务体系建设的实施方案》，公布了《自治区基本养老服务清单》（以下简称“新疆清单”）。同国家清单相比，新疆清单的服务项目数量更多；部分新增项目同一些地方清单相比，服务内容更加丰富，服务标准更高（见表6-14）。

一、新疆：基本养老服务的居中者

（一）服务项目数量多于国家清单

新疆清单包含3种服务类型18个服务项目，服务类型同国家清单一致，服务项目数量比国家清单新增2项。按照本书的分类别标准，新疆清单比国家清单新增的健康护理类服务项目是第5项“老年人健康管理”，属于照护服务类型；新增的社会参与类服务项目是第3项“老年人优待”，属于物质帮助类型。

（二）新增项目服务内容更多

新疆清单中的部分新增项目同一些地方清单的新增项目相比，服务内容更多。例如，第3项“老年人优待”的服务内容是“为60周岁及以上老年人提供乘车、挂号等优惠待遇”，除了对老年人本人的优待外，还考虑到80周岁以上老年人的安全需要，规定“80周岁以上的老年人可以带一名陪护人员免费进入实行政府指导价的旅游景区”。

（三）新增项目服务标准更高

新疆清单中的部分新增项目同一些地方清单的新增项目相比，服务标准更高。例如，第3项“老年人优待”的服务标准是“依据《新疆维吾尔自治区老年人权益保障条例》规定，65周岁以上的老年人持老年优待证、敬老卡、居民身份证等证件可免费乘坐市内公交、地铁等公共交通工具；公立医疗机构免收普通门诊挂号费；免费使用收费的公共厕所”。其中的“免费乘坐地铁”，即使是有的高收入地区也达不到这个水平；“公立医疗机构免收普通门诊挂号费”和“免费使用收费的公共厕所”，也是一些地区尚未提供的老年人优待服务。

表 6-14　新疆清单同国家清单比较

新疆清单			国家清单服务项目	新疆清单增加项目
服务对象	服务类型	服务项目		
达到待遇享受年龄的老年人	物质帮助	1. 职工基本养老保险	1. 职工基本养老保险	
		2. 城乡居民基本养老保险	2. 城乡居民基本养老保险	
60 周岁及以上老年人	物质帮助	3. 老年人优待		3. 老年人优待
	照护服务	4. 老年人能力综合评估	3. 老年人能力综合评估	
		5. 老年人健康管理		5. 老年人健康管理
80 周岁及以上老年人	物质帮助	6. 高龄津贴	4. 高龄津贴	
经济困难的老年人	物质帮助	7. 养老服务补贴	5. 养老服务补贴	
	照护服务	8. 家庭适老化改造	6. 家庭适老化改造	
经认定生活不能自理的老年人	物质帮助	9. 护理补贴	7. 护理补贴	
	照护服务	10. 家庭养老支持服务	8. 家庭养老支持服务	
纳入最低生活保障范围的老年人	物质帮助	11. 最低社会保障	9. 最低社会保障	
特困老年人	照护服务	12. 分散供养	10. 分散供养	
		13. 集中供养	11. 集中供养	
特殊困难老年人	关爱服务	14. 探访服务	12. 探访服务	
对国家和社会作出特殊贡献的老年人	照护服务	15. 集中供养	13. 集中供养	
计划生育特殊家庭老年人	照护服务	16. 优先享受机构养老	14. 优先享受机构养老	
经认定符合条件的残疾老年人	物质帮助	17. 困难残疾人生活补贴和重度残疾人护理补贴	15. 困难残疾人生活补贴和重度残疾人护理补贴	
生活无着的流浪、乞讨老年人	物质帮助	18. 社会救助	16. 社会救助	

资料来源：本书作者根据有关文件整理。

二、评价与借鉴

短期内建议在国家清单中新增“老年人健康管理”服务项目。新疆清单新增的“老年人健康管理”服务项目通过政府购买服务等方式，为65周岁及以上常住居民每年提供1次健康管理服务，包括生活方式和健康状况评估、体格检查、辅助检查和健康指导。河南清单新增的“老年人健康管理”服务项目每年为辖区内65周岁及以上常住居民提供1次生活方式和健康状况评估、体格检查、辅助检查和健康指导等服务，提供1次中医体质辨识和中医药保健指导。除此之外的其他一些地区也有该项目。考虑到有关地区新增的“老年人健康管理”服务项目已在《国家基本公共卫生服务规范（第三版）》和《国家基本公共服务标准（2023年版）》的养老助老服务中且包含体格检查和辅助检查服务内容，但未包含在国家基本养老服务清单中，建议在“十五五”国家清单中新增“老年人健康管理”服务项目，并增加辅助检查项目。

短期内不建议在国家清单中新增“老年人优待”服务项目。新疆清单新增的“老年人优待”服务项目面向65周岁以上的老年人，提供免费乘坐公共交通工具、公立医疗机构免收普通门诊挂号费、免费使用收费的公共厕所及依据法律法规和有关规定可以享受的其他优惠待遇。其中的“免费或优惠乘坐公共交通工具”服务虽然也包含在江苏、北京、广东、山东、辽宁、四川等地方清单中，但它属于社会参与类的非基本养老服务。其中的“公立医疗机构免收普通门诊挂号费”服务是新疆地区的创新，是新疆老人的福音，但由于新疆是“未富轻老”地区，老年人口数量较少、负担较轻，而全国大多数地区的老年人数量较多、负担较重，如在国家清单中新增该项服务会加重各地负担。综合考虑，不建议在“十五五”国家清单中新增“老年人优待”服务项目。

第七章　基本养老服务的国际比较

世界各国在不同的福利模式下，提供了老年人亟须的物质帮助类型基本养老服务和老年人偏好的照护服务类型基本养老服务。对世界上现有的福利模式进行分类，选择代表性国家开展比较研究，总结代表性国家提供物质帮助类型和照护服务类型基本养老服务的主要做法和经验，对于我国下一步调整国家基本养老服务清单和完善基本养老服务配套政策，具有重要的借鉴价值。

第一节　福利模式分类及代表性国家选择

按照社会基本制度，可以将世界上主要国家的福利制度分为资本主义福利制度和社会主义福利制度。资本主义福利制度包括自由主义、保守主义和社会民主主义三种福利模式，加上中国特色社会主义福利模式和与之文化背景接近的日本式福利社会，构成了本书划分世界主要国家福利模式和选择代表性国家的主要依据。而代表性国家的人口老龄化程度，又对其做法和经验的可借鉴性产生影响。

一、福利模式分类及其代表性国家

国内外关于福利模式的分类有多种方法，最权威的是艾斯平-安德森的分类。丹麦学者艾斯平-安德森在 1990 年出版的《福利资本主义的三个世界》中，以 OECD 中的 18 个国家为研究对象，运用福利与服务分配时的“去商品化”和“分层化”程度差异性，将资本主义福利制度分为三种模式：自由主义福利模式、保守主义福利模式和社会民主主义福利模式。

从国家、市场、社会（社区、家庭、邻里）的关系看，自由主义福利模式是弱国家、强市场、中社会，市场在福利供给中发挥主体作用；保守主义福利模式是中国家、中市场、强社会，社会组织在福利供给中发挥主体作用；社会民主主义福利模式是强国家、弱市场、弱社会，国家在福利供给中发挥主体作用（见表 7-1）。三元主体在不同类型国家各有侧重：自由主义福利模式国家主张市场介入社会福利，保守主义福利模式国家强调传统家庭的价值，社会民主主义福利模式国家强调国家对福利的承诺和责任。

按照安德森的分类方法，本书选择美国、德国、瑞典作为比较对象。其中，美国是自由主义福利模式的代表性国家，德国是保守主义福利模式的代表性国家，瑞典是社会民主主义福利模式的代表性国家。考虑到英国的福利制度具有某种混合特征，因此本书选择美国而不是英国作为比较对象。例如，安德森将英国归入自由主义福利模式，但是英国的全民免费医疗制度和北欧的社会民主主义福利模式更为接近。

考虑到日本与中国同属东亚国家，中日文化背景更为接近，本书选择日本作为比较对象。由于套用安德森的三种模式分析其他国家的福利模式，或者将中国、日本、韩国共同概括为东亚模式（或称为福利东方主义）的做法一度受到批判，日本政府在 1979 年的"新经济社会 7 年计划"中提出了实现"日本式福利社会"的政策目标，本书将日本的模式称为"日本式福利社会"。"日本式福利社会"是指以个人自身的努力和家庭、近邻—地域社会等的团结为基础，政府高效、重点地保障适当水平的公共福利。日本的团结互助精神和家庭养老传统同中国的儒家文化更为接近，家庭功能较强。加之近年来，日本实现了全民保险，其三部门力量对比是强国家、中市场、强社会（见表 7-1）。

中国是社会主义国家，不宜归入资本主义的三种福利模式。如果非要找相似点，那么，中国更接近北欧的社会民主主义福利模式，同时又有自己的特色，姑且称之为"中国特色社会主义福利模式"。在中国，国家在社会福利供给中发挥主体作用，举国体制更是独一无二；市场开始在福利供给中发挥作用，但社会组织的力量更强，表现为非政府办社会福利机构大部分注册登记为民办非企业单位；在社会中，中国家庭的力量强于北欧（见表7-1）。

表7-1　五种福利模式与五个代表性国家

福利模式	国家	市场	社会	代表性国家
自由主义	弱	强	中	美国
保守主义	中	中	强	德国
社会民主主义	强	弱	弱	瑞典
日本式福利社会	强	中	强	日本
中国特色社会主义	强	弱	强	中国

资料来源：江燕娟（2013）。本书作者在此基础上增加了日本和中国。

二、五个国家的人口老龄化情况

历史地看，美国、德国、日本、瑞典四个国家都先于中国进入老龄化社会。本章采用一个国家或地区65岁及以上人口占总人口比重超过7%即进入老龄化社会的标准，65岁及以上人口占总人口比重7%~14%为轻度人口老龄化阶段，14%~21%为中度人口老龄化阶段，21%及以上为重度人口老龄化阶段。美国、德国、瑞典1960年65岁及以上人口占总人口比重分别为9.12%、11.47%、11.76%，均已进入老龄化社会；日本1971年65岁及以上人口占总人口比重为7.05%，进入老龄化社会；中国2000年65岁及以上人口占总人口比重为7.0%，进入老龄化社会。瑞典和德国分别于1971年和1972年进入中度人口老龄化阶段，65岁及以上人口老龄化程度分别为14.00%、14.16%；日本于1995年进入中度人口老龄化阶段，65岁及以上人口老龄化程度为14.30%；美国于2014年进入中度人口老龄化阶段，65岁及以上人口老龄化程度为14.27%。日本和德国分别在2008年和2014年进入重度人口老龄化阶段，人口老龄化程度分别为21.24%和21.06%（见图7-1）。

现状比较，五个国家的65岁及以上人口老龄化程度从高到低依次是：日本28.70%、德国21.98%、瑞典20.47%、美国17.04%、中国14.2%。考虑到日本、德国、瑞典、美国比中国更早进入老龄化社会，更早进入中度人口老龄化阶段，日本、德国更早应对重度人口老龄化阶段的问题，它们的养老服务制度对中国更有借鉴意义。

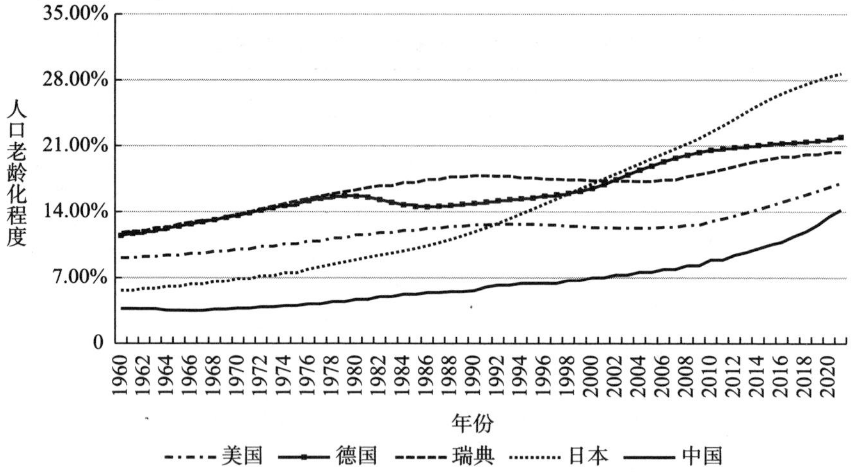

图 7-1　美国、德国、瑞典、日本、中国的人口老龄化程度（1960—2021 年）

资料来源：美国、德国、瑞典、日本采用世界银行数据，中国 1960—1989 年采用世界银行数据，1990—2021 年采用《中国统计年鉴 2021 年》和《中华人民共和国 2021 年国民经济和社会发展统计公报》数据。

第二节　老年人急需的养老保障

生活资料、生活照料和医疗护理是老年人的基本养老服务需要，老年人急需这方面的物质帮助。代表性国家为此建立了养老保障制度、医疗保障制度和长期护理保障制度。德国建立了社会养老保险、法定医疗保险和长期护理保险制度，美国建立了以自由主义为基础的基本养老保险、医疗保险和医疗救助制度，日本同样建立了社会养老保险、法定医疗保险和长期护理保险制度，瑞典建立了社会养老保险、全民免费医疗和护理补贴制度。中国则建立了基本养老保险、基本医疗保险和医疗救助制度，将长期护理保险制度建设由局部试点推向全面推进阶段。

一、基本养老保障

德国最早建立了社会养老保险制度，是西方工业化国家中第一个颁布社会保险法的国家。1889 年，德国颁布了人类历史上第一部现代意义上的社会养老保险法——《残障与老年保险法》，且经过多年的发展，最终以法定养老保险的名义规定于德国现行的《社会法典第六编》。该法典将法定养老保险的被保险人分为强制参保者、免强制参保义务者、依申请免除强制参保义务者和自愿参保者四种类型，形成了以职工为原则、以非职工为例外的覆盖范围。德国法定养老保险的待遇给付包括年金给付和社会活动适应给付，具有保障功能多元化的特征。该法典第 9 条第 1 款规定，社会活动适应给付主要包括医疗复健给付和职场适应给付等帮助性给付。在此，德国法定养老保险遵循“复健优先于年金”原则，换言之，如果工作能力受损者已能通过社会活动适应给付制度回归正常社会生活，则无须再向其给付年金。根据保险事故不同，德国法定养老保险目前主要包括养老金（老年年金）、工作能力减损年金和死亡年金三种年金类型。

瑞典具有完善的社会保障制度。其中的社会养老保险制度于 20 世纪初期初步建立，在 20 世纪 60 年代定型和成熟。当时的养老保险制度具有“全民性”和“强制性”的特点，属于普惠性养老保障。面对 20 世纪 70 年代中期的世界性经济危机，瑞典在 20 世纪 80 年代初期到 90 年代中后期对社会保障制度进行了反思和重构。21 世纪初期，瑞典正式出台并全面施行改革后的养老保险制度。改革后的瑞典养老保险制度主要有三种类型：第一类为国民年金，与个人收入有关，主要面向无收入和低收入的社会弱势群体；第二类为收入关联养老金，一般由雇主和雇员分别按照工资总额和缴费工资各缴纳 9.25%来共同承担，由名义账户和实账积累两部分组成；第三类为职业年金，是指在岗职工享有的养老基金，一般由工会与企业主协商建立（邹升平，2013）。

美国的基本养老保险制度坚持“底线保障”的制度初衷，强调“保基本”就是防止老年贫困。1935 年，美国颁布《社会保障法》，正式确立了基本养老保险制度。美国基本养老保险最初将参保对象限定为工商业职员，采用了现收现付、以税代费、全国统筹的运行模式。基于制度设立的四个目的和“底线保障”的制度定位，美国基本养老保险将参保人的相关家庭成员有条件地纳入保障范围，将给付对象从参保者本人逐渐拓展至参保人的现配偶

（含同性婚姻配偶）、作为遗属的鳏夫寡妇、前配偶、部分未成婚的孩子（含养子）及正在由参保人赡养的老年父母，将参保人个人的退休计划转变为以参保人家庭为基础的经济保障计划。美国基本养老保险也称为老年、遗属、残疾保险（Old Age，Survivors and Disability Insurance，简称“OASDI”），它是一个复合型基本养老保险计划，其直观含义是，当参保人退休、死亡、残疾时对参保人及其家人进行给付的制度安排。美国基本养老保险的制度定位强调“保基本”，其制度运行模式一般具有低缴费率、低替代率、低财政补贴的属性。

日本先后借鉴德国和英国的经验，建立了社会养老保险制度。在制度建立初期，借鉴德国的职业型养老保险模式，建立了覆盖被雇佣者的厚生保险制度和各种共济组合。日本在1941年《养老保险法》及由其修改的1944年《厚生年金保险法》的基础上，于1954年颁布了新的《厚生年金保险法》；又先后于1953年、1954年、1955年、1957年建立了私立学校教职员、地方公务员、公共企业职员、农林渔业团体职员共济组合制度。在制度发展过程中，又借鉴英国的普遍型养老保险模式，建立了覆盖所有国民的国民年金制度。1959年，日本颁布《国民年金法》，规定未加入其他保险的20岁以上60岁以下的日本国民参加缴费型国民年金；超过60岁或生活困难者参加免费型国民年金。国民年金将被保险者分为3号：第1号为学生、农民、个体、自由职业者等；第2号为厚生年金、共济组合参加者，即正式被雇佣者；第3号为由第2号抚养的配偶，其保费由第2号缴纳。2012年，日本通过《年金功能强化法案》将厚生年金的适用范围扩大到短时间劳动者，通过《受雇人年金一元化法案》将共济年金统一到厚生年金保险制度中并统一保费，推动实现受雇人员与公务员在年金保险中的公平。

中国经过不断改革和发展，建立了由职工保险和居民保险组成的基本养老保险制度与由高龄津贴、护理补贴、养老服务补贴和综合补贴组成的老年人福利补贴制度。《2023年度人力资源和社会保障事业发展统计公报》显示，2023年末，全国参加基本养老保险人数达106643万人，参加城镇职工基本养老保险人数达52121万人，参加城乡居民基本养老保险人数达54522万人。《2023年民政事业发展统计公报》显示，截至2023年底，全国共有4334.4万老年人享受老年人补贴，其中享受高龄津贴的老年人 3547.8 万人，享受护理补贴的老年人 98.5 万人，享受养老服务补贴的老年人 621.4 万人，享受综合补贴的老年人 66.7 万人。

二、基本医疗保障

德国、日本和中国都建立了基本医疗保险制度。德国早在 1883 年就建立了主要面向产业工人推行的法定医疗保险制度。2007 年，德国出台《法定医疗保险竞争加强法》，规定自 2009 年起全民均须加入法定医保或替代性的私人医保体系。目前，德国的法定医保覆盖约 90%的人口，涵盖工资收入超过 450 欧元且在一定限额以下的在职劳动者、学生、农民、退休者、失业者等。德国医疗保险资金以雇员与雇主按比例缴费为主，以联邦财政补贴为辅。日本借鉴德国医保制度，先后于 1922 年和 1938 年颁布《健康保险法》和《国民健康保险法》，确立了人人都可以、到处都可以、随时都可以的医疗保险制度，到 1961 年实现了全民覆盖。面对不同人群的制度分立、制度差距和财务不平衡、待遇不平等问题，日本单设高龄医保制度，建立了分别覆盖 75 岁及以上老年人、正规雇员及其被扶养人、自我雇佣者等其他人群的高龄医保、雇员医保、国民医保三类制度，试图通过财政对医保制度的财务援助和三类制度之间的财务援助来解决。中国先后于 1998 年和 2016 年出台《国务院关于建立城镇职工基本医疗保险制度的决定》和《国务院关于整合城乡居民基本医疗保险制度的意见》，建立了城镇职工基本医疗保险制度和城乡居民基本医疗保险制度，到 2023 年覆盖全国 13.34 亿人。

瑞典是社会保障北欧模式的代表，其医疗保障制度是具有全民性、高福利、全方位保障等特点的免费医疗制度。瑞典 1955 年颁布并实施了《国民健康保险法》，规定 16 周岁以上居民都要加入医疗保障制度。瑞典的全民免费医疗资金主要来源于社会保险税和财政收入。按照瑞典《社会保险法》，投保者在按规定缴纳社会保险税后，本人及其 16 周岁以下的子女便可享受免费医疗待遇。瑞典采取现收现付制度，用人单位一般按照职工工资总额的 33%缴纳社会保险税，其中近 13%用于支付病假补助和医疗保健相关费用；职工个人一般按照工资的 4.95%缴纳社会保险税，其中 60%用于支付医疗保险税；

自谋职业者一般按照实际收入的17%~30%缴纳社会保险税。瑞典财政收入的重要来源是个人所得税，包括地方个人所得税和中央政府对高收入者征收的个人所得税。目前，瑞典居民个人所得税最高已达60%以上。瑞典政府为全民提供基本免费医疗，主要包括门诊医疗、住院医疗和牙科医疗；同时对自营业者和受雇者提供疾病补助，主要是病假补助。

德国、日本等国家和地区都选择了家庭联保的参保机制，将个体置于家庭单元中，实现了从个体之间的风险分散到家庭之间的互助共济的转变。德国法定医保以家庭为单位参保，即缴费参保者的无收入或低收入配偶和未成年子女可作为家属免费参保。日本国民医保在建立之初也探索了家庭联保的做法，1938年《国民健康保险法》规定，被保险人及其家庭成员既可以选择加入普通国民医保组合，也可以作为某一行业人士加入特别国民医保组合。日本雇员医保经历了由个人参保向家庭联保的转变，1942年修订的《健康保险法》合并了1922年《健康保险法》与1939年《职员健康保险法》，开始将被保险人家属作为被扶养人强制纳入医保制度中。中国也开始关注医疗保险的家庭共济作用，以家庭为单位由职工基本医疗保险负担医疗费用。国务院办公厅2021年印发《关于建立健全职工基本医疗保险门诊共济保障机制的指导意见》，提出将职工个人账户支付范围扩展到参保人员本人及其配偶、父母、子女在定点医疗机构就医发生的由个人负担的医疗费用，以及在定点零售药店购买药品、医疗器械、医用耗材发生的由个人负担的费用。

美国和中国都建立了同医疗保险并列的医疗救助制度。美国在联邦退休人员医疗保险（Medicare）制度之外，建立了州政府医疗救助（Medicaid）制度。两者共同出资实施了全面医疗照顾计划（PACE）项目，该项目的服务对象必须是年龄大于或等于55岁且居住在PACE服务区内，经由州医疗救助机构批准并证明其符合该州入住护理院标准者。中国自2002年以来，先后出台《中共中央 国务院关于进一步加强农村卫生工作的决定》、《民政部、卫生部、财政部关于实施农村医疗救助的意见》、《国务院办公厅转发民政部等部门关于建立城市医疗救助制度试点工作意见的通知》等文件，在“十一五”期间建立了城乡医疗救助制度。十多年来，全国医疗救助对象范围逐步扩大，从最初的低保对象、特困人员延伸至低保边缘家庭成员、防返贫监测对象、刚性支出困难家庭中符合条件的大病患者（因病致贫重病患者）。《2023 年全国医疗保障事业发展统计公报》显示，2023 年，全国医疗救助支出 746 亿元，医疗救助基金资助 8020 万人参加基本医疗保险，实施门诊和住院救助 15340 万人次。

三、长期护理保障

失能老人既需要长期护理服务，又需要对长期护理服务的支付。德国、日本都建立了长期护理保险制度，由社会性长期护理保险支付居家照护服务费用。瑞典建立了护理补贴和资金支持制度。中国在试点探索中积极学习国际经验，部分试点具有向社区居家养老服务倾斜的特点。

德国的长期护理保险直接给予被照料人现金补贴，供被照料人支付居家照护服务费用。德国实现了长期护理保险国民全覆盖，其中社会性长期护理保险参加人员约占全体国民的 90%，待遇领取人员主要是失能失智老人。德国重视家庭责任，坚持“居家护理优先”，84%的居家老年人选择现金给付形式①，用于补偿家庭成员的照料服务或者在非正式护理市场上购买服务。

日本建立了将居家养老费用报销纳入老年人介护保险体系的制度。日本的介护保险覆盖 40 岁以上人群，占国民总数的一半，属于强制性义务险。2000 年，日本实施《介护保险法》，规定保险费用的承担比例为国家 25%、都道府县 12.5%、市町村 12.5%、个人 50%。随着领取待遇人数的增加，财政负担问题开始显现。2005 年，日本第一次修订《介护保险法》并颁布《介护保险法修订法案》，提出发展居家服务和社区嵌入式服务，将居家养老费用报销纳入介护保险。介护机构为老年人提供介护服务发生的费用，由介护保险按照比例进行补贴，享受服务的老年人按规定缴纳费用即可。

瑞典建立了面向残疾人的护理补贴和资金支持制度。1993 年，瑞典颁布《护理补贴法案》，为功能性残疾人群且每周需要他人照顾基本起居时间超过 20 小时的残疾人提供护理补贴。1994 年，瑞典颁布《残疾人支持和服务法

① Lundsgaard. Consumer Direction and Choice in Long-term Care for Older Persons. Including Payments for Informal Care：How Can It Help Improve Care Outcomes，Employment and Fiscal Sustainability? ［C］ // OECD Health Working Papers，Paris：OECD，2005，20.

案》，规定地方政府必须为残疾人指定护理人员或给予资金支持，使其具有购买护理服务的能力。

中国的部分长期护理保险试点地区通过向社区居家养老服务倾斜和支付家庭养老床位服务费用的方式，引导老年人选择社区居家养老。上海等长期护理保险试点地区通过差异化支付政策，引导保障对象优先利用居家、社区等照护服务，鼓励机构服务向社区和家庭延伸。2017 年以来，中国出现了国家、省、地市、区县四个层级的家庭养老床位试点，一些试点同时也是长期护理保险试点地区，正在探索用长期护理保险支付家庭养老床位的服务费用。

四、对中国的启示

建立健全社会保险制度是代表性国家的成功经验之一。德国基本法规定，德国是一个社会性的国家。这就意味着，应该将个人无法承担的风险外化，由社会承担化解风险的功能。德国通过建立社会保险制度，为老年人提供了养老保障，并被日本等国借鉴，也值得我国借鉴。

保留并优化“职工基本养老保险”和“城乡居民基本养老保险”服务项目，重点解决制度分立和制度差距问题。考虑到“职工基本养老保险”和“城乡居民基本养老保险”服务项目已在国家基本养老服务清单中，建议在“十五五”国家清单中保留这两个服务项目。从世界主要国家的经验和我国养老保障制度的历史演变看，统一制度是解决缴费和待遇差距的治本之策。建议加快研究“职工基本养老保险”和“城乡居民基本养老保险”的制度统一问题，中长期在推广企业年金和职业年金的基础上，探索将“职工基本养老保险”和“城乡居民基本养老保险”合并实施。

短期内新增“长期护理保险”服务项目。代表性国家为满足老年人的生活资料、生活照料和医疗护理等基本养老服务需要，建立了养老保障制度、医疗保障制度和长期护理保障制度。考虑到中国长期护理保险制度建设已经迈向全面推进阶段，中共二十届三中全会要求加快建立长期护理保险制度，将“长期护理保险”服务项目纳入国家清单的必要性已经具备且可行性将要具备，建议在建立作为独立险种的长期护理保险制度的基础上，在“十五五”国家清单中新增“长期护理保险”服务项目。

国家清单不再新增“职工基本医疗保险”和“城乡居民基本医疗保险”服务项目，强化职工基本医疗保险门诊共济保障。考虑到“职工基本医疗保险”和“城乡居民基本医疗保险”服务项目已在《国家基本公共服务标准(2023 年版)》的医疗保险服务中，不建议在“十五五”国家清单中新增“职工基本医疗保险”和“城乡居民基本医疗保险”服务项目。从世界主要国家的经验看，由碎片化制度向一体化制度发展是医疗保险制度的优化方向，我国不宜借鉴日本做法，单独建立高龄医保制度，但由于在短期内难以统一制度，建议仍将“职工基本医疗保险”和“城乡居民基本医疗保险”服务项目分立在《国家基本公共服务标准（2023 年版)》的医疗保险服务中。家庭联保是社会医疗保险模式下的一般规律，我国职工医保基金的大量结余为家庭联保提供了实现条件，建议今后进一步健全职工基本医疗保险门诊共济保障机制，强化职工基本医疗保险门诊共济保障。

第三节 老年人偏好的照护服务

基本生活照料和健康护理是老年人的基本养老服务需要，照护服务类型的基本养老服务应当涵盖基本生活照料和健康护理服务。五个代表性国家的老年人大多偏好社区居家养老，基本养老服务就要直接为老年人提供社区居家照护服务，或者从硬件和软件两个方面为老年人接受社区居家照护服务提供支持。在硬件方面，代表性国家大多采取了资助老年人家庭适老化改造、建设社区养老服务设施等举措。在软件方面，代表性国家大多采取了为家庭照护者提供技能培训或喘息服务、为老年人提供社区居家养老服务等举措。

一、家庭适老化改造

美国通过政府资助型住房、协助生活转化计划、社区养老服务资助计划和社区发展计划，为老人住房提供维修资金，提升老人住房宜居性。20 世纪末，美国在社区养老的老人出现了住房支出负担过重、住房老化不适应养老要求的困难。美国住房和城市发展部为联邦资助型住房提供资金，其中包含必要的整修费用。自2000年起，住房和城市发展部又实行协助生活转化计划，为政府资助型住房本身、公共空间和服务设施的升级改造提供拨款，资助其改造成符合当代养老要求的老人住房。社区养老服务资助计划通过州医疗保险和医疗补助中心提供资金，其中也包含一定的房屋整修费用。社区发展计划也提供相应的老人住房维修资金。以上维修资金主要针对低收入老人住房，覆盖面较小。

中国采取了对部分老年人家庭进行无障碍设施改造、适老化改造和家庭养老床位建设的政策。《中华人民共和国老年人权益保障法》明确规定，国家推动和扶持老年人家庭无障碍设施的改造。2019年，国务院办公厅《关于推进养老服务发展的意见》要求实施老年人居家适老化改造工程，采取政府补贴等方式，对所有纳入特困供养、建档立卡范围的高龄、失能、残疾老年人家庭实施适老化改造。2022年，民政部等部门联合印发《关于推进"十四五"特殊困难老年人家庭适老化改造工作的通知》，提出"十四五"时期支持200万户特殊困难高龄、失能、残疾老年人家庭实施适老化改造，项目涵盖室内行走便利、如厕洗澡安全、厨房操作方便、居家环境改善、智能安全监护和辅助器具适配等。2021—2024年，民政部、财政部组织实施了四批居家和社区基本养老服务提升行动项目，通过中央专项彩票公益金支持，面向经济困难的失能、部分失能老年人建设家庭养老床位，要求加强家庭养老床位建设与特殊困难老年人家庭适老化改造工作的衔接，避免重复资助。2024年《国务院关于推进养老服务体系建设、加强和改进失能老年人照护工作的情况报告》显示，"十四五"期间，中央财政为符合条件的老年人建设家庭养老床位30.36万张；组织各地实施特殊困难老年人家庭适老化改造，已累计改造172万户。

二、社区养老服务设施

德国、日本重视社区养老服务设施建设。德国的社区养老服务设施包括老年人居所周边的养老机构和专业的社区护理服务机构，前者可以提供日间护理和短期托老服务，后者可以提供社区护理服务。日本的社区养老服务设施包括社区老人护理中心、社区设施、小规模多功能型照护机构等，主要向老年人提供日间照料、短期入住和区域密集型服务。

中国政府亦重视社区养老服务设施建设。2020 年，国务院办公厅印发《关于全面推进城镇老旧小区改造工作的指导意见》，将小区及周边适老设施、无障碍设施、有条件的楼栋加装电梯等列为完善类改造内容。2021 年，国务院印发的《“十四五”国家老龄事业发展和养老服务体系规划》要求严格按照人均用地不少于 0.1 平方米的标准分区分级规划设置社区养老服务设施，确保新建居住区与配套养老服务设施同步规划、同步建设、同步验收、同步交付，在城镇老旧小区改造中统筹推进配套养老服务设施建设。2022 年，住房城乡建设部等部门组织开展了首批完整社区建设试点工作，将规划建设老年服务站等社区服务设施列为试点任务。2023 年，国务院办公厅转发《城市社区嵌入式服务设施建设工程实施方案》，选择 50 个左右城市开展试点，建设社区嵌入式服务设施，面向社区居民提供养老托育、健康服务等服务。山东等地通过将“社区养老服务设施配建”服务项目列入地方基本养老服务清单，推动了社区养老服务设施建设。根据 2024 年《国务院关于推进养老服务体系建设、加强和改进失能老年人照护工作情况的报告》，截至 2023 年底，全国城市新建居住区配建养老服务设施达标率为 87.18%。《2023 年民政事业发展统计公报》显示，截至 2023 年底，全国共有社区养老服务机构和设施 36.3 万个，床位 305.8 万张。

三、家庭养老支持服务

代表性国家大多重视家庭养老，认为家庭成员的照料是居家老年人获得长期照料的主要渠道。按照这一理念，代表性国家通过经济支持、服务支持、时间支持等多种形式，为老年人的家庭照护者提供家庭养老支持服务。德国、瑞典、日本采取经济支持与时间支持相结合的形式，为家庭照护者提供保障、补贴或薪金、照顾假期等。美国、中国采取服务支持或经济支持形式，为家庭照护者提供培训服务或服务补贴，中国四川省还探索了通过子女护理假提供时间支持。

德国通过长期护理保险等为居家照护者提供充分的社会保障，瑞典、日本将照顾假期政策融入社会保险系统。德国社会法典第 11 篇第 44 条规定，长期护理保险机构为因居家护理而无正式工作或减少原有工作量的家庭照护者提供年金、职业灾害与失业等社会保险。护理者休护理病假期间，可根据其配偶的社会健康保险缴费状态缴纳健康保险最低保费或者免缴，如果已缴，则可向长期护理保险申请偿还。瑞典在 1989 年 7 月 1 日实施的法案中，准许市场受雇人员在老年家庭成员需要照顾时享有最多 60 天的照顾假期及期间由社会保险提供的补贴。如果经评估发现老年人确有在家接受照顾的需要，且家庭成员愿意照顾，地方政府会根据老年人需要和照顾时间，直接向家庭照护者发放现金补贴。照顾时间多于每周 20 个小时的家庭照护者，可以申请成为政府雇佣的照顾者，领取政府薪金。日本设置了家庭照顾假，员工在家庭成员有特殊需要时可以休家庭照顾假，这期间可以从其失业保险中领取工资金额的 40%。

美国、中国为家庭照护者提供培训服务或服务补贴，四川省还探索了子女护理假。美国马萨诸塞州医疗补助中心使用照顾者基金，为在普通社区养老的老人家庭成员等照顾者提供补助和培训。中国将“家庭养老支持服务”项目列入国家基本养老服务清单，对符合条件的失能老年人家庭成员参加照护培训等相关职业技能培训的，按规定给予职业培训补贴。中国四川省将“子女护理假”服务项目列入四川省基本养老服务清单，要求用人单位在老年人患病住院期间，按《四川省老年人权益保障条例》规定落实老年人子女护理假。

四、社区居家养老服务

美国深受自由主义思想影响，崇尚机会均等和自由竞争，注重家庭、市场和社会组织在社区居家养老服务提供中的作用，政府提供社区居家养老服务经历了从无到有的过程。美国有 85%的老年人在家养老，主要采用全托制的社区养老、日托制的托老中心、互助养老和上门服务四种社区居家养老方式。美国政府认为个人和家庭成员需要承担较多的养老责任，市场和社会组织一样扮演着重要角色，政府只有在其他提供主体无法满足时才会发挥作用。美国秉持这一理念，将市场作为重要的社区居家养老服务提供主体，形成了社区居家养老产业发达、民间服务机构众多的局面。但由于在这种供给机制下，能否获得社区居家养老服务主要取决于老年人的地位或财富，20 世纪末，美国出现了经济困难的老年人购买不起必需的社区居家养老服务等问题。为此，美国在进入 21 世纪以后扩大了福利服务的对象范围，通过免费提供服务，建立国家的兜底保障。

德国的居家养老一般依托老年人居所周边的养老机构，养老机构主要提供上门护理、日间护理和短期托老服务。部分老人在亲戚朋友不在或自己刚从医院回家的康复阶段，可进入短期托老所，享受最多 2 个月的短期托老服务。德国的大部分老年人都有固定的诊所和家庭医生，家庭医生对病人的情况非常了解，可以及时对症地治疗，遇到严重疾病，也可以转到大医院治疗。在德国，农村老人也可以享受到送餐、医疗、家务等居家养老服务。德国建立了发达的社区护理服务系统，目前有近 10%的 60 岁以上人口接受社区护理服务。德国的社区护理服务主要由专业机构提供，大型医疗保险机构提供监督和质量保障，患者共享服务网点和急救站。德国的独居老人家中一般会安装一个紧急呼叫系统，直通救护中心或者医院，老人如果突然生病，按一下呼叫系统，救护车很快就能赶到。德国还在农村建立了村庄自助平台，通过自助方式帮助农村老年人生活。

瑞典受社会民主主义思想影响，强调权利平等和社会公平，政府提供社区居家养老服务经历了从普惠性向救济性缩面的过程。瑞典为实现“让老年人尽可能在家中接受各项照料服务”的目标，颁布了《社会服务法》《健康和医疗服务法》等法律，面向全体老年人提供 4 种居家养老服务：（1）健康照顾和预防保健照顾，包括由医生和护士负责的健康照顾和旨在保持老年人健康水平的预防保健照顾；（2）康复治疗，主要为患有老年痴呆、精神障碍和其他类型残疾的老年人提供康复服务；（3）日常生活服务，主要包括帮助洗澡、如厕、穿衣、起床、翻身、购物、煮饭与情感慰藉、社会支持等服务；（4）其他服务，包括改善生活环境和交通服务、技术辅助手段、对家庭照顾者的支持政策等。瑞典还制定了《为特定功能性残疾人提供支持与服务法》，为老年残疾人提供多样化的居家养老服务。瑞典居家养老服务“福利”由政府主导，主要通过财政支出给付，居民凭借公民或长期居住资格就能获得。但随着人口老龄化、高龄化趋势加强和对延长生命的医疗需求增加，瑞典财政不堪重负，在20世纪80年代以后逐步限制政府“福利”对象资格，引入市场主体，整合各方力量。

日本以建设自助、互助、公助相结合的日本式福利社会为目标，先后发展了居家养老服务和区域密集型服务。日本自20世纪80年代末期以后，重点发展了四类居家养老服务机构。其中，专业护理机构提供身体护理和生活援助等上门照护服务，上门医护服务站或医院提供专业的上门医护服务，社区老人护理中心为需要照护的老人提供日间照料服务并负责接送，社区设施提供1—3个月的短期入住服务。日本政府在2006年进一步提出新增“区域密集型服务”的构想，主要是增设由市町村指定的小规模多功能型照护机构，为护理级别在3级以上的中重度老年人提供夜间巡视和24小时应急服务，为失智症老人提供日间照料和9个人以下组成的小组家庭服务，为辖区内老年人提供日间照料、上门、短期入住等各类服务。2005年，日本《介护保险法修订法案》提出推进居家服务和社区嵌入式服务。2015年，日本修订介护保险制度修改法案，正式提出建立社区综合性医护体系，在一定的地域内为老年人提供全方位的医疗、养老、照护服务，同时要求充实社区支援服务，推广居家医疗、护理预防合作机制。

五、对中国的启示

（一）拓展基本养老服务设施网络的内涵

在硬件设施方面，建立涵盖家庭、社区和机构的基本养老服务设施网络。代表性国家重视基本养老服务设施建设，特别是家庭和社区基本养老服务设施建设。健全基本养老服务设施网络，也要结合我国以社区居家养老为主的国情，借鉴代表性国家经验，将家庭和社区基本养老服务设施作为基本养老服务设施网络的重要组成部分。为此，建议“十五五”期间将“家庭适老化改造”项目保留在国家基本养老服务清单中，加强社区基本养老服务设施建设。

（二）丰富家庭养老支持服务内容和形式

在软性服务方面，探索多样化的家庭养老支持服务内容和形式。代表性国家通过经济支持、服务支持、时间支持等多种形式，为老年人的家庭照护者提供家庭养老支持服务。我国目前在国家清单的“家庭养老支持服务”项目中提供职业培训补贴，在四川清单的“子女护理假”项目中落实子女护理假。为此建议，“十五五”期间在国家清单已有的“家庭养老支持服务”项目中，增加子女护理假等服务内容；在建立长期护理保险制度基础上，探索由长期护理保险基金向非赡养人、扶养人的家庭成员支付护理服务费。

（三）限定社区居家养老服务对象和内容

在软性服务方面，政府要限定服务对象和服务内容，在社区居家养老服务中发挥兜底作用。德国和美国政府认为个人和家庭成员需要承担较多的养老责任，市场和社会组织同样扮演重要角色，政府发挥兜底作用；但由于20世纪末出现了经济困难的老年人购买不起必需的居家养老服务等问题，美国于21世纪初扩大了政府免费提供服务的对象范围。瑞典发展了由政府主导的居家养老事业；但随着人口老龄化程度加深和老年人口数量增加，财政逐渐不堪重负，于是缩小了居家养老服务对象范围，并将服务提供主体拓展到市场和社会组织。通过比较借鉴，建议在服务对象和服务内容“双限”前提下，中长期探索将政府主导的“居家照护服务”项目列入国家清单，将服务对象限定为失能和失智老人，将服务内容限定为医疗服务；将政府主导的“社区养老服务”项目列入国家清单，将服务对象限定为“城乡特困老年人，低保或低收入家庭失能、失智老年人，失能、失智、重度残疾、计划生育特殊家庭老年人等保障群体，进入老年的烈士遗属、因公牺牲军人遗属、病故军人遗属和残疾军人、复员军人、退伍军人等为国家和社会作出特殊贡献的老年人”，将服务内容限定为“个人清洁服务和呼叫服务”。

第八章　优化基本养老服务供给的思路建议

“十五五”时期是我国从经济恢复发展迈向基本实现社会主义现代化的奠定基础阶段，是实现到2035年全体老年人享有基本养老服务目标的窗口机遇期。我国在经济增速放缓、政府财力有限、人口老龄化程度加深的情况下优化基本养老服务供给，应当以基本养老服务供需相匹配和城乡区域均等化为方向，坚持需求导向、城乡统筹、区域统筹，在面向全体老年人提供基本养老服务基础上，优先保障特困老年人和经评估为失能或失智的低保、低边等特殊困难老年人，聚焦老年人最基本、最刚性、最共性的养老服务需要，逐步增加基本养老服务内容，适度提高基本养老服务标准，拓展基本养老服务供给主体，健全基本养老服务要素网络和运行机制。

第一节　明确发展环境与发展思路

“十五五”时期是我国从经济恢复发展迈向基本实现社会主义现代化的奠定基础阶段。我国将立足基本国情，聚焦经济建设这一中心工作和高质量发展这一首要任务，统筹扩大内需和深化供给侧结构性改革，统筹新型城镇化和乡村全面振兴，统筹高质量发展和高水平安全，进一步推动中国式现代化宏伟蓝图变成美好现实。“十五五”是实现到2035年全体老年人享有基本养老服务目标的窗口机遇期，为我国基本养老服务提出新需求、带来新挑战。

一、“十五五”对基本养老服务提出的新需求

“十五五”时期，由于我国人口发展、经济发展、社会发展等宏观形势变

化，带来老年人的自然资源、经济资源、社会资源等微观情况变化，因此，从多维度、多向度对基本养老服务产生新需求。

（一）人口发展形势对我国基本养老服务提出新需求

“十五五”时期，我国老年人口的总量、素质、结构和分布变化将带来基本养老服务对象及其需要的数量、质量、结构和分布变化。从总量看，预计老年人口将会从 2025 年的 3. 20 亿人增加到 2030 年的 3. 83 亿人，全体老年人的基本养老服务需要将会增加。从素质看，失能及残疾、慢性病等失能高风险老人和失智老年人数量都将增加，受过高等教育和拥有较高收入的老年人数量将会增加，对基本养老服务的数量和质量需要将会增长。从结构看，预计 80 周岁及以上高龄老人数量将会从 2025 年的 0. 44 亿人增加到 2030 年的 0. 57 亿人，高龄老人占老年人口比例将会从 2025 年的 13. 8%增加到 2030 年的 15. 0%，对高龄津贴等基本养老服务的需要将会增加。从分布看，人口流动迁移导致农村地区人口老龄化程度持续攀升，流出地留守老人、流入地随迁老人和以流浪为生活方式的老人数量增加，带来对农村养老服务、异地养老服务和流浪人员救助等的需要增加，对中央层面按照常住老年人口测算基本养老服务需要和调整基本养老服务供给提出要求。

（二）共同富裕愿景对我国基本养老服务提出新要求

我国要在“十五五”时期进一步推动的中国式现代化，是全体人民共同富裕的现代化。从需求看，推进全体人民共同富裕使我国的特困老人、低保老人、乞讨老人等基本养老服务对象数量减少，对基本养老服务的需要数量减少。从供给看，我们要坚持尽力而为、量力而行地推进共同富裕。一方面，要求在发展中保障和改善基本养老服务，强化对过去无力帮扶的低保失能等特殊困难老年人的基本养老服务，稳步提升基本养老服务水平。另一方面，要求在经济发展和财力可持续的基础上提供基本养老服务，坚决防止落入“福利主义”养懒汉的陷阱。因此，要坚持有所为有所不为，重点是提供基础性、兜底性基本养老服务，适度扩展服务对象、提高服务标准、增加服务内容。

（三）社会结构转型对我国基本养老服务产生新影响

“十五五”时期，家庭结构小型化、居民生活社区化将持续演进，要求我国调整基本养老服务供给方向以适应这种变化。社会结构包括人们在生活中形成的联结，家庭是社会的细胞，社区是社会的基本单元，家庭结构与社区结构是社会结构的重要内容，也是老年人的重要社会资源。“十五五”期间，我国独居、空巢老人数量将会增加，家庭养老功能将会进一步弱化并向社会转移；城乡社区在社区（村）一级中所占比例将会增加，社区将会更好地发挥基层服务平台作用。在老年人原居养老观念深重的情况下，家庭小型化导致家庭对社区服务向家庭延伸的需求增加，社区更优化使社区服务向家庭延伸的基础更加夯实，要求基本养老服务设施更多地嵌入社区，并将服务延伸至家庭，实现“养老不离家”。

（四）高质量发展对我国基本养老服务提出新要求

高质量发展是经济社会各领域的高质量发展，我国在经济增速下降、政府财力下行的情况下持续推进高质量发展，更加强调质量和效益，要求基本养老服务高质量发展、精准化提供。增加基本养老服务供给，要适应养老服务需要从以量为主进入量质齐增新阶段的变化，坚持稳中求进工作总基调，着力在补短板、强弱项、固底板、扬优势上下功夫。调整基本养老服务结构，要适应基本养老服务对象及其需要变化，提升居家社区基本养老服务，优化建设家庭养老床位，对失能老人家庭照护人员提供家庭养老支持服务。提升基本养老服务质量，要适应基本养老服务对象需要变化，提升基本养老服务设施质量，建设数字基础设施，提高养老服务人员能力，向基本养老服务对象精准提供精细化服务。优化基本养老服务分布，要适应人口流动迁移形势，要求人口流出流入地根据人口变动测算基本养老服务需要和调整基本养老服务供给，促进基本养老服务区域城乡平衡。

二、“十五五”对基本养老服务供给带来的新挑战

（一）内部风险叠加外部挑战，加紧“十五五”基本养老服务供给预算约束

国内有效需求不足、社会预期偏弱、房地产不景气、风险隐患较多，国内大循环存在堵点，外部环境的复杂性、严峻性、不确定性上升，导致经济总量和财政收入增速放缓，地方债化债和基层“三保”压力加大，进而加紧预算约束。日益趋紧的预算约束，要求“十五五”基本养老服务供给必须坚持尽力而为、量力而行，不能盲目扩面、提标、增容，更不能吊高“胃口”。

（二）人与自然和谐共生要求，加大“十五五”基本养老服务供给资源约束

中国式现代化是人与自然和谐共生的现代化。人与自然和谐共生要求加强资源节约集约循环高效利用，要求基本养老服务设施建设遵循绿色、低碳、环保原则，综合考虑基本养老服务对象需要和国土空间规划，严格控制建设规模和建设标准，节约集约利用土地等自然资源，严禁占用耕地。

三、“十五五”优化基本养老服务供给的主要思路

面对“十五五”为我国基本养老服务带来的新需求和新挑战，必须明确发展思路。主要是，深入贯彻落实党的二十大和二十届三中全会精神，贯彻落实党中央关于实施积极应对人口老龄化国家战略和推动全体老年人享有基本养老服务的决策部署，遵循人口老龄化基本规律，以推动高质量发展为主题，以改革创新为根本动力，坚持稳中求进工作总基调，着力在补短板、强弱项、固底板、扬优势上下功夫，加快建成覆盖全体老年人、权责清晰、保障适度、可持续的基本养老服务体系，在“12345”框架下优化基本养老服务供给。

在“12345”框架中，“1”是一个责任主体即政府；“2”是两类服务内容，包括基本生活照料类和基本健康护理类养老服务；“3”是“3R”重点对象，是指政府重点保障在自然、经济、社会三个维度中的一个或多个维度缺

乏养老资源的特殊老人；“4”是四元提供主体，包括政府、社会、市场、家庭；“5”是五层服务对象，包括特困老年人、特殊困难老年人、特殊贡献老年人、特殊家庭老年人、一般老年人。

第二节　健全基本养老服务清单制度

清单制度是优化基本养老服务供给的核心制度，要探索建立基本养老服务清单随经济社会发展水平动态调整的长效机制，响应需要，不断完善国家基本养老服务清单，实现政府承诺必达、老年人“照单点菜”。“十五五”期间，调整国家基本养老服务清单的思路是，坚持坚守底线、突出重点，对缺乏自然、经济或社会维度养老资源的特困老年人和特殊老年人，聚焦基本养老服务需要，适当扩面、提标、增容；对一般老年人，提供同基本养老服务直接相关的养老服务。

一、基本养老服务对象

建议将基本养老服务对象按照其拥有的自然、经济和社会维度养老资源多寡，分为五个大层次。第Ⅰ层次是同时缺失自然、经济和社会维度养老资源的特困老年人，第Ⅱ层次是缺乏自然、经济或社会维度养老资源的特殊困难老年人，第Ⅲ层次是特殊贡献老年人，第Ⅳ层次是特殊家庭老年人，第Ⅴ层次是一般老年人。调整国家基本养老服务对象的原则是，强化自然维度的身体状况门槛，弱化自然维度的年龄标准和社会维度的居住状况标准。

第Ⅰ层次是特困老年人。特困老年人同时缺失自然、经济、社会三个维度的养老资源：无劳动能力，无收入来源，无赡养扶养义务人或赡养扶养义务人无赡养扶养能力。在自然维度“劳动能力”的基础上，又依据“自理能力”将特困老年人分为两个中层次——失能或失智特困老年人 IA 和自理特困老年人 IB。目前的国家基本养老服务清单尚未提及失智老年人，考虑到上海等地方基本养老服务清单已明确将认知障碍老年人作为特定项目的服务对象，建议“十五五”国家基本养老服务清单将有关项目的服务对象扩展到失智老年人（见表8-1）。

第Ⅱ层次是特殊困难老年人。特殊困难老年人缺乏自然、经济或社会维度的养老资源。依据养老资源缺乏的维度数量，将特殊困难老年人分为三个中层次。IIA为三维困难老年人，即在自然、经济、社会三个维度均面临困难的老年人。表现为自然维度的失能、残疾或失智，经济维度的家庭人均收入低于最低生活标准（以下简称“低保”）或家庭人均收入略高于最低生活标准（以下简称“低边”），与社会维度的孤寡、独居或赡养扶养义务人履行义务能力较弱（如失能、残疾、高龄等）叠加。IIB为二维困难老年人，即在自然和经济两个维度或者经济和社会两个维度面临困难的老年人。自然和经济维度困难老年人包括失能+低保或低边老年人、残疾+低保或低边老年人和失智+低保或低边老年人。经济和社会维度困难老年人包括生活无着的流浪、乞讨老年人。IIC为一维困难老年人，即自然、经济或社会中的一个维度面临困难的老年人，自然维度困难老年人包括失能、残疾、失智老年人，经济维度困难老年人包括低保、低边老年人，社会维度困难老年人包括孤寡、独居、空巢等老年人。

第Ⅲ层次是特殊贡献老年人。即对国家和社会作出特殊贡献的老年人，包括60周岁及以上的烈士遗属、因公牺牲军人遗属、病故军人遗属和残疾军人、复员军人、退伍军人。针对一些地方将劳动模范作为特殊贡献老年人列为特定项目服务对象的做法，前文已有分析，不建议将劳动模范列为国家基本养老服务清单特定项目的服务对象。

第Ⅳ层次是特殊家庭老年人。即计划生育特殊家庭老年人，指独生子女死亡或重残且在独生子女死亡或重残后，一般未再生育或收养子女的计划生育特殊家庭老年人。

第Ⅴ层次是一般老年人。即拥有中华人民共和国国籍的老年人，不论其拥有的自然、经济和社会维度养老资源多寡，一律一视同仁。前文建议弱化自然维度的年龄门槛，此处不将高龄老年人视为特殊老年人，而是归入一般老年人层次。

表 8-1 “十五五”国家基本养老服务对象（拟）

基本养老服务对象	服务对象层次	服务对象特点
Ⅰ特困老年人	IA 失能或失智特困老年人	经评估为失能或失智的特困老年人，往往有集中供养需要
	IB 自理特困老年人	能自理的特困老年人，往往选择分散供养
Ⅱ特殊困难老年人	IIA 三维困难老年人	失能、残疾或失智，低保或低边，且孤寡、独居或赡养扶养义务人履行义务能力较弱（如失能、残疾、高龄等）
	IIB 二维困难老年人	自然+经济维度：失能+低保或低边老年人、残疾+低保或低边老年人和失智+低保或低边老年人； 经济+社会维度：生活无着的流浪、乞讨老年人
	IIC 一维困难老年人	自然维度：失能、重残、失智老年人； 经济维度：低保、低边老年人； 社会维度：孤寡、独居、空巢等老年人
Ⅲ特殊贡献老年人	Ⅲ对国家和社会作出特殊贡献的老年人	60 周岁及以上的烈士遗属、因公牺牲军人遗属、病故军人遗属和残疾军人、复员军人、退伍军人
Ⅳ特殊家庭老年人	Ⅳ计划生育特殊家庭老年人	独生子女死亡或重残、未再生育或收养子女家庭的老年人
Ⅴ一般老年人	Ⅴ一般老年人	拥有中华人民共和国国籍的老年人

资料来源：本书作者研究整理。

二、服务类别和项目

建议将国家基本养老服务分为基本生活照料和基本健康护理两大类别，保留国家基本养老服务清单（2023 年版）（以下简称“国家清单 2023”）将服务项目分成三种服务类型的做法，在“十五五”国家基本养老服务清单中设置两类 26 个服务项目，归入三种服务类型。26 个服务项目中，包括由国家清单 2023 的 2 个服务项目拆分成的 4 个服务项目与新增的 8 个服务项目。将“十五五”国家基本养老服务清单实施期限确定为 2026—2030 年，命名为“国家基本养老服务清单（2026 年版）”（以下简称“国家清单 2026”）。

（一）基本生活照料类服务项目

基本生活照料类服务项目的服务对象多为自理老人，服务内容偏重生活照料。按照本书的分类依据，国家清单 2026 的基本生活照料类服务项目包括养老顾问服务、特困老年人分散供养、特殊困难老年人探访服务、计划生育特殊家庭老年人探访服务、计划生育特殊家庭老年人优先入住公办养老机构、特殊贡献老年人集中供养、困难残疾老年人生活补贴、流浪乞讨老年人社会救助、最低社会保障、养老补贴、高龄津贴、职工基本养老保险和城乡居民基本养老保险。

参考地方清单做法，结合老年人口需要和地方已有基础，考虑服务提供成本和财政支付能力，建议国家清单2026比国家清单2023新增1个基本生活照料类服务项目，即“养老顾问服务”项目。按照国家清单的分类型依据，新增的“养老顾问服务”项目属于关爱服务类型。

由国家清单2023已有项目拆分或更名项目的服务类型不变。拆分或更名情况如下：将国家清单2023的第5项“养老服务补贴”更名为“养老补贴”；在第10项“分散供养”和第13项“集中供养”前冠以服务对象“特困老年人”和“特殊贡献老年人”，分别更名为“特困老年人分散供养”和“特殊贡献老年人集中供养”；在第12项“探访服务”前冠以服务对象“特殊困难老年人”和“计划生育特殊家庭老年人”，将该项目拆分为“特殊困难老年人探访服务”和“计划生育特殊家庭老年人探访服务”2个项目；将第14项“优先享受机构养老”按服务内容明确为“优先入住公办养老机构”并冠以服务对象“计划生育特殊家庭老年人”，更名为“计划生育特殊家庭老年人优先入住公办养老机构”；在第16项“社会救助”前冠以服务对象“流浪乞讨老年人”，更名为“流浪乞讨老年人社会救助”项目（见表8-2）。

（二）基本健康护理类服务项目

基本健康护理类服务项目的服务对象多为失能、残疾老人，服务内容偏重健康管理和康复护理。国家清单2026的基本健康护理类服务项目包括老年人健康管理与医养结合、老年人能力综合评估、失能老年人健康服务、家庭适老化改造、家庭养老床位、家庭养老支持服务、特困老年人集中供养、特殊困难老年人优先入住公办养老机构、经济困难失能老年人入住养老机构救助、长期护理保险、意外伤害保险、护理补贴和重度残疾老年人护理补贴。

依据实证研究结果，参考地方清单做法，借鉴代表性国家经验，结合老年人口需要、政策文件要求和我国已有基础，考虑服务提供成本和财政支付能力，建议国家清单2026比国家清单2023新增7个健康护理类服务项目，即“老年人健康管理与医养结合”“失能老年人健康服务”“家庭养老床位”“特殊困难老年人优先入住公办养老机构”“经济困难失能老年人入住养老机构救助”“长期护理保险”和“意外伤害保险”项目。按照国家清单的分类型依据，新增的“老年人健康管理与医养结合”“失能老年人健康服务”“家庭养老床位”和“特殊困难老年人优先入住公办养老机构”项目均属于照护服务类型，新增的“经济困难失能老年人入住养老机构救助”“长期护理保险”和“意外伤害保险”项目均属于物质帮助类型。

由国家清单2023已有项目拆分或更名项目的服务类型不变或微调。拆分或更名情况如下：在国家清单2023的第11项“集中供养”前冠以服务对象“特困老年人”，更名为“特困老年人集中供养”，服务类型不变；将国家清单2023的第15项“困难残疾人生活补贴和重度残疾人护理补贴”拆分并更名为“困难残疾老年人生活补贴”和“重度残疾老年人护理补贴”2个项目，服务类型分别为物质帮助和照护服务。

表8-2 国家基本养老服务清单（2026年版）（拟）服务类别和项目

类别	国家清单2026服务项目	服务类型	国家清单2023服务项目	国家清单2026新增项目
基本生活照料	养老顾问服务	关爱服务		养老顾问服务
	特困老年人分散供养	照护服务	10. 分散供养	
	特殊困难老年人探访服务	关爱服务	12. 探访服务	
	计划生育特殊家庭老年人探访服务			
	计划生育特殊家庭老年人优先入住公办养老机构	照护服务	14. 优先享受机构养老	
	特殊贡献老年人集中供养	照护服务	13. 集中供养	
	困难残疾老年人生活补贴	物质帮助	15. 困难残疾人生活补贴和重度残疾人护理补贴	
	流浪乞讨老年人社会救助	物质帮助	16. 社会救助	
	最低社会保障	物质帮助	9. 最低社会保障	
	养老补贴	物质帮助	5. 养老服务补贴	

续表

类别	国家清单 2026 服务项目	服务类型	国家清单 2023 服务项目	国家清单 2026 新增项目
基本生活照料	高龄津贴	物质帮助	4. 高龄津贴	
	职工基本养老保险	物质帮助	1. 职工基本养老保险	
	城乡居民基本养老保险		2. 城乡居民基本养老保险	
基本健康护理	老年人健康管理与医养结合	照护服务		老年人健康管理与医养结合
	老年人能力综合评估	照护服务	3. 老年人能力综合评估	
	失能老年人健康服务	照护服务		失能老年人健康服务
	家庭适老化改造	照护服务	6. 家庭适老化改造	
	家庭养老床位	照护服务		家庭养老床位
	家庭养老支持服务	照护服务	8. 家庭养老支持服务	
	特困老年人集中供养	照护服务	11. 集中供养	
	特殊困难老年人优先入住公办养老机构	照护服务		特殊困难老年人优先入住公办养老机构
	护理补贴	照护服务	7. 护理补贴	
	重度残疾老年人护理补贴	照护服务	15. 困难残疾人生活补贴和重度残疾人护理补贴	
	经济困难失能老年人入住养老机构救助	物质帮助		经济困难失能老年人入住养老机构救助
	长期护理保险	物质帮助		长期护理保险
	意外伤害保险	物质帮助		意外伤害保险

资料来源：本书作者研究整理。

三、服务内容和标准

为保持政策的延续性，建议国家清单 2026 同国家清单 2023 一样，仍然设置服务对象、服务项目、服务内容和服务类型四个栏目并保持原有排序，以便符合相应条件的老年人“对号入座”。根据前文的论证，将第一栏“服务对象”分为五个大层次：特困老年人、特殊困难老人、特殊贡献老年人、特殊家庭老年人和一般老年人（见表 8-3）。

（一）特困老年人享有的基本养老服务

第1项“特困老年人集中供养”。国家清单2026的服务内容为“对需要集中供养的特困老年人，由县级政府民政部门按照便于管理的原则，就近安排到公办养老机构，提供基本生活条件、疾病治疗、办理丧葬事宜等。对经评估为失能、失智的，提供长期护理服务”。变化在于，国家清单2026将国家清单2023的“对生活不能自理的给予照料”改为“对经评估为失能、失智的，提供长期护理服务”，也就是将服务对象从肉眼可见的“生活不能自理”改为经过严格评估的“失能、失智”，将服务内容从基础的生活照料升级为专业的健康护理。各地特困老年人供养标准受财力状况影响，难以统一，建议国家清单规定最低标准不低于上一年度居民人均消费支出且不宜过高，以防福利主义“养懒汉”。

第2项“特困老年人分散供养”。国家清单2026的服务内容为“对选择在家供养的特困老年人，由县级政府民政部门依照有关规定给予分散供养，提供基本生活条件、疾病治疗、办理丧葬事宜等。对经评估为失能、失智的，提供探访服务和家庭适老化改造或家庭养老床位服务”。变化在于，国家清单2026将国家清单2023的“对生活不能自理的给予照料”改为“对经评估为失能、失智的，提供探访服务和家庭适老化改造或家庭养老床位服务”，也就是将服务对象从肉眼可见的“生活不能自理”改为经过严格评估的“失能、失智”，将服务内容从生活照料具体化为探访服务和家庭适老化改造或家庭养老床位服务。各地特困老年人供养标准受财力状况影响，难以统一，建议国家清单规定最低标准不低于上一年度居民人均消费支出且不宜过高，以防福利主义“养懒汉”。探访服务、家庭适老化改造、家庭养老床位服务标准可参考国家清单2026的第10项、第6项、第7项。

第3项“意外伤害保险”。该项目为国家清单2026新增项目，服务对象是“60周岁及以上的城乡分散供养特困老年人”，服务内容是“为符合条件的60周岁及以上的城乡分散供养特困老年人办理意外伤害保险”。建议各地根据自身财力，由民政部门与承保保险公司协商确定保费金额。

（二）特殊困难老年人享有的基本养老服务

第4项“特殊困难老年人优先入住公办养老机构”。该项目为国家清单

2026 新增项目，服务内容是“为经评估为失能、残疾或失智，家庭人均收入符合低保或低边标准，且赡养扶养义务人履行义务能力较弱的 60 周岁及以上老年人，提供优先入住公办养老机构和低收费长期护理服务”。该项目的服务对象在自然、经济与社会三个维度上都面临困难，公办养老机构在为失能的特困老年人提供长期护理服务的基础上，可以按照低于市场价格的收费标准优先收住这部分老年人。

第 5 项“经济困难失能老年人入住养老机构救助”。该项目为国家清单 2026 新增项目，服务内容是“对经评估为完全失能、家庭人均收入符合低保或低边标准且自愿入住养老机构的 60 周岁及以上老年人给予救助”。建议各地结合辖区养老机构基本服务成本确定养老机构收住符合条件老年人的最高收费标准，原则上不高于当地集中供养特困人员基本生活标准及全护理照料标准的总和；每名符合条件老年人享受的救助额度为入住养老机构实际收费标准扣除老年人已获得的最低生活保障金、护理补贴、残疾人两项补贴等行政给付后的差额。为了避免福利叠加，加强政策衔接，建议要求符合条件老年人在第 4 项与第 5 项服务之中选择 1 项，对已经通过长期护理保险基金支付基本护理服务费用的参保人员不予救助。增加第 5 项服务，符合我国积极发展服务类社会救助的政策取向。同 2023 年民政部、财政部《关于组织开展中央财政支持经济困难失能老年人集中照护服务工作的通知》相比，没有改变服务对象的自然维度困难标准，但将服务对象的经济维度困难标准从“已纳入最低生活保障范围”降低为“家庭人均收入符合低保或低保边缘标准”，扩大了救助对象范围。

第 6 项“家庭适老化改造”。国家清单 2026 的服务内容为“按照相关标准，分年度逐步为经评估为失能、家庭人均收入符合低保或低边标准且未建设家庭养老床位的老年人家庭，提供无障碍改造服务”。变化在于，国家清单 2026 将国家清单 2023 的“为经济困难的老年人家庭提供无障碍改造服务”改为“为经评估为失能、家庭人均收入符合低保或低边标准且未建设家庭养老床位的老年人家庭，提供无障碍改造服务”。也就是说，将服务对象从相对笼统的“经济困难”具体化为“家庭人均收入符合低保或低边标准”，并增加了“经评估为失能”和“未建设家庭养老床位”的限定条件，这等于缩小了服务对象范围且避免重复改造，有利于减轻财政负担。具体实施时，建议综合运用施工改造、设施配备、辅具适配等方式，改善老年人的居家生活环境。

第7项“家庭养老床位”。该项目为国家清单2026新增项目，服务内容为“按照相关标准，分年度逐步为经评估为中度或重度失能、家庭人均收入符合低保或低边标准且未享受无障碍改造服务的60周岁及以上老年人家庭，建设家庭养老床位”。我国通过居家和社区基本养老服务提升行动项目，在2021—2024年间建设38万张家庭养老床位。该项目以经济困难的失能、部分失能老年人为服务对象，经济困难是指家庭人均收入符合低保、低边标准，可视情况扩大到当地人均可支配收入统计口径的低收入组和中间偏下收入组；失能、部分失能是指根据《老年人能力评估规范》（GB/T 42195—2022）等标准评估为轻度失能及以上等级。本书提出的“经评估为中度或重度失能、家庭人均收入符合低保或低边标准”不包括轻度失能等级，实际上提高了自然维度困难标准，缩小了服务对象范围。具体实施时，建议根据老年人家庭住房基础与改造意愿，统筹好家庭适老化改造与家庭养老床位建设，避免重复改造或改造不到位。

第8项“护理补贴”。国家清单2026的服务内容为“为经评估为失能或失智的低保或低边老年人，提供护理补贴”。变化在于，国家清单2026将国家清单2023的“经认定生活不能自理的经济困难老年人”改为“经评估为失能或失智的低保或低边老年人”。也就是说，将服务对象的特殊困难从自然维度的“经认定生活不能自理”改为“经评估为失能”并增加了“失智”，从经济维度的“经济困难”具体化为“低保或低边”。

第9项“困难残疾老年人生活补贴”。国家清单2026与国家清单2023的服务内容都是“为最低生活保障家庭中的残疾老年人提供生活补贴”，服务对象都是最低生活保障家庭（经济维度困难）中的残疾（自然维度困难）老年人。为了同60周岁以下的困难残疾人相区别，本书将国家清单2023中的“困难残疾人生活补贴”更名为“困难残疾老年人生活补贴”。由于各地经济社会发展水平与财政支付能力参差不齐，补贴标准也相差较大，建议“十五五”期间，努力缩小地区差距，推动基本养老服务均等化。

第10项“特殊困难老年人探访服务”。国家清单2026的服务内容为“面向独居和经评估为失能或重残的老年人提供探访关爱服务”。变化在于，国家清单 2026 将国家清单 2023 的服务对象从“独居、空巢、留守、失能、重残等老年人”限定为“独居和经评估为失能或重残的老年人”。考虑到随着家庭小型化和农村空心化，空巢老人和农村留守老人数量将会增多，而其中对关爱服务有刚需的独居老年人和一方失能或重残的空巢、留守老年夫妻涵盖在独居、失能、重残老年人中，双方都健康的空巢、留守老年夫妻对关爱服务大多无刚需，为了减轻财政支出负担和基层工作负担，建议将空巢、留守老年人从服务对象中剔除。服务标准可以参考北京清单 2022，每周入户探访 1 次，每次原则上不少于 20 分钟。

第 11 项“流浪乞讨老年人社会救助”。国家清单 2026 与国家清单 2023 的服务内容一致，都是“为生活无着的流浪、乞讨老年人，依照有关规定给予社会救助”。该项目的服务对象是生活无着（经济维度困难）的流浪、乞讨（社会维度困难）老年人。由于各地经济社会发展水平与财政支付能力参差不齐，救助标准也相差较大，建议“十五五”期间，努力缩小地区差距，推动基本养老服务均等化。

第 12 项“失能老年人健康服务”。该项目为国家清单 2026 新增项目，服务内容是“每年依申请对 60 周岁及以上失能老年人上门进行健康评估，并为符合条件的失能老年人及照护者 1 年内提供至少 1 次健康服务”。健康评估维度包括老年人能力（具体包括日常生活活动能力、精神状态与社会参与能力、感知觉与沟通能力）和老年综合征罹患情况等，健康服务的具体内容包括康复护理指导、心理支持等。该项目属于原重大公共卫生服务和计划生育项目，自 2018 年起被划入基本公共卫生服务。同《新划入基本公共卫生服务相关工作规范（2019 年版）》的《老年健康与医养结合服务管理工作规范》相比，最主要的变化是将年龄门槛降低至 60 周岁。根据财政支付能力和项目实施情况，可以侧重自然维度困难，将救助对象范围进一步扩展到失智老年人。

第 13 项“重度残疾老年人护理补贴”。国家清单 2026 与国家清单 2023 的服务内容都是“为残疾等级被评定为一级、二级且需要长期照护的重度残疾老年人提供护理补贴”，服务对象都是残疾等级被评定为一级、二级的重度残疾（自然维度困难）老年人。由于各地经济社会发展水平与财政支付能力参差不齐，补贴标准也相差较大，建议“十五五”期间，努力缩小地区差距，推动基本养老服务均等化。

第 14 项“家庭养老支持服务”。国家清单 2026 的服务内容为“对经评估为失能、失智的老年人家庭成员参加照护培训等相关职业技能培训的，按规定给予职业培训补贴；为经评估为失能、失智的老年人的子女提供子女护理假，用人单位在老年人患病住院期间落实”。变化在于，将国家清单 2023 的服务对象“符合条件的失能老年人家庭成员”扩展为“经评估为失能、失智的老年人家庭成员”，服务内容增加了“为经评估为失能、失智的老年人的子女提供子女护理假，用人单位在老年人患病住院期间落实”。关于子女护理假的天数等具体做法，建议有关部门出台文件另行规定。

第 15 项“最低社会保障”。国家清单 2026 与国家清单 2023 的服务内容都是“对获得最低生活保障金后生活仍有困难的（纳入最低生活保障范围的）老年人，采取必要措施给予生活保障”，服务对象都是获得最低生活保障金后生活仍有困难的纳入最低生活保障范围的老年人。由于各地经济社会发展水平与财政支付能力参差不齐，保障标准也相差较大，建议“十五五”期间，努力缩小地区差距，推动基本养老服务均等化。

第 16 项“养老补贴”。国家清单 2026 的服务内容是“为最低生活保障边缘家庭中的老年人提供养老补贴”。变化在于，国家清单 2026 将国家清单 2023 的服务对象从相对笼统的“经济困难的老年人”改为更加具体的“最低生活保障边缘家庭中的老年人”，将服务内容从“提供养老服务补贴”改为“提供养老补贴”。这里的养老补贴，不仅可以用于购买生活照料服务，而且可以用于购买生活资料。由于各地经济社会发展水平与财政支付能力参差不齐，补贴标准也相差较大，建议“十五五”期间，努力缩小地区差距，推动基本养老服务均等化。

（三）特殊贡献老年人享有的基本养老服务

第 17 项“特殊贡献老年人集中供养”。国家清单 2026 与国家清单 2023 本质一致，但将服务内容表述为“为 60 周岁及以上的烈士遗属、因公牺牲军人遗属、病故军人遗属和残疾军人、复员军人、退伍军人，无法定赡养人、扶养人或者法定赡养人、扶养人无赡养、扶养能力且享受国家定期抚恤补助待遇的，提供集中供养、医疗等保障"；将服务对象表述为对国家和社会作出特殊贡献的老年人，包括60周岁及以上的烈士遗属、因公牺牲军人遗属、病故军人遗属和残疾军人、复员军人、退伍军人，无法定赡养人、扶养人或者法定赡养人、扶养人无赡养、扶养能力且享受国家定期抚恤补助待遇的。

（四）特殊家庭老年人享有的基本养老服务

第18项"计划生育特殊家庭老年人优先入住公办养老机构"。国家清单2026的服务内容是"计划生育特殊家庭老年人同等条件下优先入住公办养老机构"。同国家清单2023相比，国家清单2026在服务内容中将服务对象明确为"计划生育特殊家庭老年人"，即独生子女死亡或重残、未再生育或收养子女家庭的老年人；将提供主体"政府投资兴办的养老机构"改用更为通俗的名称"公办养老机构"。

第19项"计划生育特殊家庭老年人探访服务"。国家清单2026的服务内容是"面向计划生育特殊家庭老年人提供探访关爱服务"。同国家清单2023相比，国家清单2026将对计划生育特殊家庭老年人的探访服务独立出来单设一个探访服务项目，并冠以服务对象名称，取名为"计划生育特殊家庭老年人探访服务"。

（五）一般老年人享有的基本养老服务

第20项"养老顾问服务"。该项目为国家清单2026新增项目，服务内容是"为有需求的60周岁及以上老年人提供养老服务政策咨询等顾问服务"。北京清单2022新增的"驿站基本养老服务"项目面向保障群体提供养老顾问服务，江苏清单2022面向60周岁及以上老年人提供"银发顾问"服务。考虑到广大老年人不知道又急需知道自己年老后能够享受哪些基本养老服务，而提供该项服务的成本不高，建议在"十五五"国家清单中增加该项目。

第21项"老年人健康管理与医养结合"。该项目为国家清单2026新增项目，服务内容是"每年为辖区内60周岁及以上常住居民提供1次生活方式和健康状况评估、体格检查、辅助检查和健康指导等服务；每人每年提供1次中医体质辨识和中医药保健指导服务；每人每年提供2次医养结合服务，对高龄、失能、行动不便的老年人上门进行服务”。其中，考虑到癌症导致的死亡人数约占我国总死亡人数的 1/4，每年产生的医疗花费超过 2200 亿元，早发现可以改善预后、降低费用，建议在辅助检查中增加常见肿瘤筛查等项目；医养结合服务具体内容包括血压测量、末梢血糖检测、康复指导、护理技能指导、保健咨询与营养改善指导。该项目的政策依据是《国家基本公共服务标准（2023 年版）》与《新划入基本公共卫生服务相关工作规范（2019 年版）》，考虑到“老年人健康管理”项目与“老年健康与医养结合服务管理”项目的服务对象一致、服务内容相关，建议将“医养结合”从“老年健康与医养结合服务管理”项目中独立出来，在国家清单 2026 中与“老年人健康管理”项目合并为 1 个项目。同上述两个文件相比，国家清单 2026 最主要的变化是，将年龄门槛从 65 周岁降低至 60 周岁，扩展了服务对象范围。

第 22 项“老年人能力综合评估”。该项目为国家清单 2023 已有项目。国家清单 2026 的服务内容是“依申请为 60 周岁及以上老年人提供能力综合评估，做好老年人能力综合评估与健康状况评估的衔接”。变化在于，国家清单 2026 将服务对象从国家清单 2023 的“65 周岁及以上老年人”扩展至“60 周岁及以上老年人”，并强调依申请提供服务。目前的评估标准是《老年人能力评估规范》（GB/T 42195—2022）。由于目前我国还存在国家卫生健康委牵头制定的《关于开展老年护理需求评估和规范服务工作的通知》和国家医保局牵头制定的《长期护理失能等级评估标准（试行）》，所以在评估时应做好老年人能力综合评估与健康状况评估的衔接，逐步统一有关部门的评估标准。

第 23 项“高龄津贴”。该项目为国家清单 2023 已有项目。国家清单 2026 与国家清单 2023 的服务内容都是“为 80 周岁及以上老年人发放高龄津贴”。本书在借鉴地方经验的基础上，建议细分年龄层次，将高龄老人划分为 80—89 周岁、90—99 周岁与 100 周岁以上三个层次，按照不同的标准发放高龄津贴。

第 24 项“职工基本养老保险”。该项目为国家清单 2023 已有项目。国家清单 2026 与国家清单 2023 的服务内容都是“为符合条件的参保老年人按时足额发放基本养老金”。2024 年 9 月，第十四届全国人民代表大会常务委员会第十一次会议决定实施渐进式延迟法定退休年龄，批准了《国务院关于渐进式延迟法定退休年龄的办法》。按照新办法，从 2025 年 1 月 1 日起，男职工和原法定退休年龄为 55 周岁的女职工的法定退休年龄将分别逐步延迟至 63 周岁和 58 周岁，原法定退休年龄为 50 周岁的女职工的法定退休年龄将逐步延迟至 55 周岁；从 2030 年 1 月 1 日起，将职工按月领取基本养老金最低缴费年限由 15 年逐步提高至 20 年；职工达到法定退休年龄但不满最低缴费年限的，可以按照规定通过延长缴费或者一次性缴费的办法达到最低缴费年限，按月领取基本养老金。

第 25 项“城乡居民基本养老保险”。该项目为国家清单 2023 已有项目。国家清单 2026 与国家清单 2023 的服务内容都是“为符合条件的参保老年人发放基础养老金和个人账户养老金”。由于目前我国城乡居民基本养老保险和职工基本养老保险在缴费年限、养老金待遇等方面有较大差别，短期内难以缩差，“十五五”期间不宜将两者合并实施，建议国家清单 2026 仍将“职工基本养老保险”和“城乡居民基本养老保险”作为两个服务项目。

第 26 项“长期护理保险”。该项目为国家清单 2026 新增项目，服务内容是“为经医疗机构或康复机构规范诊疗、失能状态持续 6 个月以上，经申请通过评估认定的 60 周岁及以上的失能参保人员，由长期护理保险基金按比例支付符合规定的护理费用”。为贯彻落实党的二十届三中全会提出的“加快建立长期护理保险制度”的要求，增加该项目确有必要。为了配合该项目实施，建议在 2025 年内建立作为独立险种的长期护理保险制度，在保障对象、筹资机制、评估机制、待遇支付、管理运行等方面作出统筹安排。

表 8-3　国家基本养老服务清单（2026 年版）（拟）

对象	服务项目		服务内容	服务类型
特困老年人	1	特困老年人集中供养	对需要集中供养的特困老年人，由县级政府民政部门按照便于管理的原则，就近安排到公办养老机构，提供基本生活条件、疾病治疗、办理丧葬事宜等。对经评估为失能、失智的，提供长期护理服务	照护服务

续表

对象	服务项目		服务内容	服务类型
特困老年人	2	特困老年人分散供养	对选择在家供养的特困老年人，由县级政府民政部门依照有关规定给予分散供养，提供基本生活条件、疾病治疗、办理丧葬事宜等。对经评估为失能、失智的，提供探访服务和家庭适老化改造或家庭养老床位服务	照护服务
	3	意外伤害保险	为符合条件的60周岁及以上的城乡分散供养特困老年人办理意外伤害保险	物质帮助
特殊困难老年人	4	特殊困难老年人优先入住公办养老机构	为经评估为失能、残疾或失智，家庭人均收入符合低保或低边标准，且赡养扶养义务人履行义务能力较弱的60周岁及以上老年人，提供优先入住公办养老机构和低收费长期护理服务	照护服务
	5	经济困难失能老年人入住养老机构救助	对经评估为完全失能、家庭人均收入符合低保或低边标准且自愿入住养老机构的60周岁及以上老年人给予救助	物质帮助
	6	家庭适老化改造	按照相关标准，分年度逐步为经评估为失能、家庭人均收入符合低保或低边标准且未建设家庭养老床位的老年人家庭，提供无障碍改造服务	照护服务
	7	家庭养老床位	按照相关标准，分年度逐步为经评估为中度或重度失能、家庭人均收入符合低保或低边标准且未享受无障碍改造服务的60周岁及以上老年人家庭，建设家庭养老床位	照护服务
	8	护理补贴	为经评估为失能或失智的低保或低边老年人，提供护理补贴	照护服务
	9	困难残疾老年人生活补贴	为最低生活保障家庭中的残疾老年人提供生活补贴	物质帮助
	10	特殊困难老年人探访服务	面向独居和经评估为失能或重残的老年人提供探访关爱服务	关爱服务
	11	流浪乞讨老年人社会救助	为生活无着的流浪、乞讨老年人，依照有关规定给予社会救助	物质帮助
	12	失能老年人健康服务	每年依申请对60周岁及以上失能老年人上门进行健康评估，并为符合条件的失能老年人及照护者1年内提供至少1次健康服务	照护服务
	13	重度残疾老年人护理补贴	为残疾等级被评定为一级、二级且需要长期照护的重度残疾老年人提供护理补贴	照护服务
	14	家庭养老支持服务	对经评估为失能、失智的老年人家庭成员参加照护培训等相关职业技能培训的，按规定给予职业培训补贴；为经评估为失能、失智的老年人的子女提供子女护理假，用人单位在老年人患病住院期间落实	照护服务

续表

对象	服务项目		服务内容	服务类型
特殊困难老年人	15	最低社会保障	对获得最低生活保障金后生活仍有困难的（纳入最低生活保障范围的）老年人，采取必要措施给予生活保障	物质帮助
	16	养老补贴	为最低生活保障边缘家庭中的老年人提供养老补贴	物质帮助
特殊贡献老年人	17	特殊贡献老年人集中供养	为60周岁及以上的烈士遗属、因公牺牲军人遗属、病故军人遗属和残疾军人、复员军人、退伍军人，无法定赡养人、扶养人或者法定赡养人、扶养人无赡养、扶养能力且享受国家定期抚恤补助待遇的，提供集中供养、医疗等保障	照护服务
特殊家庭老年人	18	计划生育特殊家庭老年人优先入住公办养老机构	计划生育特殊家庭老年人同等条件下优先入住公办养老机构	照护服务
	19	计划生育特殊家庭老年人探访服务	面向计划生育特殊家庭老年人提供探访关爱服务	关爱服务
一般老年人	20	养老顾问服务	为有需求的60周岁及以上老年人提供养老服务政策咨询等顾问服务	关爱服务
	21	老年人健康管理与医养结合	每年为辖区内60周岁及以上常住居民提供1次生活方式和健康状况评估、体格检查、辅助检查和健康指导等服务；每人每年提供1次中医体质辨识和中医药保健指导服务；每人每年提供2次医养结合服务，对高龄、失能、行动不便的老年人上门进行服务	照护服务
	22	老年人能力综合评估	依申请为60周岁及以上老年人提供能力综合评估，做好老年人能力综合评估与健康状况评估的衔接	照护服务
	23	高龄津贴	为80周岁及以上老年人发放高龄津贴	物质帮助
	24	职工基本养老保险	为符合条件的参保老年人按时足额发放基本养老金	物质帮助
	25	城乡居民基本养老保险	为符合条件的参保老年人发放基础养老金和个人账户养老金	物质帮助
	26	长期护理保险	为经医疗机构或康复机构规范诊疗、失能状态持续6个月以上，经申请通过评估认定的60周岁及以上的失能参保人员，由长期护理保险基金按比例支付符合规定的护理费用	物质帮助

资料来源：本书作者研究整理。

第三节　完善基本养老服务配套政策

优化基本养老服务供给的前提，是有供给充足、质量可靠、便捷可及、保障到位的基本养老服务。因此，要完善基本养老服务体系，推动基本养老服务提供主体多元化、提供方式多样化，扩大基本养老服务供给合力。总体思路是，深入贯彻习近平总书记关于实施积极应对人口老龄化国家战略和乡村振兴战略的重要指示精神，主动适应我国老年人口需要和经济社会发展水平，综合考虑供给主体、服务对象、服务内容、服务场景、空间布局，建立政府市场有分工、失能自理有区分、医养康养相结合、居家机构相协调、城镇乡村相融合的健康养老服务体系。而要依托基本养老服务体系优化基本养老服务供给，还要完善包括设施、组织、人才、技术要素在内的基本养老服务要素网络，健全包括供给、动员、协同、监管机制在内的基本养老服务运行机制。建议在借鉴国内国外经验的基础上，加快完善基本养老服务要素网络和运行机制相关政策，实现基本养老服务的供给结构和需要结构相匹配、硬件设施和软性服务相平衡、客观指标和主观三感相统一。

一、完善基本养老服务要素网络

建立政府市场有分工、失能自理有区分、医养康养相结合、居家机构相协调、城镇乡村相融合的健康养老服务体系，健全对设施、组织、人才和技术要素网络进行规定的制度，进而完善基本养老服务要素网络，提升养老服务要素保障能力，夯实基本养老服务供给的根基。

（一）健全设施网络

针对基本养老服务设施供需错配、城乡差距、场景失衡、联结不足问题，建议聚焦刚需、统筹城乡、优化场景、强化联结。建议摸清全国失能和失智老年人底数及其对机构护理床位、社区护理床位、家庭养老床位的需要，考虑未来老年人口的身体素质变化，规划建设专门的失能、失智照护机构或者养老机构内设失能、失智照护专区，优化护理床位的应用场景结构和空间布局，建设失能和失智老年人照护服务设施网络。加强农村和老年人集中地区设施建设，协调居家、社区、机构设施比例，健全县乡村衔接的三级养老服务设施网络，形成县（区）级层面公办养老服务设施、乡镇（街道）层面区域养老服务中心与村（社区）层面养老服务站点和嵌入式养老服务机构衔接有序、功能互补的发展格局，推动养老服务与医疗健康服务融合发展，促进机构养老与社区居家养老协同贯通。

一是健全县（区）级层面公办养老服务设施网络。考虑到特困老年人集中供养和失能、失智老年人长期照护需要，建议全国每个县（市、区、旗）至少有 1 所以失能照护为主的县级特困人员供养服务设施，支持县（市、区、旗）根据需要建设具备失智照护功能的特困人员供养服务设施，通过集中供养形式强化对失能和失智特困老年人的兜底保障。充分发挥县级特困人员供养服务机构的辐射带动作用，积极拓展资源统筹、实训示范、技术指导等功能。健全公办养老机构“兜底线、保基本”和长期照护功能并拓展其他功能，在满足当前和今后一个时期区域内特困老年人集中供养需要的前提下，优先安排特殊困难老年人、为国家和社会作出特殊贡献的老年人、计划生育特殊家庭老年人这三类“特殊”老年人入住。县（市、区、旗）内特困老年人与“特殊”老年人在公办养老机构总入住率不足 60%的，建议不再新建和扩建公办养老服务设施。

二是建设乡镇（街道）层面区域养老服务中心网络。推进具备条件的乡镇（街道）特困人员供养服务设施（敬老院）等养老机构转型，建设成为具有协调指导、全日托养、日间照料、居家上门、服务转介、资源整合等功能的区域养老服务中心。对一些基础设施设备老化、消防设施不达标、入住率低且不具备整改条件的特困人员供养服务设施（敬老院），建议因地制宜进行撤并。到 2025 年，实现省域内总体乡镇（街道）区域养老服务中心服务覆盖率不低于 60%；到 2030 年，实现省域内总体乡镇（街道）区域养老服务中心服务覆盖率不低于 80%。

三是建设村（社区）层面养老服务站点和嵌入式养老服务机构网络。将家庭和社区基本养老服务设施作为基本养老服务设施网络的重要组成部分，为符合条件的特困老年人和特殊困难老年人建设家庭养老床位，在村（社区）

层面建设村级养老服务站点和嵌入式养老服务机构，根据失能和失智老年人数量及其需要设置护理床位，推动失能和失智老年人照护下沉到城乡社区及老年人家庭。结合老旧小区改造和完整社区建设试点工作，落实社区养老服务设施配套建设政策，配备康复设备、健身器材等，让基本养老服务聚集在老年人身边、床边、周边。整合村（社区）层面的养老服务和医疗健康服务资源，为有需要的老年人提供低收费的居家上门、老年助餐、短期托养、医疗保健等服务。立足补齐农村养老服务短板，将村级邻里互助点、农村幸福院等互助养老服务设施建设纳入村庄规划，由政府扶持引导，村集体组织建设。

四是推进各级各类养老服务机构融合发展与转介衔接。推行养老机构分类分级管理与融合发展有关制度，支持县域公办养老机构、区域养老服务中心、村级养老服务站点和嵌入式养老服务机构等依法组成养老服务联合体，开展连锁化、品牌化、集约化运营。建立居家养老、社区养老、机构养老、医疗养老、健康养老服务之间转介衔接制度，将现有养老服务设施连点成线、连线成网，引导生活照料服务和健康护理服务之间梯度衔接和有序转介，探索“居家机构化”“机构居家化”的服务模式，实现老年人就近就便养老。

（二）完善组织网络

针对基本养老服务管理“条块分割”、供给“有设施无机构”“有机构缺运营”等问题，建议完善养老服务组织网络，培育多元化的基本养老服务提供主体，创新养老服务机构运营管理模式，实现从部门业务分治到部门协同共治，从政府单一供给到政府、社会、市场、家庭多元共担，从公建公营到多样化运营。

一是推动部门协同共治。明确部门职能分工，推动部门协同共治，切实解决“九龙治水”问题，提高办事效率。统一老年人能力评估标准，推动评估结果在部门之间、地区之间互认，减少重复评估和人力财力浪费，为摸清失能、失智老年人底数打下良好基础。

二是培育事业单位、党群组织、自治组织、志愿组织、社会组织、企业等多元化的基本养老服务提供主体。深化公办养老机构改革，完善公办养老机构管理制度，采取以外聘代编制等方式充实人员，推动公办养老机构成为基本养老服务主要供给力量，强化国有经济在基本养老服务领域的有效供给。发展社区养老服务机构，培育扶持以养老服务为主的基层公益性、服务性、互助性社会组织，支持养老服务类企业发展。强化基层党组织的组织领导作用和群团组织的桥梁纽带作用，利用区域党建平台，组织党员、干部参与村（社区）养老服务工作。支持村（居）民委员会做好分散供养特困老年人基本生活保障和照料服务，鼓励基层老年协会、志愿组织广泛开展探访关爱等互助帮扶活动。

三是创新养老服务机构运营管理模式。进一步推动公办养老机构创新运营模式、完善运营机制，制定《关于深化公办养老机构运营机制改革的意见》，采取公建民营、公办民营等方式引入社会力量参与。鼓励结合实际按规定采取县级民政部门直管、委托经营、招聘专业人员管理、转制为国有企业、县级民政部门和乡镇政府共管等方式，改革乡镇（街道）特困人员供养服务设施（敬老院）和区域养老服务中心运行机制。将原来由社区居民委员会运营的居家养老服务设施交由专业化养老服务机构运营管理，推动养老服务机构品牌化、连锁化运营，提高运营效率。鼓励各地制定养老服务企业推荐清单，通过签订合作协议委托清单内企业运营管理居家养老服务设施。

（三）融汇人才网络

针对基本养老服务人才制度尚不健全、人才队伍建设滞后和人才使用面临两难的问题，建议重点完善养老人才教育培训、薪酬待遇、职业晋升等有关制度，围绕打造梯次分明、结构合理、技术高超的专业化人才队伍，重点建设养老服务人才、专业技术人才、经营管理人才三支队伍。

一是完善养老人才教育培训制度。根据老年人基本养老服务需要，重点建设失能老年人照护急需的养老服务、健康照护和医养结合人才队伍。着力提升养老服务人才队伍素质，完善养老服务相关专业教育，加大养老护理员、社区助老员、老年助浴员、认知障碍照护员等专业人员培训力度。加强养老护理员、长期照护师、健康照护师、医疗护理员、老年人能力评估师等职业（工种）在职业设计、培养培育等方面的统筹衔接。全方位培养、多渠道引进社会工作、康复服务、老年营养、心理咨询等方面专业技术人才、经营管理人才，进一步优化养老服务队伍专业结构及年龄结构。

二是完善养老人才薪酬待遇制度。根据经济社会发展状况，稳步提高养老服务从业人员薪酬水平，推动养老服务行业平均薪酬待遇原则上不低于上年度服务行业的平均工资水平，增强养老服务行业吸引力。完善职业技能等级与薪酬待遇挂钩机制，对具有中等职业教育或者高中学历、专科及以上学历的养老护理员给予入职补贴和岗位津贴。引导和鼓励养老机构健全收入分配、绩效考核等激励机制，综合考虑从业年限、劳动强度、技能水平等因素合理确定和提高养老护理员工资水平。优化工作生活保障和表彰奖励制度，落实带薪休假、轮休制度。通过加大政策支持力度，引导更多有能力、有意愿的村民和农村低龄老年人参与提供养老服务，吸纳脱贫人口和防止返贫监测对象到养老服务岗位就业，解决农村地区养老服务人才短缺和一些养老机构没有按比例配备养老护理员问题。

三是完善养老人才职业晋升制度。完善养老护理职业发展体系，研究制定《养老护理专业技术职称评定办法》等养老护理专业技术职称评定制度，探索建立参照职称管理的养老服务专业技术人员职业资格制度，拓展职业晋升渠道。通过“全国养老服务先进个人”表彰奖励等制度，提升养老服务人才的社会地位和认同度，调动他们的工作积极性和主动性。

（四）融通技术网络

针对基本养老服务技术有关制度制定落实与技术研发应用滞后问题，建议制定数据要素支撑、信息平台管理、信息网络安全与数字适老化有关制度，落实科技创新与新兴产业支持政策，融通基本养老服务技术网络，加快老年健康、智能信息等技术研发应用，实现养老服务供给资源的集约化管理和供需有序衔接，精准提供基本养老服务。

一是落实科技创新与产业支持政策，加快智慧健康养老技术研发应用。研究失能失智预防技术，减少或延缓失能失智发生；推广失能失智老年人照护辅导技术，加强对照护人员的支持。推动照护机器人、脑机接口、人工智能等产品研发应用，为老年人视力、听力、记忆力、运动控制力等功能退化缺损提供智能科技代偿，辅助和代替人力照护。完善数字化适老应用和服务，为老年人提供更加安全、舒适、便利的数字化智慧化生活环境。实施财政补贴、税费减免等政策，加大对养老机器人等产业的支持力度，充分发挥人工智能技术在提高老年人生活质量、减轻养老护理负担中的积极作用。

二是制定落实数据要素与信息管理有关制度，推动智慧养老发展。制定数据要素支撑制度，聚焦老年人能力因素，统筹开展全国人口普查、城乡老年人生活状况抽样调查、老年人能力评估等工作，推动形成动态更新的全国失能老年人数据库，加强与国家人口基础信息库、国家社会保险数据库、老年人健康数据库的共享复用，为健全落实基本养老服务清单制度提供科学依据。完善信息平台管理制度，建立“一中心、多平台、N 站点、全覆盖”的智慧养老服务平台，开发为老服务数据、呼叫中心等模块，推动养老服务机构接入平台，实现线上线下互联互通，构建“需要反馈—平台派单—企业接单—为老服务—监督反馈”的政府购买服务模式，推广“智慧养老院”“智慧+居家养老”等服务。健全信息网络安全制度，减少使用摄像设备，推广使用人体健康监测传感器、跌倒感应器等收集老年人健康和活动数据，并严防数据外泄，有效保护老年人及其家庭隐私。探索建立数字适老化有关制度，依托老年大学、社区教育等平台向老年人传授智能终端使用等技术，在健康养老服务提供中坚持传统服务方式与智能化服务创新并行，增强无障碍、适老化支撑，使老年人享受到数字社会的便利。

二、健全基本养老服务运行机制

健全基本养老服务供给机制、动员机制、协同机制与监管机制及相关制度，进而完善基本养老服务运行机制。充分发挥市场在资源配置中的决定性作用，为各类服务提供主体营造平等参与、公平竞争的环境，实现基本养老服务可持续发展。

（一）规范供给机制

针对政府、部门、社区对基本养老服务的供给机制不够健全问题，建议建立健全政府所建公办养老机构“入住—退出”机制、部门所属养老资源整合和共享机制与社区养老资源按需供给机制，制定执行“评估老年人能力—确定基本养老服务对象—遴选基本养老服务提供主体—提供标准化服务—开展服务满意度调查—提高服务质量”的基本养老服务供给流程。

一是健全公办养老机构供给机制，提高基本养老服务在规定、认定和收住服务对象方面的公平性。建议各地在调整地方清单时，执行国家清单2026的公办养老机构优先收住对象范围，严控“为国家和社会作出突出贡献”标准。建立推行老年人能力综合评估制度，在《老年人能力评估规范》（GB/T 42195—2022）的基础上，根据老年人需要变化与实施中出现的新情况新问题，尽快调整完善，形成全国标准。建立健全老年人能力评估结果互认和应用机制、公办养老机构“入住—退出”机制与困难老年人精准识别和动态管理机制，推动老年人能力评估结果全国范围互认、各部门按需使用，动态跟踪老年人能力状况、经济状况和家庭成员状况，聚焦失能或失智、低保或低边等困难情况，强化“政策找人”“服务找人”措施，及时发现老年人不再符合“特困”“特殊困难”等条件的情况并将其劝退。

二是建立部门所属资源整合和共享机制，有效整合民政、卫健、残联等部门和单位养老资源。打通医疗卫生资源和养老服务资源，扩大相关机构养老床位和医疗床位按需规范转换试点，探索基层医疗卫生机构和养老机构“两院合一”。打通养老服务资源和重度残疾老年人托养资源，探索在公办养老机构内设置重度残疾老年人托养单元。推动部门和单位所属养老资源对社区开放，让所在社区的老年人共享。

三是建立合理的社区养老资源供给机制，实现供需有效匹配。将社区养老服务设施的功能定位聚焦失能和失智老年人的照护刚需，将有限的资源首先用于满足失能和失智老年人的康复护理需要，在此基础上，将富余的资源用于满足自理老人的生活照料、健康护理和社会参与需要。

（二）健全动员机制

针对政府的内部动员机制与政府动员其他提供主体的机制有待健全问题，建议制定专门的基本养老服务动员制度规范，建立基本养老服务动员机制，最大程度实现动员的精准、高效、常态化。从供方角度，优化养老服务优惠扶持政策，健全政府的内部动员机制与政府动员其他提供主体的机制，充分动员政府、社区、社会组织、企业、志愿者与家庭成员的力量。从需方角度，建立基本养老服务宣传教育和需方动员机制。

一是健全政府动员各职能部门、中央政府动员地方政府的机制。健全基本养老服务供给的定量评价和物质激励机制，增强各部门、各地区提供基本养老服务的压力和动力。综合考虑各地养老服务设施建设改造需求与中央预算资金配套能力，聚焦需求高、能力低地区，持续加大中央财政投入，大幅降低地方配套比例。

二是健全政府对农村社区、社会力量、志愿者和家庭成员的动员激励机制。建议探索农村互助养老设施建设运营成本多元分担机制，根据各地具体情况和村集体出资能力，确定村集体出资比例，对集体经济困难的村采取“投资+补贴”形式建设运营。借鉴上海等发达地区经验，将社会组织、企业等建设的民办养老机构纳入保基本养老机构范围，健全有关激励机制和管理规范。采取政府购买床位或服务、委托服务、合建合营（PPP）等方式，实施土地出让金和其他税费减免、金融信贷等政策，鼓励、引导社会力量参与基本养老服务设施改扩建和基本养老服务提供。建立“政府主导、公众参与、通存通兑、管理规范”的全国性养老服务时间储蓄机制和信息管理系统，将志愿者的服务以“时间币”形式记录储蓄以待未来需要时支取，规定“时间币”可继承、赠予、转移接续和异地存取，允许志愿者选择当前换取实物等。宣传志愿服务精神，鼓励大学生、家庭主妇、低龄健康老人等参与助老志愿服务，发挥他们在精神慰藉、互助养老等方面的积极作用。树立大家庭观念，支持地方政府及相关单位开展孝亲敬老模范表彰，探索由长期护理保险基金向非赡养人、扶养人的家庭照护者支付护理服务费，发挥家庭成员的亲情照顾作用。

三是建立基本养老服务宣传教育和需方动员机制。许多老年人受自理能力、文化水平、信息知晓等方面限制，及时获取基本养老服务存在一定困难或不便，直接影响基本养老服务制度的实施效果。为此，要通过政策上墙上网上媒体、进家进院进社区等形式，面向全体老年人提供养老顾问服务，加大宣传力度，让老年人及其家属广泛知晓基本养老服务内容及申领方式，让基本养老服务应知尽知、应享尽享。

（三）完善协同机制

针对政府内部、政府和其他提供主体、其他提供主体之间的协同机制待改进问题，建议建立有效的多元主体协同联动机制，加强政府内部、政府和其他提供主体、其他提供主体之间的协同联动，提高多元主体协同联动水平，推动政府、社会、市场、家庭等基本养老服务提供主体合力形成稳固的基本养老服务供给四面体。

一是改进政府内部各部门、各层级之间的协同机制。完善政府内部各部门间协同联动机制，发挥全国老龄办的统筹协调作用和养老服务部际联席会议的牵头协调作用，在养老服务设施建设、养老服务机构发展、人才队伍建设、老年人能力评估、社区医养结合等方面加强部门间协同联动和政策衔接，放大各司其职、各尽其能的整合效应。实施中央财政支持、土地增减挂钩等政策，放松养老服务需求大地方的财政、土地等资源约束，增强区（县）和乡镇（街道）等基层政府落实各项政策的动力。

二是改进政府与社会、市场等其他提供主体之间的协同机制。加强政府与社会组织、企业之间的协同，着力提高联动水平。在总结地方经验的基础上，在国家层面出台统一的关于养老机构公建民营和政府购买养老服务的政策，鼓励养老机构公建民营和政府购买养老服务。

三是建立社会组织、企业、慈善个人等其他提供主体之间的协同机制。探索建立社会组织与企业之间的协同机制，倡导企业通过投资入股等形式，参与社会组织名下养老服务设施的运营，借助市场的力量，促进养老服务设施健康发展，提高基本养老服务供给效率。引导建立社会组织、慈善个人与企业的协调联动机制，鼓励社会组织或慈善个人名下的养老服务设施采用支付报酬等形式，聘用企业帮助其进行管理，通过成本和效益控制实现健康发展。

（四）完善监管机制

针对基本养老服务监管机制尚需完善、信用体系与标准体系建设需要加强等问题，建议建立健全养老机构等级评定体系和养老服务标准体系，加快建设养老服务信用体系，完善养老服务综合监管机制，推动养老服务领域标准、信用和监管取得新突破，不断提高基本养老服务标准化、规范化水平。

一是加强养老服务信用体系建设，改善养老服务机构自我监管与失信惩戒有关制度。加快诚信体系建设，加强养老服务机构及其从业人员诚信建设。建立健全养老服务信用信息管理、信用监管、守信激励和失信联合惩戒机制等相关制度，开展信用监管工作试点。规范“红黑名单”管理与应用，在有法可依的基础上，建立跨行业、跨领域、跨部门守信联合激励和失信联合惩戒制度。采取在一定期限内实施市场和行业禁入直至永远逐出养老服务市场等措施，加大对联合惩戒对象的威慑，禁止有严重人身侵害等违法犯罪记录人员从事养老服务。加快“金民工程”联合惩戒模块的升级改造，推动“信用中国”相关数据共享。

二是健全养老机构等级评定体系和养老服务标准体系。建立健全全国统一的养老机构等级评定体系，加大《养老机构等级划分与评定》（GB/T 37276—2018）国家标准及实施指南和《养老机构设施设备配置》（MZ/T 215—2024）推荐性行业标准的实施力度，依托周期性考核和抽查评估建立升降级制度，适时制定《养老机构等级划分与评定》国家标准实施指南（2026版），充分发挥标准对基本养老服务质量提升的促进作用。根据 2023 年国家标准化管理委员会等 18 个部门印发的《基本公共服务标准体系建设工程工作方案》，制定实施养老助老服务、养老保险服务领域国家标准和行业标准，开展服务质量第三方认证，发挥标准对基本养老服务的技术支撑作用。完善全国统一的服务质量标准和评价体系，合理界定养老服务范围，对供给主体资质条件、基本要求、服务内容、服务流程、服务评价与改进等方面进行规范。建立长期照护服务标准体系，制定养老保险经办流程等国家标准和老年人医疗护理等健康管理标准，建立各地提供基本养老服务的技术支撑。

三是完善政府监管、行业监管与自我监管三类监管制度，强化基本养老服务综合监管。将养老机构等级评定、诚信评价等工作纳入日常监管范围，畅通监督举报渠道，强化程序和实体监督，做到可回溯管理，推动形成民政部门行业监管、评定组织内部约束、社会公众广泛监督的监管格局。完善落实养老服务综合监管制度，加强行业监管部门和综合监管部门协调配合，鼓励利用智能定位、视频监控等信息技术加强质量安全监管，提升养老服务机构安全生产、消防安全、应急管理和食品安全管理水平，确保服务质量和安全。通过部署开展“养老服务监管效能提升年”等活动，进一步压紧压实属地责任，强化部门联动，落实“双随机、一公开”监管机制，推动实现监管规范化、精准化、智能化，提升监管能力和监管效能。

参考文献

普通图书

[1] ADALBERT EVERS&THOMAS OLK. Wohlfahrts Pluralismus: vom Wohlfahrts Staat zur Wohlfahrts Gesellschaft [M]. Opladen, 1996: 23.

[2] JOHNSON N. The Welfare State in transition : The theory and practice of Welfare Pluralism [M]. Amherst: University Massachusetts Press, 1987: 3-80.

[3] OLSSON S. E. , OCH, H. H. & Eriksson, I. Social Security in Sweden and other European countries—Three essays [M]. Stockholm: ESO 1993.

[4] 陈昌盛，蔡跃洲．中国政府公共服务：体制变迁与地区综合评估 [M]. 北京：中国社会科学出版社，2007：6-9.

[5] 彭华民．西方社会福利理论前沿：论国家、社会、体制与政策 [M]. 北京：中国社会出版社，2009：34.

[6] 谭克俭．农村养老保障体系构建研究 [M]. 北京：中国社会出版社，2009.

报告

[1] WOLFENDEN, J. The Future of Voluntary Organizations: Report of the Wolfenden Committee [R]. London: Croom-Helm, 1978.

学位论文

[1] 孔薇．中国基本公共服务供给区域差异研究 [D]. 长春：吉林大学，2019.

［2］黎阳．超大型城市基本养老服务均等化研究［D］．上海：上海工程技术大学，2016.

［3］李静．建国后农村土地制度和养老方式变迁研究：以武汉市 Z 村为例［D］．武汉：华中农业大学，2013.

［4］鲁迎春．从“福利救济”到“权利保障”：上海养老服务供给中的政府责任研究［D］．上海：复旦大学，2014.

专著中析出的文献

［1］ADALBERT EVERS. Shifts in the welfare mix：Introducing a new approach for the study of transformations in welfare and social policy［M］//Vienna：Eurosocial，1988：7—30.

［2］LUNDSGAARD J. Consumer direction and choice in long-term care for older persons. Including payments for informal care：How can it help improve care outcomes，employment and fiscal sustainability?［M］//OECD Health Working Papers，Paris：OECD Publishing，2005：20.

［3］ROSE，R. Common goals but different roles：The State’s contribution to the welfare mix［M］//ROSE R. &R. SHIRATORI，The Welfare State East and West. Oxford：Oxford University Press，1986：13—36.

［4］SHAHRA RAZAVI. The political and social economy of care in a development context conceptual issues：Research questions and policy options［C］//UNRISD. Programme on gender and development paper，2007，No. 3：20.

期刊中析出的文献

［1］DOUGLASS C. NORTH，ROBERT PAUL THOMAS，The rise and fall of the Manorial System：A theoretical model［J］. Journal of Economic History，1971，31（4）：777-803.

［2］EMIKO OCHIAI. Care Diamonds and welfare regimes in East and South East Asian societies：Bridging family and Welfare Sociology［J］. International Journal of Japanese Sociology，2009，18（1）：60-78.

［3］ ADALBERT EVERS. Mixed welfare systems and hybrid organizations: Changes in the governance and provision of social services ［J］. International Journal of Public Administration, 2005, 28 (9-10): 737-748.

［4］ Paul A Samuelson, The Pure Theory of Public Expenditure ［J］. The Review of Economics and Statistics, 1954, 36 (4): 387-389.

［5］ ROY C. AMARA. Toward a framework for national goals and policy research ［J］. Policy Sciences, 1972, 3 (1): 59-69.

［6］ 常修泽．中国现阶段基本公共服务均等化研究［J］. 中共天津市委党校学报，2007（2）：66-71.

［7］ 陈海威，田侃．我国基本公共服务均等化问题探讨［J］. 中州学刊，2007（3）：31-34.

［8］ 陈敏光．马克思主义国家职能理论的法学启示［J］. 毛泽东邓小平理论研究，2018（12）：51-55.

［9］ 丁元竹，江汛清．社会公共服务供给与社会管理体制安排［J］. 理论与现代化，2006（5）：5-16.

［10］ 董红亚．全面建立养老服务补贴 推进基本养老服务制度建设［J］. 中国民政，2020（1）：48-50.

［11］ 董红亚．推动实现全体老年人享有基本养老服务［J］. 中国社会工作，2023（8）：18.

［12］ 胡宏伟，蒋浩琛．我国基本养老服务的概念阐析与政策意涵［J］. 社会政策研究，2021（4）：16-34.

［13］ 黄剑锋，章晓懿．地方政府的基本养老服务水平何以提升?：基于地级行政区数据的混合研究设计［J］. 东北大学学报（社会科学版），2020，22（6）：68-76.

［14］ 江燕娟．社会福利三种模式的比较及其对中国的借鉴意义［J］. 社会福利（理论版），2013（8）：40-43.

［15］ 孔伟艳，曾红颖．关注老年知识分子需求 撬动银发消费市场：基于焦点小组访谈的老年知识分子需要层次分析［J］. 宏观经济管理，2022（7）：74-81.

［16］孔伟艳，杨颜嘉，李璐．推动实现全体老年人享有基本养老服务［J］．宏观经济管理，2023（5）：15-21.

［17］李兵，张航空，陈谊．基本养老服务制度建设的理论阐释和政策框架［J］．人口研究，2015，39（2）：91-99.

［18］李兵，张恺悌，王海涛，等．关于基本养老服务体系建设的几点思考［J］．新视野，2011（1）：66-68.

［19］李秋燕，李垠，钟响明．老年人养老方式选择及社区养老服务需求调查［J］．疾病监测与控制，2017，11（6）：460-461.

［20］李志宏．把握方向 找准路径 加快健全基本养老服务体系［J］．中国社会工作，2021（8）：8-9.

［21］楼正渊，冯晓丽，徐璟，等．基于能力评估的城市养老机构入住老年人服务需求调查［J］．中华老年病研究电子杂志，2016，3（4）：17-22.

［22］卢现祥．论制度变迁中的四大问题［J］．湖北经济学院学报，2003（4）：10-16.

［23］鲁迎春，陈奇星．从“慈善救济”到“权利保障”：上海养老服务供给中的政府责任转型［J］．上海行政学院学报，2016，17（2）：76-84.

［24］鲁泽群，左林凯，袁璐，等．武汉市社区养老服务现状与需求调查［J］．社区医学杂志，2017，15（15）：83-84.

［25］栾秀群，陈英．我国基本养老服务体系研究［J］．合作经济与科技，2013（24）：100-101.

［26］穆光宗．丧失和超越：寻求老龄政策的理论支点［J］．市场与人口分析，2002（4）：45-53.

［27］聂日明．基本养老服务体系建设须正视基础问题［J］．中国改革，2023（4）：15-22.

［28］宋林泽．马克思主义国家理论与国家治理现代化［J］．理论月刊，2016（5）：18-22.

［29］宋迎法．论构建全民均等享有的基本公共服务体系［J］．中共南京市委党校南京市行政学院学报，2007（2）：57-61.

［30］孙文灿．基本养老服务内涵初探［J］．中国民政，2016（18）:24-27.

［31］王飞鹏，白卫国．农村基本养老服务可及性研究：基于山东省17个地级市的农村调研数据［J］．人口与经济，2017（4）：54-62.

［32］王建武．构建中国特色的基本养老服务制度［J］．中国社会工作，2018（8）：34-37.

［33］王永兴，宋玉峰．中国国家治理现代化路径演化研究：基于马克思主义国家学说的视角［J］．政治经济学评论，2018，9（6）：181-196.

［34］魏加科，牛飚．城乡基本养老服务体系建设对策研究［J］．中国名城，2014（3）：39-43.

［35］吴莹，张雪，王瀚卿．中国城市社区居家养老综合性服务体系探索——借鉴日本社区综合性医护体系［J］．东疆学刊，2022，39（1）：26-34.

［36］闫金山，彭华民．居家老人多元共治照料体系构建策略［J］．中州学刊，2018（3）：71-77.

［37］张康之．限制政府规模的理念［J］．行政论坛，2000（4）：7-13.

［38］张齐学．马克思主义国家治理理论中国化实践及其经验［J］．湖南农业大学学报（社会科学版），2019，20（1）：10-17.

［39］赵文东．国家治理现代化：马克思主义国家理论的重大突破与创新［J］．学术探索，2016（10）：24-30.

［40］邹升平．瑞典与中国养老保险制度比较及启示［J］．理论导刊，2013（9）：25-27.

［41］左美云，刘勍勍，刘方．老年人信息需求模型的构建与应用［J］．管理评论，2009，21（10）：70-77.

报纸

［1］岳振．实现老有所养必须构建基本养老服务：访国务院参事、中国人口与发展研究中心研究员魏津生［N］．中国经济时报，2010-08-13（5）．

后　记

“莫道桑榆晚，为霞尚满天。”

人到晚年，依然可以老有所为、老有所学、老有所乐。最重要的，是可以自助养老。

然而，人的一生，是一个先增能、后失能的过程。从呱呱坠地，到耳聪目明，到牙牙学语，到蹒跚学步，这是增能；从步履蹒跚，到耳聋眼花，到口齿不清，到停止呼吸，这是失能。

当我们失去自助养老的能力，而又没有亲人可以依靠时，怎样才能实现老有所养、老有所依？政府应当且能够为我们提供哪些基本养老服务？

这是我自 2013 年开始研究养老以来，一直努力思索的问题。带着这个问题，我主持或作为主要执笔者参与了养老和人口发展领域的一系列课题研究工作。主要包括：

中宣部国家高端智库办立项课题：《培育壮大银发经济专题调研》（2022），《构建我国“一老一小”家庭支持政策体系研究》（2021）；

国家社科基金重大课题：《全面建设社会主义现代化新阶段我国发展环境、发展趋势和战略思路研究》（2021），《中国特色养老服务体系建设研究》（2020）；

国家发展改革委社会发展司委托课题：《银发经济重点产业方向及支持政策体系研究》（2023），《“十四五”时期老龄产业发展规划研究》（2020），《“十四五”老龄事业和产业发展总体规划前期研究》（2020），《基本公共服务清单评估》（2019），《社会领域融合创新政策研究》（2018），《〈关于全面放开养老服务市场提升养老服务质量的若干意见〉政策评价研究》（2017）；

国家发展改革委原西部司委托课题：《“一带一路”倡议下西部地区人口

流动迁移问题研究》(2018),《西部地区养老服务业发展研究》(2016);

国家发展改革委规划司委托课题:《人口老龄化背景下老龄事业和产业协同发展研究》(2020),《国家“十三五”基本公共服务总结评估》(2020),《国家“十三五”基本公共服务中期评估》(2018);

国家发展改革委宏观经济研究院重点课题:《应对人口老龄化对策研究》(2021);

民政部部级课题:《促进老年人社会参与政策措施研究》(2024),《我国应对人口老龄化对策研究》(2024);

民政部规划财务司委托课题:《民政服务设施建设研究》(2022—2024),《“十四五”民政事业发展规划》中期评估(2023),《民政事业“十四五”规划和2035年基本现代化思路研究》(2019),《民政“十三五”相关规划实施情况中期评估》(2018);

民政部政策研究中心(社会福利与社会进步研究所)委托课题:《国内外社区居家养老的支持政策比较研究及启示》(2022),《居家社区养老服务功能优化研究》(2022);

联合国人口基金资助、全国老龄办事业发展部委托课题:《〈“十三五”国家老龄事业发展和养老体系建设规划〉中期评估》(2018);

国家发展改革委社会发展司与联合国儿童基金会委托课题:《“十五五”公共服务体系建设研究》(2024);

中国老龄协会立项课题:《我国基本养老服务制度研究》(2022);

北京市政府研究室委托课题:《北京养老服务业发展现状与建议》(2018);

江苏省发展改革委委托课题:《江苏省促进人口长期均衡、助力实现经济社会高质量发展的对策研究》(2022);

海南省发展改革委委托课题:《海南省建设自由贸易区(港)公共服务体系发展定位、目标及实施路径》(2018);

内蒙古自治区发展改革委委托课题:《〈内蒙古自治区“十四五”保障和改善公共服务规划〉中期评估》(2023);

广西壮族自治区发展改革委委托课题:《广西推进乡村治理体系和治理能力现代化研究》(2018),《广西养老服务业综合改革试验区规划研究》(2015);

广西壮族自治区民政厅委托课题：《关于促进广西康养产业发展的建议》（2018）。

在课题研究的基础上，我有幸参与了养老和人口发展领域一些重要文件的研究起草工作。主要包括：

《“十四五”国家老龄事业发展和养老服务体系规划》（国发〔2021〕35号）；

《关于发展银发经济增进老年人福祉的意见》（国办发〔2024〕1号）；

《城企联动普惠养老专项行动实施方案（试行）》（发改社会〔2019〕333号）。

部分课题研究报告和咨政报告已在国内外刊物发表，有一些获得了党中央、国务院领导的批示，有一些获得了国家部委优秀研究成果奖。作为一名由经济学跨界的研究者，一路走来，我在养老和人口发展领域取得了些许成果，要感谢的人太多太多。

曾经和正在给予我理论指导、调研便利、经费支持和精神鼓励的，我要在此深表感谢的高人和贵人们，包括但不限于：

国务院办公厅、国家发展改革委、民政部、财政部、商务部、住房和城乡建设部、国家卫生健康委、全国老龄办、中国老龄协会有关司局（部）的领导和同志们；

联合国人口基金、联合国儿童基金会的项目官员和专家们；

中共中央党校、中国社会科学院、国务院发展研究中心、国家信息中心、民政部政策研究中心、中国老龄科学研究中心、财政部预算评审中心、中国城市规划设计研究院、中国人口与发展研究中心，以及北京大学、清华大学、中国人民大学、华东师范大学、河南大学的教授和中青年学者们；

《经济日报》《中国发展观察》《武汉科技大学学报》《宏观经济研究》《宏观经济管理》《全球化》《中国物价》《中国经贸导刊》等刊物和有关网站的编辑老师们；

部分地方发展改革委、民政厅（局）、老龄办，以及社区、企业和社会组织的朋友们；

中国宏观经济研究院（国家发展改革委宏观经济研究院）及有关部所的

领导、老师们，尤其是我所在的社会发展研究所的同事们。

经济日报出版社的老师们，对本书的出版倾注了大量的心血，既细致又高效，在此特别感谢！

亲人的支持始终是本人工作的强大后盾。白发苍苍的老人、嗷嗷待哺的婴儿、苦乐相依的爱人，激励着我风雨兼程、勇毅前行。多少个夜以继日，多少遍批阅增删，字字得来皆心血，十年辛苦谁人知？

做有温度的养老和人口发展研究，是本人的不懈追求。让我们共同为我国积极应对人口老龄化贡献力量！

孔伟艳

2024 年 9 月 20 日